W0314199

ullstein

Das Buch

Vera F. Birkenbihl schöpft in diesem Buch aus ihrem unvergleichlichen Erfahrungsschatz aus 35 Jahren Seminarpraxis mit rund 500 000 Teilnehmern. Es basiert auf zahlreichen Führungskräftetrainings und faßt ihre Aussagen, Anregungen, Fragen und Übungen zu brennenden Themen wie Zukunftstauglichkeit, die Wirkung von Incentives und Meetings, Mitarbeiter-Beurteilung, Gruppendynamik u. v. m. zusammen. Ein Management-ABC stellt einige der Kernaussagen ihrer Management-Seminare vor. Birkenbihl läßt den Leser durchgängig mit vielen Fallbeispielen, Fragen und Selbst-Tests aktiv Erfahrungen und Einsichten gewinnen. Ein Buchseminar – und eine Schatztruhe für alle, die Personalverantwortung haben wollen.

Die Autorin

Die Management-Trainerin und Leiterin des Instituts für gehirn-gerechtes Arbeiten, Vera F. Birkenbihl, gehört zu den Erfindern von Infotainment, lange bevor es dafür einen Begriff gab. Sie nennt das (seit 1969) brain-friendly und (seit 1973) gehirn-gerecht. Ihr KERNTHEMENBEREICH ist bereits seit Ende der 1960er Jahre gehirn-gerechtes Arbeiten und Zukunftstauglichkeit. Die Gesamtauflage ihrer Bücher, Kassetten, Videos und DVDs liegt bei weit über zwei Millionen.

Vera F. Birkenbihl

Birkenbihl on Management

Irren ist menschlich – managen auch

Ullstein

Inhalt

Hier geht's los

Dieser Einführung folgt ein „großes" ABC-Kapitel, das mein ABC des Managements enthält. Dabei handelt es sich um einige GRUNDLAGEN, die m. E. jede Führungskraft kennen sollte. Leider muß ich aber immer wieder feststellen, daß viele ManagerInnen hier Nachholbedarf haben. Es geht um einige wenige Denk-Modelle der klassischen Management-Lehren, deren Kenntnis den Alltag erleichtern könnte, wenn man sie in seine Entscheidungen einbeziehen könnte, zum Beispiel:

Was sagen Ihnen Namen wie McGREGOR und HERZBERG, oder inwieweit könnte Ihre Firma (Abteilung) in unzulässiger Weise vom TAYLORismus beeinflußt sein? Welche spontanen Assoziationen lösen **Management-GRID**, **Hygiene-Faktoren**, **Pygmalion-Effekt** oder **Qualitäts-Management** in Ihnen aus? Wer ist in Ihrer Firma (Abteilung) im Alltag zuständig für **Kaizen**? Damit Sie einzelne **Begriffe** leicht finden können, steht das jeweilige Stichwort im ABC-Kapitel oben in der Kopfzeile.

Natürlich bietet das Grundlagen-ABC auch Gedanken, die ich für meine Kunden entwickelt habe. Insgesamt enthält es ausschließlich Gedanken, die meine Seminar-TeilnehmerInnen und Coaching-Klienten immer wieder als besonders hilfreich bezeichnen.

Normalerweise gehen wir davon aus, daß Bücher von vorne nach hinten (linear) gelesen werden sollten, aber ich habe schon vor 25 Jahren dafür plädiert, daß man Bücher wie Zeitungen lesen sollte, also das herauspicken sollte, was einen interessiert. Deshalb schreibe ich in zunehmendem Maße „modulare" Bücher, in denen ein oder wenige „Kapitel" linear angelegt sind, der Großteil jedoch als sogenannte „Module": Diese können Sie „modular" (in jeder gewünschten Reihenfolge) lesen. So auch in diesem Buch: ein (langes) Kapitel mit den wichtigsten Management-Grundlagen plus 10 Module mit wesentlichen Themen.

Einen Überblick mit Kurz-Infos finden Sie im Anschluß an das erste (ABC-)Kapitel, das Sie im optimalen Fall vorab lesen werden. Dieser Aufbau bringt uns zum letzten Einweisungs-Aspekt: Buch-Seminar?

Meine Bücher der letzten Jahre stellen gewissermaßen Buch-Seminare dar: Wenn Sie sich einlassen wollen (Schreibzeug griffbereit), wenn Sie bei kleinen INVENTUR-Aufgaben beim ersten Lesen **sofort** mitmachen, dann kann Ihnen dieses Buch durchaus ähnliche Aha-Effekte bieten wie ein echtes Seminar. Dazu ist es jedoch notwendig, daß Sie beim allerersten Mal sofort mitziehen, denn: Es gibt nur ein einziges erstes Mal!

Manche Übungen gleichen einem Witz: Wenn Sie zu schnell weiterlesen, dann können Sie in die Pointe „hineinfallen", aber das mögliche „AHA" kann ohne den Witz davor (das heißt Ihr eigenes Mittun) **nicht** stattfinden. So nähmen Sie sich die Möglichkeit eines geistigen Er-LEB-nisses (wir fühlen uns am LEBENDIG-sten, wenn wir neue Einsichten gewinnen).

Übrigens helfen Ihnen einige gezielte „Sprunganweisungen", an bestimmte Stellen im Buch zu springen, wenn Sie ein Thema **sofort** weiterführen wollen.

Hinweis

Wenn man seit 35 Jahren Workshops, Seminare, Kongreßbeiträge und Coachings „macht" und in diesen Jahrzehnten einige Bücher, Audio-Kurse, Mitschnitte von Live-Veranstaltungen (VHS und DVD), sogar einen richtigen FILM (*Das erfolgreiche MEETING*) veröffentlicht hat, dann teilen sich die LeserInnen eines neuen Buches in zwei Gruppen: Entweder dies ist Ihre erste Begegnung mit diesem Autor (Grüß Gott, ich hoffe, das vorliegende Buch wird Ihnen viel Ent-DECK-er-Freude bereiten), oder aber, Sie kennen schon das eine oder andere (Hallo, nett, daß Sie wieder dabei sind). Alle „Neuen" werden sicher verstehen, daß ich spezielle Ansätze, Techniken etc. nicht in jedem Buch ausführlich erläutern kann. Erstens, weil die Seiten dieses Buches mit neuen Infos gefüllt werden sollen, zweitens, weil alte LeserInnen zu Recht Neues erwarten. Da aber auch die Neuen ein Recht haben, zu erfahren, was sie mindestens wissen müssen, um von dem vorliegenden Buch profitieren zu können, stecke ich solche Infos in MERKBLÄTTER (ab Seite 254). Dorthin springe, wer zu einem Aspekt mehr wissen will (es gibt immer Hinweise auf ein Merkblatt), während die „Wiederholungs-TäterInnen" gleich weiterlesen können, wenn sie das erwähnte Konzept, die Technik etc. bereits kennen.

Es gibt in diesem Buch 5 Merkblätter. Dieses modulare Vorgehen entspricht sowohl dem Zeitgeist als auch der Art, wie unser Gehirn funktioniert. Es ist für alle LeserInnen weit angenehmer, wenn jeder dem Buch zielgerichtet entnehmen darf, was er oder sie braucht, statt daß (wie in der Schule) alle einen Textteil lesen müssen, weil EINIGE die Info brauchen könnten. Übrigens gilt dies auch für Verhandlungen und Meetings: Wenn Sie die in diesem Buch-Seminar angebotenen Techniken übernehmen und ein Meeting z.B. mit einem kurzen ABC beginnen, dann sehen Sie mit einem Blick, welches Vorwissen beim Gesprächspartner oder in der Gruppe vorhanden ist. Dieses Buch enthält zudem 34 strategische Ansätze, die Sie unmittelbar in Ihrer Firma (Abteilung), in Konferenzen etc. transferieren können.

Nun wünsche ich Ihnen viel ent-DECK-er-Freude! Und wenn noch Fragen auftauchen, bitte gern. Gehen Sie dazu einfach auf meine Homepage (s. unten) in die WANDZEITUNG. Nutzen Sie bitte jedoch zuerst die STICHWORT-SUCHE, um festzustellen, ob Sie Ihre Frage (mit meiner Antwort) schon finden. Andernfalls: Neue Fragen gerne stellen, und ich werde höchstpersönlich antworten. Ist das ein Angebot? Jetzt wünsche ich Ihnen viele spannende Assoziationen beim Lesen! Bitte unbedingt festhalten: Solche Eindrücke verfliegen schnell, wenn wir sie nicht notieren. Ihre eigenen Gedanken sind ein wesentlicher Anteil unseres „Dialoges", wenn Sie sich darauf einlassen.

Wollen Sie?

Vera F. Birkenbihl
www.birkenbihl.de

Vorwort zur 3. Auflage

Es freut mich, daß wir trotz einiger „böser" Rezensionen nur anderthalb Jahre nach Erscheinen in die 3. Auflage gehen. Komischerweise haben sich meine wichtigsten Titel eher durch Mundwerbung durchgesetzt (z.B. Stroh im Kopf?, derzeit 45. Auflage). In einer Besprechung warf man mir vor, z.B. McGregor „aus der Mottenkiste geholt zu haben", wiewohl es in den USA inzwischen eine regelrechte McGregor-Rennaissance gibt, weil er seiner Zeit ein halbes Jahrhundert voraus war. Ich selbst wußte das zur Zeit des Schreibens auch noch nicht, empfehle aber allen Interessierten heute, diesen visionären Forscher zu „surfen" - Sie werden reiche Beute machen, eben weil er uns heute und auch morgen enorm viel zu sagen hat! Ursprünglich wollte ich die 2. Auflage erweitern, aber sie war dermaßen schnell fällig (drei Monate nach Erscheinen), daß ich zustimmte, die Erweiterungen erst eine Auflage später einzufügen, damit es keinen Auslieferungs-Engpaß gibt.

Was ist neu? Neben einigen „kleineren" Ergänzungen (z.B. zum Thema Zukunftstauglichkeit) gibt es ein neues Kapitel: Der SEPPUKU-EFFEKT. Diesen Effekt hatte ich vor über zwei Jahrzehnten bei einem Kongreß vorgestellt und auch bereits in einem Taschenbuch (Erfolgstraining) publiziert, aber die praktischen Gegen-Maßnahmen, die ich in den Jahren danach entwickelt habe, waren meinen Kunden für hausinterne Beratungen vorbehalten gewesen. Niedergeschrieben hatte ich diese Strategien vor einiger Zeit auf Englisch für einen internationalen Kunden. Dieser Text ist inzwischen auch als kostenpflichtiges e-book erhältlich (The Seppuku-Effect), aber die LeserInnen meines Management-Buches erhalten ihn (auf Deutsch) gratis. Gleichzeitig stellen wir ihn auch in die sogenannte TEXT-Schublade (auf www.birkenbihl.de), damit alle LeserInnen der ersten beiden Auflagen das Update ebenfalls kostenlos erhalten können.

Vera F. Birkenbihl, 2006

Das ABC-Kapitel zu MANAGEMENT

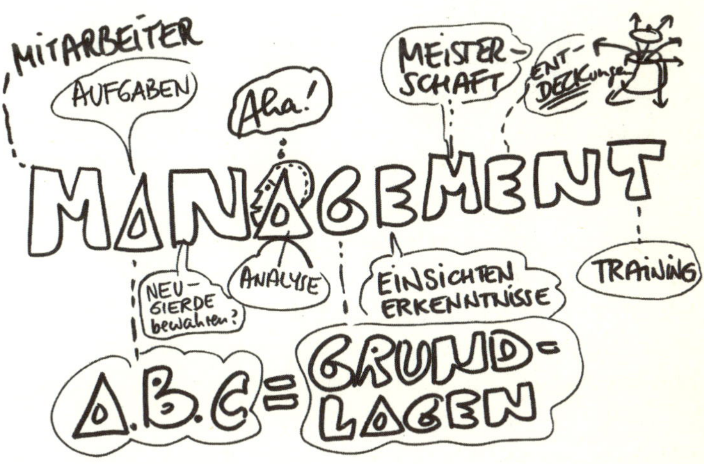

Dieses Kapitel enthält **im doppelten Wortsinn das ABC dieses Buches: Erstens** finden Sie das, was ich als **das ABC des Managements** bezeichnen möchte, das heißt GRUND-GEDANKEN, die m. E. jede Führungskraft kennen sollte. Dabei finden Sie neben einigen meiner eigenen auch einige **Klassiker**, die man wirklich kennen **muß**, will man über Management nachdenken. Da ich seit Jahren in Management-Seminaren immer wieder festgestellt habe, daß kaum jemand sich jemals mit den Ergebnissen einiger der wichtigsten Management-Forscher befaßt hat, begrüße ich die Chance, sie hier in diesem Kapitel zu „versammeln". Auf diese Weise können Sie sich eine kurze Darstellung der erlesenen Grundgedanken dieser Management-Legenden er-LESEN. Danach entscheiden Sie, ob Sie mehr wissen wollen. Die meisten dieser Leute sind inzwischen auch über das Internet such- und auffindbar, so daß man heute schnell mehr erfahren kann, wenn man weiß, was man sucht.

Der **zweite** Grund, warum dieses Kapitel **das ABC des Managements** darstellt, ist seine **alphabetische Anordnung**.

Affen-Bananen-Story

Falls Sie die folgende Story* schon kennen, könnten Sie sie beim nächsten Meeting nacherzählen (vorlesen) und Ihre Team-Mitglieder fragen, ob sie eine Parallele zu ihrem Alltag sehen. Die Geschichte löst oft profunde Einsichten (mindestens jedoch ein Schmunzeln) aus.

Stellen Sie sich einen Raum vor, in den vier Affen (aus einer größeren Affensippe) gebracht werden. Er enthält einige Kletterstangen und Dinge zum Herumprobieren, Spielen etc. In der Mitte des Raumes befindet sich eine lange Stange (vom Boden bis zur Decke). Oben sehen die Affen mehrere wunderschöne **Bananen**. Was die Affen aber nicht sehen, ist

*Quelle: HAMEL & PRAHALAD: *Wettlauf um die Zukunft* (s. Literaturverzeichnis). Ich erzähle allerdings sehr frei nach.

ein **Duschkopf** direkt unterhalb der verlockenden Früchte, der ihnen eine extrem **kalte Dusche** verpassen wird, sobald sie sich den Bananen nähern.

1. Akt: Die Affen entdecken die Bananen. Der erste Affe klettert die Stange hinauf und erhält die besagte eiskalte Dusche. Schreiend läßt er von den Bananen ab. Der zweite, dritte und vierte Affe probiert es auch. Und jedesmal gibt es die eiskalte Dusche. Bald geben sie auf. Sie hausen in diesem Raum, klettern, spielen etc., aber man könnte meinen, die Stange sei unsichtbar.

2. Akt: Nun wird der Duschkopf „entschärft" (indem außerhalb des Raumes das Wasser abgestellt wird). Im Klartext: Ab jetzt besteht **keine reale Gefahr mehr!** Trotzdem versucht keiner der Affen, die Bananen zu holen, denn sie wissen ja nicht, daß die Gefahr gebannt ist. Sie haben keine Veranlassung, vorhandene MEMe zu hinterfragen.

3. Akt: Jetzt tauschen die Versuchsleiter einen der Affen gegen einen ihrer Freunde aus der Affensippe von draußen aus. Der „naive" Neuzugang sieht die Bananen und **will** die Stange hinaufklettern, aber nun geschieht das Faszinierende: **Die anderen reißen ihn herunter, noch ehe er die kalte Dusche erleiden müßte** (wenn es sie noch gegeben hätte). Die Tatsache, daß es keine kalte Dusche mehr gibt, macht die Sache aus Sicht der Versuchsleiter besonders pikant. Aber aus der Sicht der Affen ist ihr Verhalten völlig schlüssig. **Somit lernt der Novize sofort bereitwillig aus den Erfahrungen seiner Artgenossen**, denn er weiß von früher: Es hat schon seine Richtigkeit, wenn „man" in der Horde gewisse Dinge **nicht** tut, die „man" in dieser Horde **eben nicht** tut.

Schluß-Akt: Man tauscht sukzessive auch die anderen Affen gegen Freunde von draußen aus, und auch sie lernen ihre Lektion.

Am Ende haben wir **lauter Affen der zweiten Generation, die Dusche ist schon lange abmontiert, und doch wagt keiner sich die Stange hinauf**. Ist das nicht eine wunderbare Metapher für das Hängen in alten bequemen MEMen (s. Seite 258 ff.)? Wir könnten uns fragen:

- Welche alten Routinen halten uns persönlich gefangen (persönlicher Arbeitsstil, vielleicht beeinflußt durch eine Bananen-Lektion in einer früheren Firma)?
- Welche alten Routinen haben wir in unseren Unternehmen? Oder:
- Welche alten Routinen setzen wir bei allen unseren Kunden ein (ob sie nun passen oder nicht)?

Wenn Sie die Story weitererzählen und gemeinsam mit anderen diskutieren, dann kann sie Ihnen unerhört viel geben. Meine **Lieblings-Botschaften** aus dieser Story sind:

1. Die Tatsache, daß wir **aus Erfahrungen lernen**, ist überlebenswichtig.
2. Nur „höhere Organismen" (mit der **Intelligenz** einer „höheren" Entwicklungs-Stufe) können auch aus den Erfahrungen ihrer Mit-Lebewesen lernen, müssen also **nicht alle schmerzhaften Erfahrungen höchstpersönlich** machen. Ein Quantensprung der Evolution!
3. Für das normale Überleben in einer Umwelt, die sich **nicht** ununterbrochen dramatisch **verändert**, hat die Evolution mit diesem **Lernen durch Fremd-Erfahrung** einen Weg gefunden, der sich außerordentlich bewährt hat.
4. In einer sich schnell verändernden Welt (also unserer Gegenwart und Zukunft) hingegen kann **genau dieser frühere Vorteil** zum Verhängnis werden!
5. Wie schnell ändert sich **Ihre** Welt? Wenn Sie im **Wettbewerb um Kunden** stehen, dann ist Ihre Welt so schnell, wie Ihre Wettbewerber sie machen.

BLAKE & MOUTON: Management-GRID

In den 1960ern stellten zwei Unternehmensberater* eine bahnbrechende Betrachtungsweise vor, indem sie ein GRID aufspannten und dieses als Wahrnehmungs-Instrument für MitarbeiterInnen benutzten. Es kann sowohl der **Selbst-Analyse** dienen als auch Führungskräften helfen, die ihnen Anvertrauten besser (fairer) einzustufen. Wir wissen ja, daß wir um so mehr wahrnehmen, je klarer unsere Frage gestellt ist, und dieses GRID stellt eine höchst wichtige Frage auf brillante Art.

Die Waagerechte maß die **PRODUKTION**, also wieviel, wie effizient und in welcher Qualität produziert wurde. Dies bedeutet „Stückzahl“, in einem Autowerk vielleicht fertige PKW etc. Die Senkrechte hingegen maß „people“, das heißt die „**Personenbezogenheit**“ der betroffenen MitarbeiterInnen. Das war neu. Im Hinblick auf die MASLOW'schen Bedürfnisse (die MASLOW selbst nie als Pyramide dargestellt hatte**) geht es um die Stufe 3 (soziale Bedürfnisse, Bedürfnis nach Kommunikation, nach Austausch, nach Akzeptiert-Werden von Gruppen).

---

*Robert R. BLAKE & Jane Stygley MOUTON: Management-GRID.

**MASLOW sprach von PRIORITÄTEN (prepotency of needs), die sogenannte MASLOWsche Pyramide ist nicht von ihm und pervertiert seine Idee teilweise, vgl. MASLOW: *Motivation und Persönlichkeit.*

Mit **COUNTRY CLUB** ist die Freude an Kontakten, ohne LEISTUNG erbringen zu müssen, gemeint.

TEAM LEADER* sorgt für die nötige Begeisterung für Leistung und den richtigen Grad an Menschlichkeit.

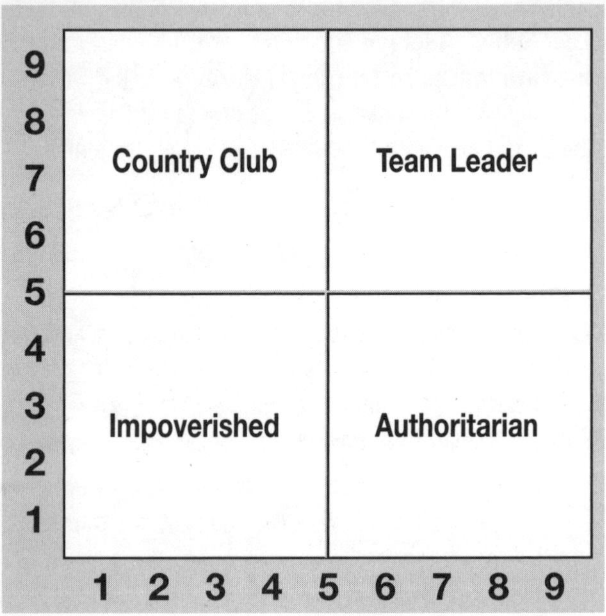

IMPOVERISHED (ver-ARM-t) sagt alles.

AUTHORITARIAN ebenfalls: Hier wird die Leistung aus den Leuten herausgepeitscht (Sweat-Shop-Charakter).

---

* 9.9 wäre fast göttlich, solche Führer sind rar. 5.5 ist „normal“, Durchschnitt.

Es gilt, einen Fragebogen* auszufüllen, in dem man jede Aussage auf einer Skala von 0 (nie) bis 5 (immer) einträgt, z.B.:

14. Nothing is more important than building a great team. (Nichts ist wichtiger, als ein gutes Team zu formen.)

15. I enjoy analyzing problems. (Ich analysiere gerne Probleme.)

Danach werden die Werte in das GRID übertragen, und man sieht das Ergebnis.

Falls Sie oder Ihre MitarbeiterInnen ernsthaftes Interesse daran haben herauszufinden, wo Sie (auf dem GRID) „liegen", dann kann ich Ihnen ein Prozedere vorschlagen, das bereits einige meiner Klienten durchgeführt haben:

Schritt 1: Man schätzt sich selber ein und zeichnet seine Position ins GRID ein.

Schritt 2: Man füllt den Fragebogen aus.

Schritt 3: Man wertet die Antworten aus (es gibt eine Liste, welche Fragen zur senkrechten, welche zur waagerechten „Richtung" gehören) und trägt das Ergebnis im GRID ein.

Schritt 4: Dieses vergleicht man mit der ersten Selbst-Einschätzung.

Schritt 5: Man bittet mindestens fünf weitere Personen, die Fragen so zu beantworten, wie diese Person meint, daß man selbst hätte antworten müssen.

Schritt 6: Diese Ergebnisse werden ebenfalls ausgewertet und übertragen. Ich schlage übrigens vor, die Selbst-Einschätzung und das eigene Ergebnis auf EINEM GRID festzuhalten, alle Fremdurteile hingegen auf einem zweiten. Man kann die PUNKTE mit Ziffern versehen und auf der Rückseite festhalten, welcher Freund diese Position als Fremd-Einschätzung anbot. Auf diese Weise sieht man mit einem Blick, wie oft die

---

*Im Internet finden Sie einen solchen Fragebogen unter:
http://www.nwlink.com/~donclark/leader/bm_model.html

Fremd-Einschätzungen mit den eigenen Einschätzungen übereinstimmen oder stark divergieren (Fremd-Einschätzungen, die extrem abweichen, sind zwar mit Vorsicht zu behandeln, aber es könnte sich um die einzige ehrliche Person im Freundeskreis handeln, also nicht sofort wegwerfen ...).

Schritt 7: Die Fremd-Einschätzungen werden mit der Selbst-Einschätzung verglichen.

Wer einen Coach, Mentor, guten Freund etc. hat, kann jetzt mit dieser Person reden. Es ist nicht weniger „mannhaft", über solche Dinge sprechen zu wollen (wenngleich Frauen mehr dazu neigen), es ist MENSCHLICH, insbesondere wenn die menschliche Komponente im GRID relativ hoch ist.

Über die starke Tendenz, sich zu belügen (pardon: täuschen), spricht Robert BLAKE in einem Interview*:

> Wir befassen uns mit dieser Selbsttäuschung im GRID-Seminar. Bevor Sie das Seminar besuchen, lesen Sie das Buch und plazieren sich auf dem Raster. Am Ende des einwöchigen Seminars, wenn Sie eine enorme Menge von Feedback und Kritiken von anderen Kollegen, die das gleiche erlebt haben, bekommen haben, beurteilen Sie sich erneut. Wir haben herausgefunden, daß sich in der Vorarbeit, in der ursprünglichen Selbstbeurteilung, ca. 80 Prozent der Menschen eine **9.9** in der Bewertung geben. Am Ende des Seminars schrumpfen diese **80** Prozent auf **20**. Somit gibt es einen **60-Prozentpunkte-Faktor der Selbsttäuschung**. Es ist einfach nicht realistisch, den Versuch zu unternehmen, eine Veränderung dieses Ausmaßes an Selbsttäuschung herbeizuführen. Meiner Ansicht nach geht hier viel von der Bestrebung nach Veränderung total kaputt. Dies trifft weltweit gesehen zu. Wir haben Zahlen aus über 40 Län-

***Excerpts from a conversation with Robert R. BLAKE*, Ph.D., by Joe FLOWER in: „Healthcare Forum Journal", July/August 1992, Vol. 35, #4 (in einer Übersetzung von Oliver BAILLIEU), gefunden auf http://www.well.com/user/bbear/blake.html

dern – es gibt Abweichungen bei diesen 80 Prozent, nur handelt es sich dabei um minimale Schwankungen und nicht um Richtungsänderungen. Sie sind fast identisch in der Sowjetunion und vergleichbar in Großbritannien und quer durch Europa. In Japan schrumpfen die 80 auf 50 Prozent in der Vorarbeit (und bis auf 15 Prozent am Ende des Seminars). Diese Zahlen sind über die Jahre sehr stabil geblieben.

Sie brauchen Hilfe, um sich auf dem GRID exakt zu plazieren. Es ist nicht etwas, bei dem Sie einfach einen Test machen. Wir wissen, hätten wir einen Test entwickelt, hätten wir über die Jahre einen großen Reibach machen können. Aber wir haben nie einen Test konzipiert, der Ihnen ein stichhaltiges Ergebnis bieten würde.

Ich kenne keine andere Methode, die Analyse akkurat durchzuführen, außer eines unserer Seminare zu besuchen. Nach meinem besten Wissen sind wir die einzigen, die sich über viele Jahre mit Strenge und Disziplin den Bedingungen hingegeben haben, die eine Veränderung einleiten.

Ich meine aber trotzdem: Wer meine 7 Schritte (oben) durchläuft, kann doch einiges lernen, auch ohne nach Amerika zu reisen ...

CHARAKTER von MitarbeiterInnen?*

Sagen Ihnen diese Namen etwas? Wenn ja, was?

- **Robert TOWNSEND**
- **Chris ARGYRIS**
- **Tom PETERS**
- **Robert REICH**

---

*Quelle: Mein Audio-Kurs *Management, Motivation und Menschenführung (erhältlich auf deutsch, englisch und französisch;* s. Literaturverzeichnis).

Nachdem viele Führungskräfte davon ausgehen, zu viele MitarbeiterInnen seien prinzipiell charakterlich nicht ok, habe ich als **Antwort** einige Aussagen dieser vier Top-Experten herausgesucht (und später in meinem Audio-Management-Kurs zitiert). Sie haben diese vier Namen gerade gelesen und sich gefragt, welche Sie (wie gut) kennen. Nun gibt es zwei Möglichkeiten: Entweder Sie finden sich und Ihren Standpunkt in den folgenden Aussagen wieder, oder aber Sie sind **erstaunt**. Im letzten Fall gilt: Es fällt uns leichter, über einen **abweichenden** Standpunkt nachzudenken, wenn **mehrere** Kapazitäten sich **kurz** äußern, als wenn eine einzige Stimme stundenlang weiterspricht. Es ist einfach stimulierender, eigene Gedanken mit MEHREREN Aussagen zu VERGLEICHEN (darauf basiert auch eines meiner Denk-Tools, die ZITATEN-TECHNIK).

Falls Sie in einem Meeting andere vom Gegenteil überzeugen wollen, können Sie genauso vorgehen. Aber sehen Sie zuerst, wie sich deren Aussagen inhaltlich von **Ihrem** Standpunkt bezüglich des Charakters Ihrer MitarbeiterInnen unterscheiden.

Es folgen einige Schlüsselaussagen aus meinem Audio-Kurs *Management, Motivation & Menschenführung.*

1. **Robert TOWNSEND** rettete AVIS RENT A CAR aus den roten Zahlen. Die Worte hier sagte er in einem Interview: „Es ist nicht so, daß japanische Arbeiter besser sind als amerikanische. Tatsächlich ist das Gegenteil wahr. Es sind unsere **Manager**, die so miserabel sind. Wir verbringen die Hälfte unseres Lebens mit Arbeit, und ich weiß nicht, wo es in Stein gemeißelt steht, daß wir dies als eine Art Bestrafung empfinden sollten. Ich denke eher, daß 90 Prozent unserer Top-Manager unzulänglich sind."

2. Harvard-Professor **Chris ARGYRIS** gehört zu den wichtigsten Autoren, die schon in den 1970ern wegweisend waren: „Wir haben Organisationen entworfen, die das individuelle Potential für Kompetenz, **Verantwortung**, konstruktives Verhalten und Produktivität einfach **ignorieren**. Wir haben Firmenstrukturen und Arbeitsplätze geschaffen, die auf der operativen Ebene die Mitarbeiter befremden und fru-

strieren; die dazu führen, verantwortliches Verhalten abzulehnen; deshalb streuen sie unbemerkt Sand ins Getriebe und halten das für durchaus berechtigt. So werden die Mitarbeiter verführt, die Organisation durch das Senken der Qualität der hergestellten Produkte zu schädigen. Produkte und Serviceleistungen werden so zum greifbaren Ausdruck der niederen Lebensqualität innerhalb von Organisationen."

3. **Tom PETERS**, ehemaliger McKINSEY-Berater, schrieb mit Robert H. WATERMAN jr. *Auf der Suche nach Spitzenleistungen* und danach alleine eine Reihe von bahnbrechenden Büchern (deren erste drei ich besonders empfehle, weil sie voller großartiger Fallstudien sind, s. Literaturverzeichnis). PETERS: „Die Vielzahl von Führungsproblemen in der Produktion ist ganz einfach darin begründet, **daß Manager zu wenig Kontakt zu ihren Mitarbeitern und zu ihren Kunden haben**."

4. **Robert REICH**, früher Harvard, diente Präsident Bill CLINTON von 1993 bis 1997 als Staatssekretär. Derzeit Hochschulprofessor (Sozial- und Wirtschaftspolitik) an der Universität Brandeis: Verantwortlich für den mangelnden Kontakt ist „... die 150 Jahre alte Liebesaffäre mit der **Massenproduktion**. Meiner Meinung nach hat sich diese Geisteshaltung als verheerend erwiesen. Andererseits ist der Hauptgrund für unser Versagen im weltweiten Wettbewerb, das **Potential unserer Arbeiterschaften nicht angezapft zu haben**."

Weshalb Tom PETERS uns pausenlos daran erinnert:

Mitarbeiter, die wirklich innerlich beteiligt sind, bringen alles zuwege!

Es hat sicherlich Zeiten gegeben, in denen **Sie** innerlich total beteiligt, motiviert und eingebunden in jene Arbeit waren, die Sie damals ausführten. Sie haben Ihr Ziel erfolgreich erreicht. Doch viel wichtiger ist, wie Sie sich dabei **fühlten**. Sie fühlten sich **lebendig**, vibrierend, **voller Energie** und **voller Ideen**! Wenn Probleme auftauchten, erwiesen sie sich als eine Herausforderung für eine intelligente und kompetente Person auf ihrem Weg zu einem wichtigen Ziel. In anderen Worten: **Sie hat-**

ten eine Vision, welche Ihnen Vertrauen, Freude und kolossale Fähigkeiten einflößte. Sie hatten den Gipfel Ihrer Kompetenz erreicht. Und das fühlte sich großartig an, oder nicht? Nun vergleichen Sie diesen Zustand mit der Art, wie Sie sich meistens fühlen. Oder wie sich Ihre MitarbeiterInnen die meiste Zeit über fühlen. Lebendig? Vibrierend vor Energie? Voll von faszinierenden Ideen? Überaus fähig?

Wir unterstellen, daß das tägliche Handeln in eingefahrenen Gleisen normal ist. Natürlich nur, wenn wir „normal" als das definieren, was sich täglich „normal" abspielt. Wenn Sie indessen normal als einen Zustand körperlicher und seelischer Gesundheit definieren, dann liegt manches sehr im argen in der Art, wie wir Dinge normalerweise abhandeln. Ich erinnere an die Frage, die Jay HALL ... aufwarf: (Ich zitiere) Ich habe mich oft gefragt, was passieren würde, wenn wir uns selbst mit Nachdruck organisieren und managen würden aufgrund der einfachen **Annahme**, Mitarbeiter seien kompetent und könnten das Nötige effizient tun. Und dies ist die Antwort, die uns Jay HALL gibt: (Ich zitiere) **Wir werden auf Wegen Erfolg haben, die nicht der Vorstellung von noch mehr traditionellem Manager-Denken unterliegen**.

Stellen Sie sich einmal vor, was passieren würde, wenn Sie und Ihre MitarbeiterInnen nicht **manchmal** Gipfelhöhe erreichten, sondern die meiste Zeit über! Das **kann** passieren, wenn es das ist, was Sie wirklich wünschen. Dies ist eben der Schlüssel: Sie müssen das brennende Verlangen nach Leben haben, um lebendig zu werden. Und zwar **Ihr** Leben zuerst, dann das Ihrer MitarbeiterInnen. **Holen Sie das Beste aus sich heraus** – Tag für Tag!

Wenn Sie das wirklich **wollen**, werden wir Ihnen zeigen, wie man das macht. Das ist viel leichter, als Sie vielleicht denken, weil: **Es ist viel leichter, das Beste aus MitarbeiterInnen herauszuholen, als sie niederzuhalten**. Weil wir tief in unserem Inneren viel lieber unser Bestes geben würden.

Falls es da immer noch einen kleinen, quengeligen Zweifel in Ihrem Herzen geben sollte, dann beachten Sie bitte die folgende Beobachtung von

Jay HALL: (Ich zitiere) **Nicht ausgelebte Kompetenz wirkt auf den Betrachter genauso wie Inkompetenz**. Tatsächlich glauben wir **nicht** an die sogenannte Inkompetenz: Wir glauben, **MitarbeiterInnen erscheinen nur inkompetent, wenn sie unglücklich sind; was sich folgerichtig dahin gehend auswirkt, daß sie ihre Energien einsetzen, um das System zu bekämpfen**. Bedenken Sie nur, welche Intelligenz und Kompetenz dahintersteckt, wenn die Belegschaft ständig erfolgreich **sabotiert**. Und stellen Sie sich nun vor, wie dieselbe Energie auf konstruktive Weise für eine Gipfelleistung eingesetzt wird, wobei man sich über seine Erfolge freuen kann ... während man gleichzeitig auch die KollegInnen voll akzeptiert.

Wie wir schon sagten: Wir **können** so arbeiten. Unsere Leute können so arbeiten, wenn wir bereit sind, uns umzustellen. Sind Sie bereit?

PS: Und der Charakter von Führungskräften?

Nachdem wir uns jetzt über den Charakter von MitarbeiterInnen Gedanken gemacht haben, wie steht es mit dem Charakter von Führungskräften? Wie müssen Führungskräfte aussehen, wenn sie das Beste in ihren Leuten ansprechen wollen? Hören wir noch einmal unseren ersten Experten, **Robert TOWNSEND**. Vielleicht möchten Sie sich VERGLEICHEN. **Bei wie vielen Punkten können Sie sagen: Das trifft auf mich zu?** Bitte kreuzen Sie an, und zählen Sie dann am Ende.

- ☐ Er* betrachtet Fehler als Lern-Möglichkeiten, nicht als zu bestrafende Verbrechen.
- ☐ Er ist bescheiden.
- ☐ Er ist fair.
- ☐ Er lacht häufig.

---

*Um ein ständiges „er" bzw. „sie" zu vermeiden, sagte TOWNSEND: „Bitte, wann immer ich „er" sage, ergänzen Sie die weibliche Form; ich werde nicht andauernd „er oder sie" sagen!"

- ☐ Er ist stolz auf die Leistungen seiner Leute.
- ☐ Er verbringt mindestens 25 Prozent (meist sogar um die 50 Prozent) seiner Zeit außerhalb seines Büros, weil er viel mit seinen Leuten spricht.
- ☐ Er fühlt sich mit Arbeitern in deren Umfeld wohl.
- ☐ Er ist ein Coach, der in jedem das Beste weckt.
- ☐ Seine Türe ist immer offen.
- ☐ Er weiß, wie man Menschen das Gefühl gibt, wertvoll zu sein.
- ☐ Er ist selbstsicher und kann unter Druck gut reagieren.
- ☐ Er delegiert wichtige Arbeiten.
- ☐ Er vertraut seinen Leuten.
- ☐ Er sorgt dafür, daß Tätigkeiten einfach werden, statt die Dinge zu verkomplizieren.
- ☐ Er ist informell.
- ☐ Er sucht Kontrollmaßnahmen, auf die man verzichten kann.
- ☐ Er respektiert jeden einzelnen seiner Leute.
- ☐ Wenn es irgendwo Probleme gibt, dann geht er zu seinen Leuten, um zu helfen, statt die Mitarbeiter in sein Büro zu zitieren.
- ☐ Er hält jedes Versprechen.
- ☐ Er kennt seine Leute, auch die am Tresen, im Lager oder draußen im Gebiet. (Und nun stellen Sie sich bitte diese exzellente Führungskraft im Gespräch mit seinen oder ihren Leuten vor. Versetzen Sie sich selbst in kommunikative Situationen, und vergleichen Sie sich mit TOWNSENDS **folgenden** Beobachtungen.)
- ☐ Er gibt eigene Fehler zu und tröstet andere, wenn sie Mist gebaut haben.
- ☐ Er ist ein guter Zuhörer.
- ☐ Er kennt die Namen seiner Leute.

- ☐ Er toleriert offenen Widerspruch.
- ☐ Er sucht das direkte Gespräch, statt Memos zu verfassen.
- ☐ Er gibt häufig ehrliches Feedback.
- ☐ Er sorgt dafür, daß die Betroffenen den Ruhm ihrer Arbeit selbst ernten.
- ☐ Er sagt häufig „Danke schön".

Übrigens: Bei allen ernsthaften Inventur-Aufgaben sollte man immer auch Fremd-Urteile einholen: Die erste Chance hatten Sie ja schon beim GRID (von BLAKE & MOUTON, Seite 17 ff.), dies ist die zweite ...

DISSONANZ-FÄHIGKEIT?

Ich stelle mir die Menschen als IN einer (metaphorischen) Insel lebend vor. Nicht „auf", sondern „in" einer Insel, da sie sie ja nie verlassen können.

Wir neigen dazu, die kleine „Insel" unserer Erfahrungen, Kenntnisse, Hoffnungen, Meinungen, Ängste, Erwartungen für die einzig mögliche zu halten.

Nun haben manche eine winzige Insel (oft nur einen Stand-PUNKT), andere aber er-WEIT-ern ihren Horizont – und damit ihre Insel – ständig, indem sie lebenslang weiterlernen (vgl. auch *Lebenslanges Lernen*, Seite 50 ff.). Damit sind natürlich nicht nur Fakten gemeint, sondern die Fähigkeit, auch Meinungen und Glaubenssätze in Frage zu stellen ...

Wenn wir das Insel-Modell weiterdenken, dann ist uns klar, daß sich im Gespräch mit anderen unsere Inseln (zum jeweiligen Thema!) **überschneiden** können (dann sind wir einer Meinung, Auffassung, sehen die Dinge „gleich" etc.), oder aber sie überlappen sich **nicht**.

Dann erhebt sich die Frage, ob wir eine Brücke bauen können, ob wir uns also EINIGEN können.

Ich schlug schon vor 20 Jahren vor, im Zweifelsfall die **ZWEI-nigung*** anzustreben (statt sich zu ent-ZWEI-en). Damit meine ich eine DEMOKRATISCHE Regelung, in der jeder ein Recht auf seinen Standpunkt (= seine Insel-Inhalte) hat, sowie daß wir dies respektieren und uns trotzdem als Menschen nicht ablehnen.

Es dürfte uns klar sein, daß Menschen mit klitzekleinen „Standpunkten" sehr nah beieinanderstehen müssen, um Überschneidung zu erzielen, das heißt, daß sie in vielen Dingen „ähnlich gelagert" sein müssen, um bezüglich einzelner Punkte „Aug in Aug zu sehen" (weil sie so nahe beim anderen stehen, daß sie „das Weiße in seinem Auge sehen" können. Dies sind unterschiedliche Metaphern aus mehreren Sprachen, die alle suggerieren, wie Menschen mit kleinen Inseln kommunizieren. Wenn jemand nämlich lebenslang weiterlernt und seinen Horizont systematisch immer wieder er-WEIT-ert, kann er im „Wohnbereich" (Kern) seiner Insel anders gelagert sein, aber trotzdem in **einzelnen Fragen** zur Übereinstimmung gelangen auch mit „ganz anders gelagerten" Mitmenschen. Dies symbolisiert dieses Bild:

*Die ZWEI-nigung soll dem Englischen „let's agree to differ" nahekommen, für das es keine kurze deutsche Entsprechung gibt. Im Holländischen erfand ich die OVERTWEEN-komst (analog der „overeenkomst"), weil es dort auch kein entsprechendes Wort gab.

Die beiden **untereinanderstehenden** Inselbewohner sind jeweils **gleich weit** voneinander entfernt, aber im oberen Fall ist trotzdem eine EINIGUNG durch ÜBERSCHNEIDUNG in einem Punkt möglich, im unteren nicht.

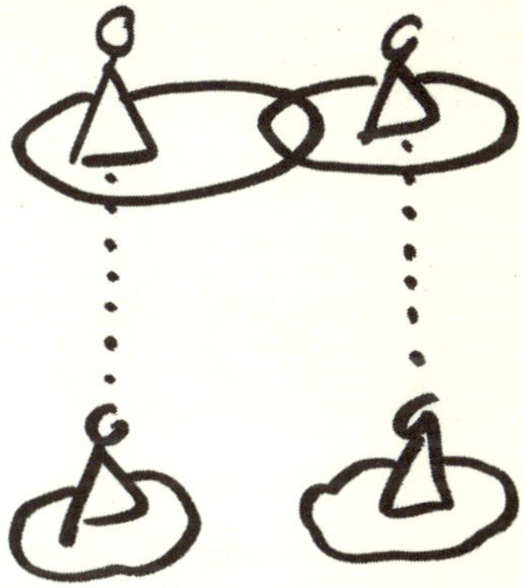

Hier müßte man entweder eine EINIGUNG herbeiführen, indem man eine BRÜCKE zum anderen „baut", oder aber es droht die Gefahr der Ent-ZWEIung, weil man keine Überlappung der Interessen, Meinungen, Annahmen etc. herbeiführen konnte.

Nun gibt es eine interessante Korrelation, auf die ROKEACH* 1951 hinwies, **und zwar zwischen der inneren Sicherheit und der Fähigkeit, abweichende Meinungen ertragen zu können**. Auch Leonardo da VINCI zählt „sfumato" zu den wichtigen geistigen Fähigkeiten; das bedeutet wörtlich RAUCH und meint UNKLARHEITEN aller Art, von der Unsicherheit des Noch-nicht-Wissens bzw. des Vielleicht-niemals-Wissens (z.B. bei ethischen Fragen) bis zu kleinen Dissonanzen des Alltags.**

Im Klartext:

Je selbstsicherer ein Mensch ist, desto besser kann er (kognitive) DISSONANZ ertragen.

Aber man kann den Spieß auch umdrehen: Je größer die eigene Insel, desto mehr Raum „hat" man, desto weniger leicht fühlt man sich durch abweichende Standpunkte, Meinungen etc. „in die Enge getrieben", desto weniger Angst macht einem „sfumato". Deshalb stelle ich die Regel auf:

---

*Vgl. Milton ROKEACH: *Open and Closed Minds* (s. Literaturverzeichnis).

**Nach Michael GELB: *Das Leonardo-Prinzip* (s. Literaturverzeichnis).

Je mehr ein Mensch daran arbeitet, seine Insel (und damit seinen „Horizont") zu er-WEIT-ern, desto fähiger wird er, mit DISSONANZ umzugehen; das macht ihn selbstsicherer!

So können wir nicht nur unsere Intelligenz und Kreativität **selbstverantwortlich** verbessern, sondern auch unsere innere Sicherheit maßgeblich (mit-)beeinflussen. Andererseits können wir lernen, einzelne Aspekte dieser Wechselwirkung besser wahrzunehmen und aktiv in unser Handeln einzubeziehen.

Zum Beispiel neigen Menschen dazu, Sender und Botschaft zu „verheiraten": Finden wir den Sender „gut" (seriös, glaubwürdig, ehrlich, moralisch hochstehend etc.), dann neigen wir dazu, seinen Worten zu **glauben**. Dies gilt für WissenschaftlerInnen wir für KundInnen, für Eltern wie für Führungskräfte – es ist ein universelles Prinzip, das die innere Sicherheit für jene erhöht, die nicht wirklich differenziert über die Botschaft (getrennt von der Quelle) nachdenken können. Erfahren Sie also, „die BIRKENBIHL" (jener Politiker, jene Zeitung, jener TV-Sender) habe dies und jenes von sich gegeben, dann steht im vorhinein fest, wie groß die Wahrscheinlichkeit ist, daß Sie dieser Quelle glauben oder eben nicht, weil wir die **Qualität der Quelle** mit der **Qualität der Botschaft** verwechseln.

Sind Sie hingegen ein **freier Geist** (nach ROKEACH), dann können Sie dies sehr wohl trennen. Sie können einen Gedanken im Licht all Ihrer Erfahrungen, Ihres Wissens und Ihrer **Fähigkeit, mit mangelnder Insel-Übereinstimmung umzugehen**, „separat" begutachten.

Auch Leonard FESTINGER* hatte schon vor Jahrzehnten nachgewiesen, daß Aussagen, Annahmen, Hypothesen, Behauptungen, die von dem, was wir bereits wissen (**COGNITION** = Wissen, Denken), differieren, akuten Streß auslösen. Diese Art der Abwehr nannte er demzufolge KOGNITIVE DISSONANZ. Er beschrieb **verschiedene Phasen dieser Abwehr**, aber für uns ist vor allem wichtig zu begreifen:

---

*Vgl. Leonard FESTINGER: *Conflict, Decision and Dissonance* (s. Literaturverzeichnis).

Menschen, die unsere Aussagen ablehnen, LEIDEN.

Wenn es ihnen leichtfiele, sich mit unseren Ideen (Hypothesen, Behauptungen, Glaubensinhalten etc.) auseinanderzusetzen, die „so" in ihrer Insel nicht „vorgesehen" sind, dann täten sie es. Dabei sollten wir unterscheiden zwischen **temporärer Unfähigkeit**, mit DISSONANZ umzugehen (Müdigkeit, Krankheit, akuter Streß irgendeiner Art), und **relativ stabiler Unfähigkeit** (kleine Insel, hohe Mauern), die zu „Sturheit", Rechthaberei etc. führt.

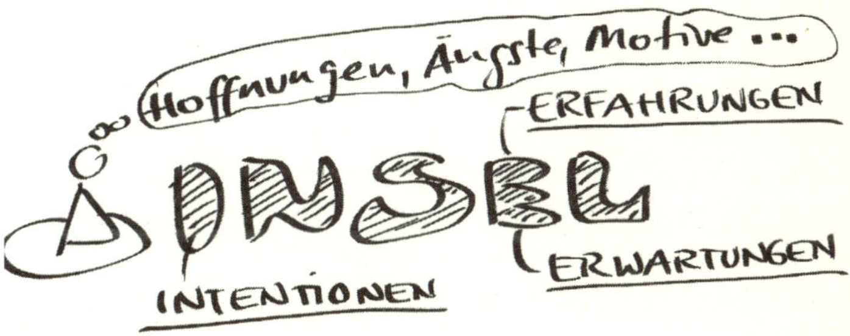

KLEINES TRAININGS-PROGRAMM
zur Insel-Er-WEIT-erung

Falls Sie ein kleines Trainings-Programm wünschen, hier ist es! Es hat sich in der Vergangenheit wohl bewährt!

1. **Beobachten Sie regelmäßig jeweils eine Woche lang Ihre Fähigkeit**, kognitive Dissonanz auszuhalten (z.B. in Gesprächen, Meetings, bei Talkshows im Fernsehen).
2. **Beobachten Sie diese Fähigkeit auch bei anderen**, und lernen Sie, zwischen temporärer und chronischer Unfähigkeit zu unterscheiden.
3. **Gehen Sie, wann immer Sie merken, daß Sie zu Sturheit tendieren**, die Checkliste im Merkblatt *Paradigmen-Wechsel & Meme* ab Seite 260 durch.

4. **Bitten Sie andere**, Sie in puncto Checkliste in bezug auf das Thema, das Sie selbst abge-CHECK-t hatten, zu beurteilen: Sieht der andere das so wie Sie?
5. **Lesen Sie diesen Absatz**: Niels BOHR, Nobelpreisträger Physik, einer der großen Geister, die am notwendigen Sprung von der klassischen „mechanischen" NEWTONschen zur Quantenphysik bald zerbrochen wären, sagte später: „Das Gegenteil eines Faktes ist eine Falschheit, aber das Gegenteil einer großen Wahrheit ist immer eine weitere große Wahrheit." Denken Sie manchmal daran, wenn Sie versuchen, Ihre Insel zu er-WEIT-ern.
6. **Toleranz für anders denkende (fühlende, handelnde) Mitmenschen**, das zeichnet **große** Menschen aus. In der Welt der Politik, in Organisationen und in Familien. Es ist das, was uns mit am „menschlichsten" macht und uns am meisten vom Tier unterscheidet.

Exponentielle Experimente? Schätzen Sie drei Mal ...

Aufgabe 1: ENTWICKLUNGs-ZEITEN

Raten Sie mit. Schreiben Sie neben jede Technologie ein Zahl: Schätzen Sie die Entwicklungszeit, indem Sie sich fragen:

Wie lange dauerte es vom funktionierenden Prototypen bis zur Produktion?

Angenommen, wir hätten den Helikopter in der Liste und Sie sagen: „Den hatte Leonardo da VINCI sich bereits ausgedacht", dann müssen wir berücksichtigen, daß er noch keinen bauen konnte, also war die Zeitspanne zwischen Idee und Realisierung extrem lang.

Hinweis: Es waren in jedem Fall Jahre. Wie viele Jahre, glauben Sie, dauerte es, bis die jeweiligen Technologien den Weg vom Prototypen zur Massenproduktion geschafft haben?

1. **Schreibmaschine** ______
2. **Mähdrescher** ______
3. **Leuchtstoffröhre** ______
4. **Radar** ______
5. **Kugelschreiber** ______
6. **Reißverschluß** ______
7. **Zellophan** ______
8. **Servolenkung** ______
9. **Fernsehen** ______
10. **Transistor** ______

Zählen Sie jetzt alle Jahre zusammen:

Summe ______

Aufgabe 2: Exponentielles Wachstum

Stellen Sie sich kleine Kärtchen (wie Visitenkarten) **vor**. Diese sind genau **1 Millimeter** dick. Nun wollen wir diese Kärtchen **stapeln**. Und zwar wollen wir die Stückzahl jeweils **verdoppeln**. Im ersten Häufchen beginnen wir mit einer Karte. Im zweiten Häufchen verdoppeln wir auf 2 Karten, beim nächstenmal verdoppeln wir auf 4 Karten etc. Wir wollen bei dieser Aufgabe jedoch **nicht** rechnen, sondern so schnell und spontan wie möglich **raten**. Wenn Sie doch rechnen, betrügen Sie nur sich selbst. Sie könnten herausfinden, ob Sie ein Gefühl für eine exponentielle Wachstumskurve besitzen, wenn Sie ehrlich mitspielen und nur RATEN.

Beim 21. Mal? Der Stapel hat jetzt eine Höhe von ca. ____________

Beim 31. Mal? Der Stapel hat jetzt eine Höhe von ca. ____________

Beim 35. Mal? Der Stapel hat jetzt eine Höhe von ca. ____________

Beim 55. Mal? Der Stapel hat jetzt eine Höhe von ca. ____________

Beim 65. Mal? Der Stapel hat jetzt eine Höhe von ca. ____________

Beim 75. Mal? Der Stapel hat jetzt eine Höhe von ca. ____________

Beim 85. Mal? Der Stapel hat jetzt eine Höhe von ca. ____________

Beim 95. Mal? Der Stapel hat jetzt eine Höhe von ca. ____________

☐ Ich habe wirklich nur geraten (Datum, Unterschrift)____________

☐ Ich habe leider nicht mitgemacht ...

Aufgabe 3: Das Gegenteil der „HALBWERTs-ZEIT" von Wissen?

Sicher haben Sie schon gehört, die HALBWERTs-ZEIT von Wissen schrumpfe ständig. War ein Ingenieur, der Anfang der 1930er Jahre sein Studium beendete, jahrzehntelang up to date, selbst wenn er sich nicht mehr darum bemühte hinzuzulernen, so gilt heute in vielen Studiengängen (inklusive u.a. Medizin, Molekularbiologie, Astrophysik, Genetik etc.): Am Ende des Studiums gelten schon eine Reihe von Fakten nicht mehr, die man im ersten Semester gelernt hatte! Vergleichbar ist es in der Geschäftswelt: Auch Führungskräfte, VerkäuferInnen, BeraterInnen etc. müssen sich regelmäßig auf Neues einstellen. Lebenslanges Lernen* ist also angesagt.

---

*Vgl. „L'", *Lebenslanges Lernen* (Seite 50 ff.).

In den 1960er Jahren hat ein cleverer französischer Forscher namens George ANDERLA ausgerechnet, wie schnell das **Wissen der Menschheit** wächst. Er interessierte sich also für das Gegenteil des HALBZEIT-WISSENS, für die jeweilige Verdoppelung. Zuerst trug er zusammen, was man zur Zeit Jesu alles wußte (Ideen, Theorien, Techniken und Technologien). Das war die erste Wissenseinheit. Diese bezeichnete Robert Anthony WILSON als „**1 Jesus**" und fragt: Wann haben wir wie viele „JESUSE" (Wissens-Einheiten des Jahres null) erreicht? Nun erhebt sich die Frage: Wie könnte sich das Wissen der Menschheit **Ihrer Schätzung gemäß** entwickelt haben? Hat es sich schon ein- oder mehrmals verdoppelt, seit Jesus auf der Erde lebte bzw. seit unserer Zeitrechnung? Ich warne Sie, es handelt sich wieder um eine exponentielle Kurve! Also, was **schätzen** Sie?* Das Wissen der Menschheit hat sich bisher

- ☐ noch nie verdoppelt (wann, schätzen Sie, wird die erste Verdoppelung eintreten?) ________
- ☐ einmal verdoppelt
- ☐ mehr als einmal verdoppelt (wieviel Mal?) ________ Mal

Zusatzfrage:
Wann erreich(t)en wir 1000 „Jesuse"? ________

Darf ich Ihnen raten, einige Menschen einzuladen, die Fragen ebenfalls zu beantworten? Sie finden im Merkblatt 5 leere Formulare, zum Fotokopieren, so daß alle einen Bogen ausfüllen können (ohne von Ihren Zahlen beeinflußt zu werden). Und damit Sie selbst auch nicht beeinflußt werden, stehen die Auflösungen einige Seiten „entfernt". Die Ergebnisse werden Sie noch mehr faszinieren, wenn Sie zuerst Ihre Schätzungen mit denen anderer Menschen verglichen haben.

---

*Die Auflösungen finden Sie im Modul *Exponentielle Wachstumskurven*, ab Seite 120.

FRAGEN ALS DENK-TOOL

Wiewohl es sich seit den 1970er Jahren in Seminaren und Trainings für **Verkaufen** und **Verhandeln** herumgesprochen hat, wie günstig Fragen wirken* (wer fragt, führt), scheint diese wichtige Info noch nicht zu Personen vorgedrungen zu sein, die **Menschen führen, informieren, (be-) lehren, ausbilden** etc. Die Harvard-Professorin Ellen J. LANGER meint, Aussagen könnten das Denken geradezu **verhindern**.

Angenommen, jemand erzählt Ihnen: „Der Elefant hat vier Beine." Was können Sie jetzt denken? **Nichts**. Einige Tage später werden Sie kaum noch wissen, worüber der Mensch mit Ihnen gesprochen hat. Mit einer „weichen" Aussage hätte er in Ihrem Kopf eine FRAGE ausgelöst; z.B.: „Man nimmt an, der Elefant habe vier Beine ..." – „Wieso nimmt man das an?" denken Sie vielleicht, oder: „Was soll das?", möglicherweise auch: „Was will er damit erreichen?" u.ä. Es ist uns normalerweise **nicht** klar, daß wichtige Denk-Prozesse in der Regel **fragend** ablaufen. Leider beherrschen die wenigsten **diese wichtige Fertigkeit**, und unser Schulsystem ist uns da keine Hilfe. Wer nicht das große Glück hat, gewisse Dinge im Elternhaus zu lernen, ist und bleibt „außen vor". Übrigens hat Deutschland ja in der PISA-2000-Studie in einer einzigen Sparte „gesiegt", hier erreichten wir den Punktehöchststand. Wissen Sie, was es war? Antwort: Fehlende soziale Mobilität. Im Klartext: Wer bei uns arm, unwissend oder intellektuell benachteiligt (politisch korrekt: aus bildungsfernen Familien) ist, bleibt „außen vor"!

---

*Neil POSTMAN, einer der bekanntesten Kritiker des Schulsystems in den USA, wies zeit seines Lebens immer wieder auf die Notwendigkeit hin, dieses wichtigste Denk-Instrument zu trainieren und daß Schulen ihrer Aufgabe in diesem Aspekt nicht gerecht werden, weil das System an denkenden SchülerInnen gar kein Interesse haben kann. Wie steht es mit den Politikern? Mit Führungskräften? Mit Ihnen?

Auf der anderen Seite können wir es **sehr schnell lernen**. Es ist immer leichter, Techniken zu erwerben, die der normalen Arbeitsweise des Gehirns entsprechen, als umgekehrt. In Seminaren zur Fragetechnik (ein Mitschnitt wurde inzwischen veröffentlicht) kann man regelrecht **zusehen**, wie großartig sich die **Qualität der Fragen** innerhalb von **Stunden** verbessert. Sollte man also gar tage- oder wochenlang trainieren (jeweils kurze Zeitspannen, z.B. eine Rätsel-Story raten), dann ahnt man bald, wie dramatisch „behindert" das normale Denken eigentlich ist.

Ich entwickelte eine zweite Frage-Art speziell für gehirn-gerechtes Informieren (= Lehren und Lernen). Sie ist eine meiner zahlreichen Non-Learning Learning-Strategies für INCIDENTALes Lernen (s. *Lebenslanges Lernen*, Seite 50 ff.). Diese Strategie nutzt Fragen in Form von kleinen Quiz-Aufgaben. Einige davon dürften Sie schon kennengelernt haben, wenn Sie nicht direkt hierher gesprungen sind.

1. Wer einige kleine Fragen beantwortet, hat sich inhaltlich mit dem Thema auseinandergesetzt, und zwar DENKEND (weil ja Fragen den Geist öffnen!).
2. Dies geschieht völlig zwanglos, weil er/sie ja nur eine Frage hören (lesen) muß. Das Reflektieren folgt von allein, es ist der **Frage-Reflex**, den wir hier ausnützen. Dabei handelt es sich um einen Neuro-Mechanismus (dem Gehirn eigene Arbeitsweise, die wir gar nicht verhindern können). Leider wird dies in klassischen Info-Situationen in der Firma, wie auch von der Firma zum Kunden, oft nicht berücksichtigt. Werden zu wenige Neuro-Mechanismen aktiviert, ist Lernen unmöglich (Schule oft, zahllose Meetings zu oft, Verkaufs-Situationen viel zu oft!).
3. Selbst wer die Aufgabe **nicht** löst, hat die Frage zur Kenntnis genommen und somit die Chance gehabt, „neutral" (unvoreingenommen) **eigene Gedanken** zu denken, ehe der Autor der Fragen ihn weiterführt.

Somit kann er das nachfolgende **kritischer** verfolgen. Neil POSTMAN betonte, daß FRAGEN die Voraussetzung für die **Fähigkeit zur Skepsis** darstellen. Mit Aussagen erzeugen wir Zombies, aber keine mitdenkenden Mitmenschen (SchülerInnen, MitarbeiterInnen, FreundInnen, KollegInnen, Familien-Mitglieder, KundInnen etc.).

GENIALES DENKEN?*

Beginnen wir mit fünf Fragen:

1. **Werden GENIES geboren?** (Ist es also Genetik und was im Mutterleib passierte, ehe man geboren wurde?)

   ☐ ja ☐ **nein**
2. **Werden sie von der Umwelt GENIAL „gemacht"**?

   ☐ ja ☐ **nein**
3. **Gibt es Techniken, um jeden Menschen ein wenig GENIAL** (bis zu einem gewissen Grad und auf einem gewissen Gebiet) **zu „machen"**?

   ☐ ja ☐ **nein**
4. **Gibt es einen gemeinsamen Nenner aller genialen Leute**?

   ☐ ja ☐ **nein**
5. **Denken Genies anders**?

   ☐ ja ☐ **nein**

Es könnte spannend sein, die Fragen mit anderen Menschen zu diskutieren und die Antworten zu vergleichen (optimal, ehe Sie weiterlesen, ansonsten später).

Besprechung der Fragen

1. **Werden GENIES geboren?** und
2. **Werden sie von der Umwelt GENIAL „gemacht"?** Zum einen gibt es überdimensionale Begabungen, zum anderen lernen wir der-

---

*Einige Gedanken dieses Abschnitts entnahm ich meinem Büchlein *ABC-Kreativ*.

zeit immer mehr über die Einflüsse im Mutterleib. Mozart war überdimensional begabt, ohne Zweifel. Aber inwieweit die Tatsache, daß er schon vor der Geburt bis zu 16 Stunden am Tag Musik hörte, ihn „noch genialer" gemacht hat, kann noch nicht eindeutig gesagt werden. Aber für „normale" Genies, Leute, die im Vergleich zu „Normalmenschen" Überdurchschnittliches leisten, gilt: Es gibt Wege, diese Art der Genialität zu „erzeugen" (s. Punkt 3).

3. **Gibt es Techniken, um jeden Menschen ein wenig GENIAL ... zu „machen"**? Ich nenne die von mir entwickelten Techniken KOPF-SPIELE© oder Denk-Tools©. Sie können in diesem Buch jedoch nur angedeutet werden. Die ABC-Listen und KaWa.s gehören zu den Einstiegs-Denk-Tools, beide haben ein eigenes Merkblatt, beide wirken banal, wenn man sie nur liest. Man muß sie selbst testen!

4. **Gibt es einen gemeinsamen Nenner aller genialen Leute**? Ja. Sie unterscheiden nicht wirklich zwischen „Arbeit" und „Freizeit", weil sie über bestimmte wichtige Themen hier und da nachdenken und interessante Verbindungen von einem in den anderem Bereich transportieren. Geniale Leute (egal ob ForscherInnen, KünstlerInnen, Führungskräfte) schaffen unglaublich viel, von dem vielen wird nur ein geringer Teil öffentlich (= anderen bekannt) oder, im Falle von Publikationen, Ausstellungen etc., der Öffentlichkeit übergeben.

   Dies ist aber nicht der Fall, weil diese Leute einem Fleiß-Programm folgen, denn es gibt auch Menschen, die zwar **fleißig, aber nicht genial** sind. Geniale Menschen arbeiten nach einem bestimmten „System" (meist intuitiv/unbewußt), das wir heute beschreiben können:

   Sie haben mindestens ein Gebiet, das sie brennend interessiert. Deshalb denken Sie sehr oft daran.

   Das bedeutet, daß sie vieles von dem, was sie wahrnehmen (und sei es ein Film im Fernsehen), unbewußt auf ihr Thema beziehen und so ständig neue, aufregende Assoziationen schaffen, die dieses Thema in Zukunft um jene Ideen be-REICH-ern. Es ist unglaublich, was passiert, wenn man auf „etwas hin" schaut, lauscht, liest, fernsieht etc. Jetzt können wir die fünfte Frage angehen:

5. **Denken Genies anders**? Natürlich! Die Frage möchte ich etwas ausführlicher beantworten, da sie so wichtig ist.

Hier werden gerne falsche Annahmen geäußert, so z.B. die Idee, daß kreative Typen so herumsäßen, **bis der Blitz der Erleuchtung** in ihrem Hirn einschlägt oder so ähnlich. Vergleichen Sie, was **Sie** darüber denken, mit folgendem Zitat von Steve PINKER*, der uns zeigt, daß „geniales" Denken eigentlich normal-menschlich ist, nur mit einem kleinen Unterschied:

> MOZART komponierte schon mit acht Jahren Sinfonien, aber sie waren nicht sehr gut; sein erstes Meisterwerk vollbrachte er im zwölften Jahr seiner Karriere.
>
> Historiker haben (die) Tagebücher, Notizen, Manuskripte und Briefe besonders kreativer Autoren, Künstler und Wissenschaftler durchforstet und nach Anzeichen für den übersensiblen Seher gesucht, der in regelmäßigen Abständen von Blitzen aus dem Reich des Unbewußten erleuchtet wird. Doch ... sie haben nur herausgefunden, daß das schöpferische Genie mehr ein SALIERI denn ein Amadeus ist.
>
> Genies sind fleißig. Das typische Genie bezahlt mindestens zehn Jahre Lehrgeld, bevor es etwas leistet, das bleibenden Wert hat. ... Während ihrer Lehrjahre vertiefen sich die Genies in ihr Fach. Sie saugen 10.000e Probleme und Lösungen in sich auf, so daß keine Herausforderung völlig neu ist und sie auf ein riesiges Repertoire an ... Strategien zurückgreifen können. (...) Sie arbeiten Tag und Nacht und hinterlassen uns viele Werke, die keinen Genie-Status haben. (...) Sie schieben ein Problem nicht beiseite, sondern sie vertiefen sich in „kreatives Grübeln", und die Erleuchtung ist keine einmalige

*Steve PINKER: *Wie das Denken im Kopf entsteht*. Kindler, Berlin 1998.

Meistertat, sondern die ausgefeilte Version eines früheren Versuchs. Sie nehmen unermüdlich Korrekturen vor. (...) Sie sind keine Monster, deren Gehirne sich grundlegend von unseren unterscheiden. (...) Das Genie bringt gute Ideen hervor, weil wir alle gute Ideen hervorbringen. Dafür ist unser kombinatorischer Geist gemacht. Das Genie TRAINIERT (jedoch) mehr und hat daher ein weit besseres REPERTOIRE aufgebaut.

Wollen wir einmal an Menschen denken, die als **Kopfarbeiter** gelten (von AutorInnen über ForscherInnen bis zu Führungskräften), und festhalten: Wenn Menschen denken und wenn sie gelernt haben, diszipliniert mit Papier und Stift (oder einem elektronischen Helfer) zu denken, dann produzieren sie **Denk-Belege, die es in sich haben**. Denn:

Schreibend, zeichnend etc. entwickelt man weit mehr als nur vor sich hin denkend, weil andere Denk-Bahnen im Hirn genutzt werden als beim normalen Denken (das heißt beim Monologisieren im Kopf). Diese anderen Denk-Bahnen sollen das normale Denken nicht ersetzen, sondern ergänzen. Wer also (auch) schreibend (z.B. mit ABC-Listen und KaWa.s beginnt, vgl. Merkblätter hierzu ab Seite 263) und zeichnend denkt, produziert eine gewisse Menge an „Output", aus dem sich später weit mehr „herausziehen" läßt als beim spurenlosen Denken.

Wer GEIST-ig viel schafft, hat eine weit höhere Chance, daß diese intensive Arbeit auf dem einen oder anderen Gebiet ab dem Mittelalter (seines Lebens) immer mehr Früchte abwerfen wird, die zu hoher Qualität reifen können. Deshalb rate ich allen, denen der Gedanke (aufgrund mangelnder Erlebnisse dieser Art) noch fremd ist, das Konzept einfach zu testen; jeden Tag mindestens 10 Mal eine kleine ABC-Liste (2 Minuten reichen!) zu einem für Sie wichtigen Thema anlegen, und das über einen Monat. Dann beginnen Sie zu ahnen, was wir meinen. Und Sie verstehen auch: Wer gerne schafft, hat größere Chancen, viel zu schaffen. Und wer viel schafft, kann Großes schaffen ...

Frage: Gibt es (mindestens) ein **Gebiet**,

- ☐ auf dem Sie besonders viele Wissensfäden in Ihrem Wissens-Netz angelegt haben?
- ☐ zu dem Sie **regelmäßig Wissens-ABC.s anlegen**?
- ☐ zu dem Sie (wie PINKER es beschreibt) bereits **viele Probleme und Lösungen gesammelt haben**?

Gibt es **Fragen**,

- ☐ über die Sie **regelmäßig** nachdenken?
- ☐ über die Sie **mit vielen Menschen sprechen**?
- ☐ über die Sie viel und/oder häufig **lesen, fernsehen, Radio** oder **Kassetten hören**?

Dann ist das (mindestens) **ein Gebiet, auf dem auch Sie zu genialen Gedanken fähig wären. Sie sehen: Es hängt** nicht von den Genen ab, sondern **von Ihrem Repertoire**. Dieses aber muß man erwerben ... Ich wünsche Ihnen viele geniale Einfälle.

HERZBERG MAL ZWEI

Sie kennen die beiden Denk-Modelle? Dann gratuliere ich Ihnen (GO TO THE HEAD OF THE CLASS, wie die Amerikaner so schön sagen). Da ca. 70 Prozent der Führungskräfte das erste HERZBERG-Modell kennen und ca. 35 Prozent das zweite, entschied ich mich für ein separates Kapitel (auch weil 11 Seiten zuviel für dieses ABC-Kapitel sind). Also, im Zweifelsfall können Sie gleich hinspringen (Seite 126 ff. oder sich gemütlich „hinlesen".

1. KITA und Karotten-Methode

- ☐ Kenne ich
- ☐ Lese ich gleich
- ☐ Lese ich später

2. Motivatoren und Hygiene-Faktoren

- ☐ Kenne ich (dann können Sie die wichtigsten 6 Hygiene-Faktoren und die wichtigsten 6 Motivatoren sicher aufzählen?)

____

____

____

____

____

____

- ☐ Lese ich gleich
- ☐ Lese ich später

INCENTIVES

Bitte definieren Sie den Begriff „Incentives":____________________

____

Einer der Gründe, warum wildfremde potentielle Kunden bei mir anrufen, ist, daß ich „ihre Leute motivieren soll". Man stellt sich gerne eine Kick-off-Veranstaltung vor, bei der vor versammelter Mannschaft die Preise des letzten Jahres vergeben werden sollen, oder eine Veranstaltung, um die Incentive-Maßnahmen des folgenden Jahres zu verkünden. Ich weise solche Ansinnen immer von mir, und zwar aus zwei Gründen:

1. **Die Motivation der MitarbeiterInnen muß von innen kommen**, nicht von einem Außenstehenden. Deshalb halte ich nichts davon, sogenannte Motivations-Trainer zu holen. Das ist natürlich meine persönliche Meinung, die im Laufe vieler Jahre gewachsen ist; man kann auch anderer Meinung sein.
2. **INCENTIVEs müssen dringendst gründlich überdacht werden**, und zwar nicht nur in unserem Arbeitsleben, sondern auch im Schul- und Ausbildungssystem. Deshalb finden Sie in diesem Buch einige Textabschnitte, die helfen, einen klareren Blick für das WESEN von Incentives und Belohnungen aller Art zu entwickeln*.

Alfie KOHN, der über **Incentives** in **Firmen** einiges zu sagen hat (vgl. das in diesem Buch mehrfach zitierte Werk *Punished by Rewards*), schrieb ein weiteres Buch über das wichtige Thema, bezogen auf unsere Jugend: *The Schools Our Children Deserve*, denn dort besteht dasselbe Problem.

Leider gibt es für die amerikanischen Kids derzeit extrem wenig Hoffnung auf Besserung, aber vielleicht **lernen wir ja schneller** und beginnen endlich, unseren Kindern und unserer Jugend die Chancen zu bie-

*Z.B. *Das Pizza-Hut-„Book it!"-Programm* (Seite 90 ff.), *Mitarbeiter-Beurteilung* (Seite 104 ff.), *Herzberg mal zwei* (Seite 126 ff.), *McGREGORs Theorie X und Y* (Seite 82 ff.) ...

ten, die sie verdient hätten. Wer da immer von Kosten spricht, sollte einmal mit dem spitzen Bleistift ausrechnen, was es kostet, wenn wir es **nicht** tun: Man addiere die Kosten von Jugend-Arbeitslosigkeit, Jugend-Kriminalität (plus Drogen!) und die verheerende Wirkung, die es auf ein Volk hat, wenn die Zahl der Alten ständig zunimmt und wir bald keine fähigen jungen Leute mehr finden. Der idiotische Slogan „Inder oder Kinder" brachte die Debatte damals zwar zum Schweigen, hat aber am Problem selbst nichts geändert. Abgesehen davon, daß wir keine Zeit haben, eine Generation auf die nachwachsenden Kinder zu warten, weil wir keine Inder holen wollten.

Unsere Politiker und Entscheidungsträger in Industrie und Wirtschaft reden nur kaum über die Probleme, die wir tatsächlich haben, sondern sie argumentieren lieber über weniger wichtige Dinge, die lösbarer **erscheinen**. Tja, das ist das Resultat von zu viel „modernem Management" (s. Seite 52 ff.). Wir müssen die Weichen anders stellen, wenn wir **zukunftsfähig** werden wollen!

Über die Definition des Begriffs „Incentives" wollen Sie vielleicht mit anderen sprechen, ehe Sie die angegebenen Textstellen erreichen? Es ist, wie immer, Ihre Wahl, ob Sie nur ein Buch LESEN oder ein Buch-Seminar durcharbeiten wollen. Sie sind der Boss oder die Chefin.

Jaaaaaa, diese Langeweile ...

In einer Arbeit (*How public education cripples our kids, and why*) von John Taylor GATTO* fand ich einen faszinierenden Gedanken über die **Langeweile**. Der ganze Beitrag ist ein großer Denk-Anstoß, der so manches Vertraute in Frage stellt. Sie finden ihn im Internet**, aber weil ich

*John Taylor GATTTO ist ein ehemaliger Lehrer des Jahres aus dem Staate und der Stadt New York und der Autor von *The Underground History of American Education.*

**Quelle: http://www.spinninglobe.net/images/gattoharp.gif.

ihn so spannend finde, können Sie die deutsche Übersetzung bei uns in der **TEXT-SCHUBLADE** (links, oberstes Schubladen-Element) auf **www.birkenbihl.de** herunterladen. Es folgt nur ein Gedanke aus diesem Artikel (Übersetzung von Oliver BAILLIEU):

> **Wer ist schuld** (an der Langeweile)? **Wir alle sind es.** Mein **Großvater** hat mir das beigebracht. An einem Nachmittag, als ich sieben Jahre alt war, klagte ich bei ihm über Langeweile, und er schlug mir hart auf den Kopf. Er sagte mir, daß ich dieses Wort in seiner Anwesenheit nie wieder benutzen dürfe, daß, wenn ich mich langweilte, es meine Schuld wäre und nicht die eines anderen. **Die Verpflichtung, mich selber zu unterhalten und zu unterrichten, wäre ganz und gar meine.**
>
> Menschen, die das nicht wüßten, wären kindische Menschen, die man, wenn möglich, meiden sollte. ...

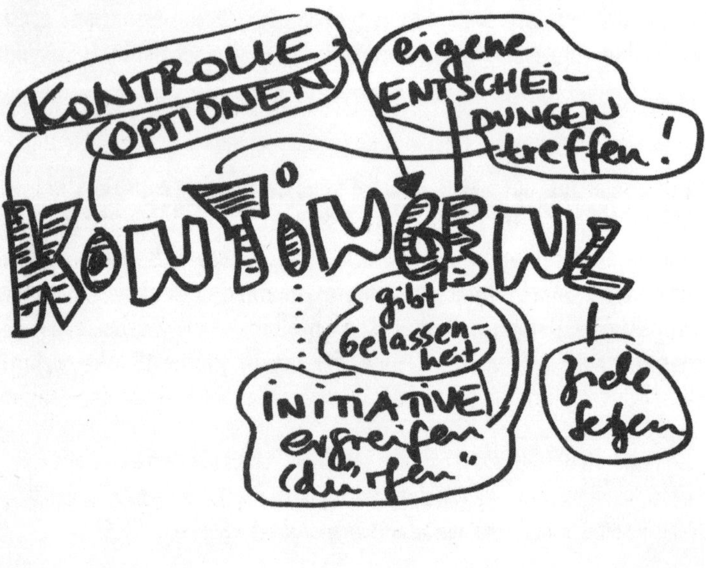

KONTINGENZ & KOMPETENZ

1. KONTINGENZ

Mit **KONTINGENZ** bezeichnet Martin SELIGMAN* eine besondere Art von KONTROLLE, die wir Menschen benötigen, um ein gutes Selbstwertgefühl zu entwickeln oder aufrechtzuerhalten. Dieses Bedürfnis nach KONTINGENZ beginnt bereits quasi mit der Geburt, wie sehr aufschlußreiche Experimente mit kleinsten Kindern zeigen. Gibt man einem Säugling Kontrolle über etwas in seiner Umgebung, wenn also z.B. das SAUGEN an einem besonderen „Schnuller" drahtlos etwas **auslöst oder bewirkt** (das sich daraufhin bewegt, ein Geräusch produziert u. ä.), **dann wird er sich stundenlang damit beschäftigen**. Bietet man ihm denselben Gegenstand, den wir per Zufallsgenerator bewegen (zum Klingen bringen), interessiert er das Baby überhaupt nicht. So konnte man herausfinden, daß dieses Bedürfnis, **Einfluß auf die Welt zu nehmen**, unmittelbar nach der Geburt nachweisbar ist.

SELIGMAN sagt, er benutze den Begriff KONTINGENZ, weil KONTROLLE falsche Assoziationen auslösen könnte. Es geht nicht darum, andere oder die Welt zu „kontrollieren", es geht um den **Dialog mit der Welt**, indem wir mit der Welt interagieren und dabei auch etwas zu „sagen" haben.

Ist das Bedürfnis nach KONTINGENZ bei Babys noch nicht so evident, so können wir es bei kleinen Kindern bereits sehr klar beobachten: Nehmen wir an, ein Kind hat die ganze Woche im Kindergarten geübt, wie man Knöpfe zumacht, jetzt hat es das gelernt. Jetzt kann es also seinen KNOPF-SCHLIESS-„TANGO"-Schritt und möchte diesen Teil des Welt-Tanzes auch selber tanzen (KONTINGENZ erlangen). Was macht die Mutter? Sie möchte einkaufen, ist in Eile: „Komm, wir ziehen jetzt den Mantel

*Vgl. Martin SELIGMAN: *Pessimisten küßt man nicht*. Eine hervorragende Einführung in die Thematik in bezug auf die Auswirkungen auf das Selbstwertgefühl.

an ...", das Kind: „Die Knöpfe kann ich aber schon selber zumachen!" Die Mutter: „Natürlich kannst du das, mein Liebling", **während sie die Knöpfe auch schon zugemacht hat**!

Bei mangelnder KONTINGENZ fühlen wir uns **ausgeliefert, hilf- und schutzlos**. Mangelnde KONTINGENZ ist ein scheußliches Gefühl. Dabei wollen wir gar keine 100 Prozent KONTINGENZ (dann hätten wir totale Macht über alle Aspekte unserer Umwelt, inklusive unserer Gesundheit etc.), wir wären also fast allmächtig. Anzustreben ist **so viel KONTINGENZ wie möglich**, das heißt genug KONTINGENZ, daß wir das Gefühl haben, unser Leben (unsere Arbeit) zu MEISTERn, Herr (Frau) der Dinge zu sein, eine WAHL zu haben und Entscheidungen treffen zu dürfen. Gelingt das, dann LEBEN wir, **andernfalls werden wir gelebt**! Deshalb gilt für Eltern, Lehrkräfte, Ausbilder aller Art und auch für Führungskräfte:

Wo immer möglich, sollten andere Menschen ihren Mitmenschen keine „Knöpfe zumachen"!

Das Motto der Montessori-Schulen (wie der gesamten Reform-Pädagogik) lautet:

HILF MIR, ES SELBST ZU TUN!

Das „sagen" uns unsere MitarbeiterInnen, Seminar-TeilnehmerInnen, StudentInnen, Azubis, SchülerInnen – ja sogar unsere KundInnen. Denken Sie nur an die klassische „Vorführung", da werden KundInnen oft zu hilflosen ZuschauerInnen degradiert, weil ein beraten-sollender Mitmensch alles alleine „vorführt", statt die Kunden selbst etwas ausprobieren zu lassen! Und wundert sich dann, daß dem Kunden im wahrsten Wortsinn die LUST (im Klartext: Kauf-LUST) genommen wird.

Wenn man uns die Kontroll-Möglichkeiten über unser Leben **nimmt**, erleben wir die TäterInnen wie eine KOLONIAL-MACHT: Wir fühlen uns entmachtet (Wortsinn von OHN-MÄCHTIG), hilflos, infantilisiert (= wie Kleinkinder behandelt). Und das schlimmste ist, daß Menschen, die anderen das antun, oft auch noch behaupten, es sei zu deren „Gutem". Der Satz:

„Ich will ja nur helfen!" hat wohl mehr Leid ausgelöst als jede andere Behauptung: Das behaupteten **Missionare**, wenn sie eine Kultur nach der anderen zerstörten, das behaupten **LehrerInnen**, wenn sie Frontalunterricht eigenem Denken und Handeln der SchülerInnen vorziehen, das behaupten zahllose **Eltern**, **Lebenspartner** und natürlich **Führungskräfte** ...

Menschen, die man der Kontingenz beraubt, werden Befehlsempfänger. Das heißt aber nicht, daß sie die Befehle gerne oder „motiviert" ausführen werden, im Gegenteil, sie gelten als de-motiviert, „schwierig", wirken lustlos und leidend.

Nur ein Mensch mit Selbst-Respekt und viel KONTINGENZ in seinem Leben kann sich FREIWILLIG entscheiden, allen Befehlen zu gehorchen (z.B. im Militär oder in einer Hierarchie, in der man „die über sich" respektiert) oder seinem Herrn (seiner Lady) jeden Wunsch von den Augen abzulesen (z.B. der sprichwörtliche **kompetente** britische Butler).

Aber Menschen, die man nicht respektiert, die nur „gehorchen" sollen, ohne KONTINGENZ in ihrem Leben, sind „gebrochen": Vergleichen Sie einen Löwen, der ruhelos im Käfig seine Runden dreht, mit dem stolzen „König der Tiere"in Freiheit.

Wir können mit „Käfig-Bewohnern" keine SERVICE-Kultur erzwingen. Wir müssen die Türe öffnen!

Vgl. auch die Stichworte: Dissonanz-Fähigkeit (Seite 27 ff.), McGregor (Seite 82 ff.) sowie die Module *Das Pizza-Hut-„Book it!"-Programm* (Seite 90 ff.); *Mitarbeiter-Beurteilung* (Seite 104 ff.) und *Herzberg mal zwei* (Seite 126 ff).

Je nachdem, wie lange die Betroffenen schon im „Käfig" waren, kann es sein, daß man sie erst **schrittweise an die Freiheit gewöhnen muß**. Allerdings lernen Menschen schnell (wieder), Verantwortung zu übernehmen, wenn wir ihnen eine Chance geben. Damit sind wir beim zweiten Stichwort der Überschrift:

2. KOMPETENZ

Sie geht mit KONTINGENZ einher und ist ohne sie nicht möglich. KOMPETENZ ist ein Symptom von Menschen mit KONTINGENZ. Am Grad der Kompetenz können Sie ablesen, wieviel KONTINGENZ Menschen haben (dürfen).

Erhöhen Sie die KONTINGENZ, erhöhen Sie automatisch auch die Chancen für KOMPETENZ.

Denn wie der Volksmund so schön sagt: „Kompetenz kommt von Können", und je freier sich ein Mensch fühlt, desto mehr Freude am eigenen Können kann er entwickeln, desto bereiter ist er, sich einzulassen, zu lernen, zu trainieren – kurz: all das zu tun, was letztlich KOMPETENT macht.

Lebenslanges Lernen

Viele Menschen halten Lernen für „schwer", für „unlustig" (Unlust auslösend), stressig etc. Aber das ist ein Irrglaube, der im Wechsel vom Industrie- zum Wissens-Zeitalter gefährlich ist. Tatsache ist: Lernen ist eigentlich für Kinder „kinderleicht", für Jugendliche GEIL, danach immer noch spannend, faszinierend etc. Im Alter wird der Nachteil (langsamere Neuronen, wenn wir umlernen!) durch drei gewaltige Vorteile aufgewogen: Erstens hilft vorhandenes Wissen (je mehr wir wissen, desto leichter können wir hinzulernen). Zweitens wissen wir viel genauer, warum wir etwas lernen (oder umlernen) wollen, so daß wir zielgerichteter handeln als SchülerInnen unter Schul-ZWANG. Drittens können wir uns nach besseren Techniken umsehen. Hier also nur kurz das Nötigste:

Lernen wurde von der Natur erfunden, nicht von Menschen. Und die Natur erfand es, weil es Überlebenswert hat.

Lernen **muß** (auch) **außerhalb von Worten** verlaufen können, denn als die Natur Gedächtnis (und damit die Lernfähigkeit) schuf, gab es noch Jahrmillionen lang keine Menschen. Ein Lernstil via Anweisungen, Bitten etc. hätte also nicht funktioniert.

Lernen ist eigentlich ein (Neben-)Bei-Produkt, eine KOINZIDENZ*, ein Neben-Phänomen. Es geschieht am erfolgreichsten völlig BEI-läufig, neben-BEI, während wir LEBEN.

Schade, daß zahllose LehrerInnen weltweit noch immer so gut wie nichts darüber wissen. Sie glauben daher immer noch, was man sie einst gelehrt hatte: Wenn Leute stundenlang ruhig dasitzen und einem „menschlichen Tonbandgerät" lauschen, dann werden sie dabei jede Menge lernen. Und die Entscheidungsträger sind Mitglieder eines verkrusteten Apparates, der in der Post-PISA-Phase krampfhaft zu überleben versucht, indem man mehr vom Alten erzwingen will: Noch mehr zentralistische Kontrolle, noch mehr kontra-produktive Prüfungen, um noch mehr unSINN-ige Noten zu erzeugen – also ständig mehr davon, was die Probleme ausgelöst hat.

Auch Führungskräfte sind ähnlich unwissend. Aber es gibt einen gewaltigen Unterschied: **Wir müssen** meßbare **ERGEBNISSE** liefern. Wenn meine Gruppe (angehende Pharma-Referenten oder Heilpraktiker) den medizinischen Lernstoff schneller und effizienter lernt als die Kontroll-Gruppe, wiewohl ich **ohne Prüfungen** vorgehe, dann ist das ein **Ergebnis**, an dem ich gemessen werde. Und wenn meine Pilotgruppe eine Fremdsprache ohne Vokabel-Pauken besser lernt und sich vor allem später besser UNTERHALTEN kann als die Kontroll-Gruppe, die zwar Vokabel-Tests und Grammatik-Übungen absolvieren kann, aber unfähig ist, zu verhandeln, dann ist auch das ein Ergebnis. Beide können nur stattfinden, weil ich mich seit den späten 1960er Jahren mit dem Lernen befaßt habe. Ich nannte es BRAIN-FRIENDLY (deutsch: gehirn-

---

*KOINZIDENZ bedeutet: Etwas läuft „ko" (mit) etwas anderem ab. Im Klartext: Lernen ist ein „Abfallprodukt" von anderen Aktivitäten, ohne Aktivität kann also kein Lernen stattfinden.

gerecht*), weil wir die Arbeitsweise des Gehirns RESPEKTIEREN (im Gegensatz zum klassischen Unterricht und „alten" Lern-Methoden).

Das ist der Unterschied zwischen „freien" Kräften, die in der Wirtschaft ihren festen Platz haben, in der Forschung jedoch noch immer nicht beachtet werden, weil hier die Apparatschiks (noch) das Sagen haben. Jede Privatschule arbeitet anders als die Regelschulen (auch diese Leute interessieren sich für meine Forschungsergebnisse), denn auch sie müssen meßbar besser sein.

Modernes Management

mit Verfalls-datum?

1841 ereignete sich ein Zugunglück der Western Railroad in Amerika, dabei starben zwei Personen, 17 weitere wurden verletzt. Dies war (nach Peter R. SCHOLTES) das **erste** Eisenbahnunglück. Die Besitzer der Zuglinie waren entsetzt, verstört, verzweifelt. Man bildete ein Gremium, das von einem Marshal (also einem professionellen Soldaten) geleitet wurde. Noch nie in der gesamten Menschheitsgeschichte davor hatte es je eine vergleichbare Situation gegeben. Der Schock war durchaus vergleichbar mit dem, den wir drei Generationen später empfanden, als wir erfuhren, daß am 11. September 2001 zivile Flugzeuge als Bomben eingesetzt worden waren. Es ist aus heutiger Sicht kaum nachzuvollziehen, wie groß damals das Entsetzen, die Panik und die Unsicherheit waren, aber diese Situation war vollkommen neu! Normalerweise blicken wir in Krisen in die Vergangenheit und fragen uns, wie andere in ähnlichen Situationen vorgegangen sind, aber wenn es keinen Vergleich gibt, fühlt man sich hilflos, ausgesetzt, unfähig zu entscheiden – ohne Kontrolle. Denn die Menschen hatten in der

---

*Dazu gehört neben Spaß beim Lernen (lange belächelt, heute unter dem Stichwort „Infotainment" als neue Masche propagiert) Kenntnis darüber, wie das Gehirn arbeitet. Heute redet man von Neuro-Pädagogik und Neuro-Didaktik, das ist auch nur ein neues Wort für meine jahrzehntealten Forderungen. Tja…

Vergangenheit anders gearbeitet: Ob auf einer Farm, wo jeder jeden sehen und man sich Kommandos zurufen konnte, oder ob Mitglieder von nomadisierenden Hirtenstämmen mehrmals im Jahr die Zelte abbrechen und weiterziehen – hier hat jeder seinen klar umrissenen Auftrag. Auch moderne Fabrikationswerkstätten und die klassischen Handwerksbetriebe: Immer arbeiten überschaubare Gruppen relativ dicht an Projekten, so wie das heute in kleineren mittelständischen Betrieben immer noch der Fall ist. Das heißt: Seit Menschengedenken galt: **Entweder** man arbeitete unter einem „patriarchalischen" Führungsstil, dann wurde die ganze Gruppe (Sippe oder der Stamm) von einem oder einigen wenigen „gemanagt" (das Management war relativ zentral). **Oder** es gab klare Rollen für jedes Gruppenmitglied, die oft von Vater oder Mutter auf Sohn oder Tochter übergingen. Man kannte **eine jahrtausendealte Form der Selbst-Organisation** (was moderne Führungskräfte oft vollkommen überrascht). Nur in Krisenzeiten griff ein Ältestenrat, ein Wahrsager, ein Schamane o.ä. ein, wie bei Fischern an Meeresküsten, in der tibetischen Hochebene, bei den Pygmäenvölkern in der Kalahari-Wüste oder den Aborigines in Australien. Auf die einzige Ausnahme (das Militär) kommen wir gleich zurück; aber das Arbeitsleben von Zivilisten war bislang entweder zentral geführt oder selbst-organisierend abgelaufen.

Dies hatte sich jedoch im beginnenden Industrie-Zeitalter, also zur Zeit jenes Western-Railroad-Zugunglücks, dramatisch verändert, denn man hatte begonnen, unzählige Leute aus ihrer Heimat in die wachsenden Industrie-Zentren der (westlichen) Welt zu holen. Dies schuf erstmals in der Menschheitsgeschichte die Situation, daß die Mehrheit der ArbeiterInnen in ihren (oft neuen, davor nie dagewesenen) Tätigkeiten angeleitet werden mußte.

Im Falle einer Krise blickt der Mensch auf vergleichbare Situationen. Er fragt sich, wie andere Menschen in ähnlichen Umständen damit umgegangen sind, wie sie vergleichbare Probleme gelöst oder, noch wichtiger, für die Zukunft verhindert haben. Aber bei der allerersten Krise beginnt man bei Null. Im nachhinein sehen wir solche Augenblicke gern als „Geburtsstunden“ (in diesem Fall des modernen Managements; damals wurde auch der Begriff „Manager“ erfunden). Es begann also mit jenem Gremium, dem ein Militär vorstand. Denn das Militär war die einzige Ausnahme der oben beschriebenen Arten, wie Menschen zusammen arbeiteten und lebten: Auch beim Militär mußten Leute (schnell) zu ihnen vorher unbekanntem Verhalten angeleitet werden, auch hier waren Fehler (lebens-)gefährlich. Daher hatte man seit Urzeiten eine straffe Befehl-und-Gehorsam-Struktur entwickelt. Eine der ersten Beschreibungen finden wir im zweiten Buch Mose. Damals wußte man bereits, daß zu große Gruppen nicht mehr geführt werden können, deshalb arbeitete man in Zehner-Gruppen: Zehn Soldaten hatten einen Gruppenführer, 10 Gruppenführer leiteten zusammen also 100 Männer und unterstanden einem weiteren Führer. 10 von ihnen hatten 1000 Mann unter sich etc.

Das war das einzige PARADIGMA (s. Seite 255 ff.), das man kannte, um große Gruppen von Menschen, die fern von der Heimat gemeinsam an einer Sache arbeiten sollten, zu leiten. Also erstaunt es uns vielleicht nicht so sehr, daß just, als das Industrie-Zeitalter „erwachsen wurde“, das militärische Paradigma zur Grundlage dessen wurde, was wir heute Menschenführung nennen.

So entstanden die ersten großen Erfolge mit SWEAT SHOPS (Schweiß-Werkstätten), wie sie heute (z.B. von großen Sportartikel-Herstellern) wieder in der dritten Welt aufgebaut werden. Hier stehen Aufpasser im Gang hinter den in Reih und Glied sitzenden Arbeiterinnen (meist Frauen) und sorgen dafür, daß die Frauen kein Wort miteinander sprechen, nur zweimal pro 10-Stunden-Arbeitstag auf die Toilette gehen etc.

Hier entstand die Mentalität, daß einzelne Mitmenschen Rädchen im Getriebe sind, daß man jeden Handgriff mit Checklisten abhaken kann, daß alles meßbar und quantifizierbar gemacht werden müßte, das heißt, hier entstanden die Quellen der später oft beklagten De-Motivation. Wenn Sie einmal einen Nomadenstamm einige Tage lang begleiten dürfen oder sich eine Weile in einem Dorf aufhalten, das im vorindustriellen Stil geführt wird, dann stellen Sie voller Erstaunen fest, daß McGREGORs

Position Y (s. *McGREGORs Theorie X und Y*, Seite 82 ff.) doch eine mögliche Betrachtungsweise der Mitmenschen sein muß: Bis auf wenige Typen, die sich vor der Arbeit drücken (ca. 5 Prozent), macht jeder das, was er tut, gut und gern, weil jeder einen Sinn in dem sieht, was er tut: Wir melken eine Kuh, weil ihr Euter voll ist und weil sie Schmerz leiden würde, wenn wir es nicht täten. Im industriellen Management melke ich eine Kuh, von der ich durch ein Loch in der Wand (hinter der sie steht) nur das Euter zu sehen bekomme, weil jemand es mir befiehlt. Ich kenne weder das Tier, dessen Milch ich auf Befehl in den Eimer leite (wie man es mir gezeigt hat), noch habe ich eine Ahnung, was das Tier erlebt/erleidet, wenn ich meine Arbeit nicht oder schlecht ausführe. Woher sollte also meine Motivation herrühren? Menschen brauchen Bedeutung, Sinn, Werte – dann arbeiten sie genauso gut und gern, wie sie spielen. Genaugenommen ist die Grenze sehr fließend: Wenn Menschen gerne arbeiten, dann kann das sehr verspielt geschehen*, ohne daß die Leistung darunter leiden muß. Und wenn Menschen „ernsthaft" spielen, voller Konzentration, weil das Spiel sie fasziniert, dann ist das eigentlich auch eine Aufgabe, die man lösen will, also könnte die Bezeichnung „Arbeit" auch wieder passen, oder?

Nun haben diese Ereignisse alles, was später unter dem Stichwort „Management" lief, maßgeblich geprägt. Dabei können wir zwei Phasen unterscheiden:

Phase I: Nie mehr so ein Unglück!

Nachdem die Untersuchung ergeben hatte, daß jemand einen Hebel nicht in vorgeschriebener Weise umgelegt hatte, stand fest: Dieses entsetzliche Unglück war durch **menschliches Versagen** ausgelöst worden. Das durfte kein zweites Mal passieren! Also galt es herauszufinden:

*Vgl. *FISH!* (Buch und Videos, s. Literaturverzeichnis).

Wie können wir dafür sorgen, daß Menschen (die erstmals in der Menschheitsgeschichte weitab der zentralen Kontrolle arbeiten müssen) so sauber arbeiten, daß keine Fehler gemacht werden, die andere Menschen gefährden können?

Diese Frage war legitim, aber so manche Entwicklung beginnt mit „gut gemeint" und löst dann doch unnötiges Leid aus. Dieses „nie mehr" führte zu **militärischem Management** in allen Bereichen, in denen Privatunternehmen so etwas wie eine öffentliche Sicherheit gewährleisten sollten, wie Eisenbahn (u. a. Reiseunternehmen). So weit, so gut. Aber bald fragten sich Betreiber von Fabriken (in fernen Billiglohngebieten), ob man hier nicht ähnlich vorgehen könnte, und dies leitete, wie wir aus heutiger Sicht (rückblickend) klar erkennen können, die zweite Phase ein.

Phase II: Bitte gleich alle Fehler vermeiden ...

Jetzt begeben wir uns in den Bereich, den man heute als TAYLORismus bezeichnet. Unter „T" (Seite 73 ff.) finden Sie mehr darüber.

Und jetzt befinden wir uns mitten im Übergang in die dritte Phase (wobei Übergänge immer mit Turbulenz einhergehen, vgl. Seite 179). Hier gilt, was der „alte" TOYNBEE vor fast einem Jahrhundert über das Entstehen und Vergehen ganzer Kulturen festgestellt hat: Während die neue Kultur (Entwicklungsphase) in die exponentielle Entwicklungsphase eintritt und täglich immer realer wird, reagiert die aussterbende Kultur (Entwicklungsphase) extrem radikal mit Abwehr. Dieser als WENDEPUNKT bezeichnete geschichtliche Augenblick geht daher immer mit großen Turbulenzen einher, die reaktionären Kräfte können die Entwicklung zwar verlangsamen, **aber nicht stoppen**. Die neuen Kräfte werden einzelne er-MÄCHT-igen (neudeutsch: „empowern"), denn die Kopfarbeiter einer Wissens-Gesellschaft können nicht mit den Maßnahmen einer militärischen Befehls-Struktur gegängelt werden. Denken müssen die Leute freiwillig, und es ist (außer Gehirnwäsche, was eigenes Denken ja unterbindet und zu blindem Gehorsam, Fanatismus, absoluter Intoleranz etc. führt) nicht möglich, klassisches Management einzusetzen, wenn wir denkende und mündige Bürger, MitarbeiterInnen etc. wollen. Die Paradigmen-Veränderer haben in den 1970er Jahren begonnen, an alten Einstellungen zu rütteln, jetzt sind die Paradigmen-Pioniere dran.

Der derzeitige Ruck nach rechts, zu fundamentalistischen Zielen (weltweit), ist ein Symptom der momentanen Turbulenz (vgl. auch „YANKELOVICH", Seite 179 in unserem „historischen" Modul zur MENSCHHEITSGESCHICHTE), Zukunftstauglichkeit muß erworben werden. Dort finden Sie auch die Paradigmen-Veränderer und -Pioniere nach Joel BARKER (Seite 177 f.).

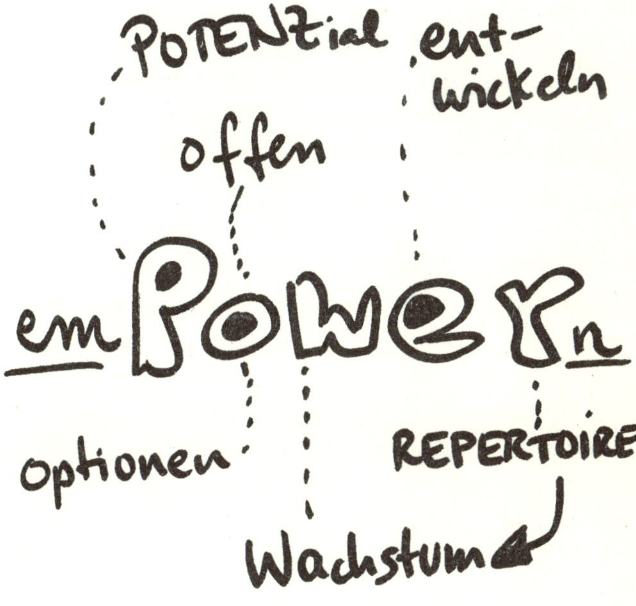

NÄCHSTE?

Wenn es in der Bibel (wie in anderen wichtigen Schriften der Menschheit) in etwa heißt, wir sollten unseren Nächsten lieben wie uns selbst, dann ist mit dem Nächsten ja eigentlich jeder Mitmensch gemeint, also auch Fremde. Aber Fremde lieben?

In meinen Service-Seminaren stelle ich immer wieder fest, was jede/r von uns weiß, der als Kunde und Kundin „zugange" ist: In Deutschlands „Service-Wüste" ist es KALT. Das emotionale Klima ist rauh, schroff, abweisend. Wie der japanische Unternehmensberater und Autor TOMINAGA in fast jedem seiner Vorträge betont: Bei uns gibt es kaum VerkäuferInnen, aber jede Menge Warenbewacher! Suchen Sie verzweifelt jemanden, der hier „verkauft"? Dann brauchen Sie nur etwas anfassen, z.B. eine Verpackung öffnen, um die Ware zu begutachten, für die Sie Ihr hart verdientes Geld hergeben sollen, und sofort springt jemand herbei, um Ihnen zu erklären, daß Anfassen oder gar Öffnen der Ware NICHT GESTATTET ist! Der Tonfall ist strafend, infantilisierend, unangenehm. So geht man mit **Fremden** um, wenn man Angst vor ihnen hat. Und in unserer Xenophobie gehören wir zu den Weltmeistern!

Nun versuchen manche TrainerInnen das amerikanische Konzept, den Kunden als FREUND ins „alte Europa" zu importieren, aber das kann nicht klappen.

Ein (mir unbekannter) amerikanischer Soziologe* brachte dies einmal brillant auf den Punkt. Er zeichnete zwei „solchene", die er mit „HANS" und „JOHNNY" beschriftete:

*Falls jemand den Namen dieses Soziologen kennt, teilen Sie ihn mir bitte auf **www.birkenbihl.de** in der WANDZEITUNG mit, danke; ich suche ihn seit nunmehr ca. 35 Jahren!

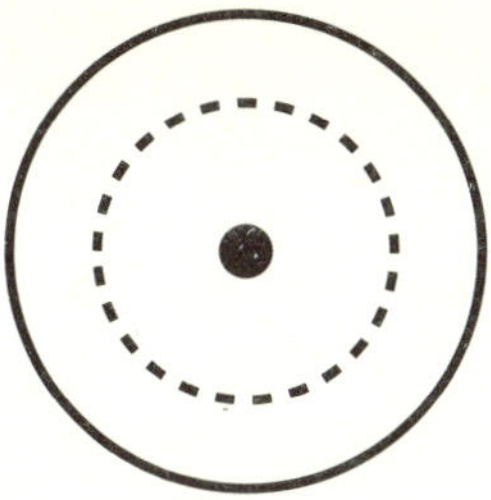

HANS: außen eine feste Mauer, innen die offene Grenze, die Zugang zum innersten Kern gewährt. Nur FREUNDE dürfen die innere Grenze passieren, daher müssen alle, die sich noch nicht als FREUNDE erwiesen haben, ganz (weit) draußen bleiben (er wirkt DISTANZ-iert).

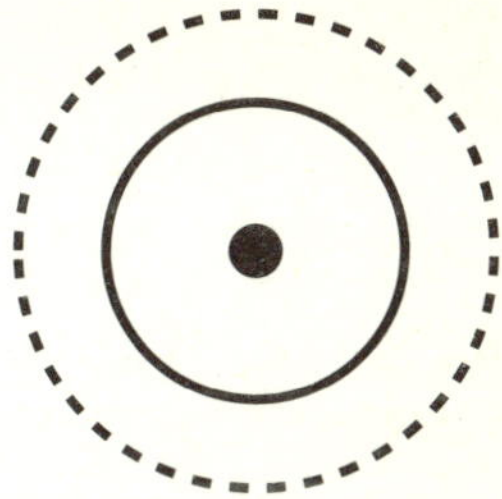

JOHNNY: innen eine feste Mauer, außen die offene Grenze, die Zugang nur bis zur inneren Grenze gewährt. Alle, die diesen Vorraum betreten dürfen, nennt er FREUNDE, daher wirkt er sehr FREUND-lich, vor allem auf FREMDE ...

Durch die äußere gebrochene Linie ist JOHNNY zwar sofort FREUND-lich, sagt „Call me Johnny" und sieht uns als potentiellen FREUND, aber man darf ihn z.B. weder nach seiner Religion fragen noch danach, was er wählt. Er hat eine Privatsphäre (wir haben den Begriff von dort übernommen), die er auch schützt. Ganz anders HANS: Es kann Jahre oder Jahrzehnte dauern, bis er seine äußere geschlossene Mauer einen kleinen Spalt öffnet und jemanden hineinläßt. Warum? Weil **seine innere Grenze durchbrochen ist**. Wenn er also außen „aufmacht", hat er innen de facto keine Privatsphäre mehr, dann kann der andere bis zu seinem Innersten dringen, und das erlaubt man Fremden nicht.

Interessant finde ich in diesem Zusammenhang, daß in der deutschen Sprache der Begriff des **Nächsten** noch relativ neu ist. Zu Zeiten des Freiherrn von KNIGGE, der sich vor allem über **Mitmenschlichkeit** ausließ (nicht über die Wahl der richtigen Gabel bei Tisch), hieß es noch der **NEBENMENSCH**.

Deshalb schlage ich vor, einen anderen Begriff zu wählen, der es auch uns Deutschen erlaubt, nett zu (noch) Fremden zu sein: Sehen wir solche Menschen doch als NACHBARN an. Wenn das Schicksal uns diese Menschen als echte Nachbarn beschert hätte und wenn wir das Prinzip der **nachbarschaftlichen Freundlichkeit** ehren, dann fällt es uns vielleicht leichter, (noch) Fremde wie Nachbarn zu behandeln, und das heißt immer auch wie potentielle (spätere) gute Bekannte, vielleicht sogar (in ferner Zukunft) Freunde?

OBLIGATION

Wenn wir dem Begriff etymologisch nachspüren, dann stellen wir fest, daß eine Obligation eine Pflicht ist, die ver-BIND-enden Charakter haben sollte. Mein Vater, Michael Birkenbihl, pflegte seinen Managern (damals noch zu 95 Prozent Männern im Seminar) ins Gewissen zu reden, daß es einen **ungeschriebenen Vertrag** zwischen der Firma und den ArbeitnehmerInnen gäbe. So wie wir als Führungskräfte von ihnen Leistung **erwarten**, so erwarteten diese Menschen von uns Sicherheit ihres Arbeitsplatzes, faire Behandlung, Aufstiegsmöglichkeiten etc. Nun, das war vor einigen Jahrzehnten. Wie sieht es heute aus?

> Duden Bd. 7 (Herkunftswörterbuch): Der Begriff „ob-ligat" wurde im 16. Jh. aus dem Lat. entlehnt (von **LIGARE** = binden; vgl. LEGIERUNG, LIGATUR), es handelt sich also um eine Ver-BIND-lichkeit, eine Pflicht.

Was die äußeren Bedingungen angeht, schlecht. Die Menschen sehen, wie die Firmen ständig Abertausende von ihnen „freistellen", weil sie angeblich ums Überleben kämpfen. Dann sieht man, wie die Vorstände dieser Firmen sich auf der Aktionärsversammlung mit gigantischen Gewinnen brüsten, und die ArbeitnehmerInnen merken: Diese Unternehmer unternehmen nichts **für sie**. Ihr Gott ist der Aktienbesitzer, besser, der Besitzer von großen Aktienmengen, und nur denen scheinen sich diese Menschen verpflichtet zu fühlen. Dort liegt ihre Obligation, nicht

IN DER ORGANISATION, also für die ArbeitnehmerInnen, noch IM STAAT. Deshalb zahlen solche Unternehmen oft jahrelang nicht nur keine Steuern, sondern sie be-REICH-ern sich im Gegenteil durch „staatliche SOZIALHILFE" (so nennt Michael MOORE die Subventionen), wie sie eigentlich nur wirklich Bedürftige erhalten dürften, indem sie den Staat erpressen. Diese werden von den Steuerzahlern finanziert – Sie wissen ja, wir sind nicht nur das Volk, wir sind auch der Staat, dem diese Firmen Milliarden Gelder schulden.

Wenn Sie das nächstemal darüber nachdenken, warum manche ArbeitnehmerInnen vielleicht de-motiviert wirken, dann fragen Sie sich: **Wo liegt Ihre Obligation**? Fühlen Sie sich „nur" Ihren Chefs verpflichtet oder den KundInnen und den MitarbeiterInnen? Fühlen Ihre Chefs sich nur deren Chefs bzw. den Aktienbesitzern verpflichtet oder ihren KundInnen und MitarbeiterInnen? Das dürfte doch einiges erklären, oder?

Für die **Motivatoren** (s. *Herzberg mal zwei,* Seite 126) ist immer die unmittelbare Führungskraft zuständig. Es stellt sich die Frage, ob **Ihre** Leute spüren, daß Sie sich den KundInnen und ihnen gegenüber verpflichtet fühlen. Jede/r weiß, daß eine einzelne Führungskraft es nicht ändern kann, wenn die Geschäftsleitung beschließt, Leute auf die Straße zu setzen. Und die Menschen fühlen sehr genau, ob eine Firma aus Not verschlankt, um zu überleben, oder ob man wieder einmal Bauern auf dem Firmenschachbrett opfert, um den Gewinn zu steigern.

> Und jeder weiß, wo die Loyalität der unmittelbaren Vorgesetzten liegt.

Es geht nicht nur um nackte Fakten, es geht um das Zusammen-LEBEN von Menschen, um Respekt, um gegenseitige Achtung und um Vertrauen. Kurz, um Ihre Obligation als Führungskraft.

Pygmalion-Effekt

In den 50er Jahren wurde die sich selbst erfüllende Prophezeiung von Harvard-Professor MERTENS nachgewiesen. Damals wurde wissenschaftlich etabliert, was die Inder schon vor 5000 Jahren wußten: **daß nämlich das Wissen um eine mögliche Zukunft diese in starkem Maße begünstigt**!

Banales Beispiel: Als die Isrealis auf den Einmarsch der US-Truppen in den Irak (zweiter Einmarsch, unter dem Befehlshaber BUSH jr.) warteten, befürchteten einige, es könnte zu einem Mangel an Gasmasken kommen. Diese wären im Falle erneuter SCUD-Raketen (mit Biowaffen) aber nötig gewesen. Also kauften sie jede Menge, manche kauften gleich für Verwandte mit, während dieselben Verwandten den gleichen Gedanken hatten, und bald waren in einem Stadtteil die Masken ausverkauft, während manche Familien viel mehr besaßen, als sie brauchten.

Jahre später wies **ROSENTHAL** (damals noch in Kalifornien, später Harvard) eine besondere Art von sich selbst erfüllender Prophezeiung nach, diese bezieht sich ausschließlich auf Menschen. Er sprach (nach dem griechischen Sagenkönig) vom **Pygmalion-Effekt**©. Wer das Schauspiel von George Bernard SHAW oder das daraus abgeleitete Musical *My Fair Lady* kennt, weiß, worum es geht:

> Indem wir eine bestimmte Erwartung an einen Menschen herantragen, machen wir ihn so.

Beispiel: Wir halten einen neuen Mitarbeiter für ein wenig „verdruckt“, er scheint seine Meinung nicht frei zu äußern. Nun beginnen wir, ihn dauernd anzuschauen, um zu sehen, ob er sich **dieses Mal** vielleicht äußern möchte. Das macht ihn nervös. Wenn er aber nervös ist, wird er still. Also verringern wir seine natürlichen Impulse, auch „seinen Senf dazuzugeben“, durch unsere Beobachtung, ob er etwas sagen wird oder nicht. Bald haben wir ihn „verdruckt“ gemacht. Pygmalion in Reinkultur!

Man teilte einer Gruppe von neuen VerkäuferInnen* in einem großen Warenhaus über KundInnen, die sie nicht kannten, mit: „Das ist ein sehr guter Kunde!" Oder: „Das ist ein mieser Kunde." In Wirklichkeit hatte man willkürlich ausgewählt, z.B. alle Kunden, die etwas Rotes trugen, wurden in die eine oder andere Kategorie (toller/schlechter Kunde) eingeteilt. Sie ahnen es, die Aus-WIRKUNGEN waren dramatisch! Man verkaufte den „guten" Kunden um ein vielfaches mehr als den „miesen" und behauptete hinterher, der KUNDE (die KUNDIN) hätte das eigene Verhalten ausgelöst.

In Wirklichkeit war es die Vorstellung im Kopf.

Bitte beachten Sie die Wortbildung: Eine VOR-Stellung ist etwas, das ich VOR mein Auge hinstelle, um es zu betrachten.

Eine VOR-Stellung kann jedoch auch als Filter fungieren, durch den ich hindurchschaue. Dann sehe ich vielleicht eine Frau, die jemandem zuwinkt, als eine, die das Geld mit voller Hand „ausschüttet" (gute Kundin), und ich verhalte mich dementsprechend ...?

*Lehrer beeinflussen ihre SchülerInnen. Eltern beeinflussen ihre Kinder. Aber auch VerkäuferInnen beeinflussen ihre KundInnen!

Ein weiteres Beispiel: Man teilte **Führungskräften** neue MitarbeiterInnen zu, die von einer anderen Filiale einer Ladenkette **weggelobt** worden waren, weil sie sich dort **nicht ok** verhalten hatten. Und man teilte diesen Führungskräften mit: „Sie bekommen hier ganz tolle Leute von den anderen Filialen!“ Was glauben Sie? Nach 6 Wochen waren es tolle Leute.

Eine weitere Filterwirkung hat meines Erachtens die **Annahme: „Kunden wollen Service nicht bezahlen.“** Solange wir die Kunden als gierige Haie sehen, wird die Welt voller gieriger Haie sein. Erstens, weil wir alle, die noch **unschlüssig** sind, durch unser auf Haie passendes Verhalten so „machen“ (Pygmalion). Zweitens, weil nach einer Weile immer mehr „Haie“ den Weg zu uns finden (Gleiches zieht sich an). Tja. Auch das ist eine **Auswirkung** von Pygmalion. Je mehr gute Leute wir um uns scharen, KundInnen wie MitarbeiterInnen, desto mehr gleichartige kommen nach ...

Der Wettbewerb findet sowohl diejenigen, die wir **vergraulen**, als auch die, die uns **meiden**. Das ist schon eigenartig. Es ist so, als würden alle KundInnen, die sehr wohl bereit sind, für SERVICE zu zahlen, einen großen Bogen um unsere Firma machen, weil sie ahnen, daß man bei uns nicht auf sie eingehen würde ... Schade.

Ähnlich ist es mit den MitarbeiterInnen. Es gibt ja spitze Zungen, die behaupten, jede Führungskraft habe die MitarbeiterInnen, die sie verdient. Hmm ...

QUALITÄTs-Management?

Frage 1: Wer erfand TOTAL QUALITY CONTROL, und in welchem Land wurde TQC erfunden?

Wer: ______________________________

Wo: ______________________________

Frage 2: Wie nennt man das Prinzip der ständigen Verbesserung von Produktion und Management (wir suchen einen Begriff mit 6 Buchstaben).

K _____ _____ _____ _____ _____

Um über **die Qualität Ihrer eigenen Antworten** nachzudenken, möchte ich Sie einladen, jetzt neben jeder Ihrer Antworten zu notieren, wie sicher Sie sind. Sie kennen das vom Fernseh-Quiz, wenn der Telefonjoker gefragt wird: „Wieviel Prozent?" und dieser zögerlich antwortet: „30 Prozent ...?" oder selbstsicher: „Ah, mindestens 90 Prozent." Wieviel Prozent geben Sie Ihren eigenen Antworten?

Kleiner Tip am Rande: Wenn Sie etwas nicht wußten, bekommen Sie für „**Keine Ahnung**" auf alle Fälle die 100 Prozent; das ist doch auch was, gell?

Viele Führungskräfte tragen hier „Keine Ahnung (100 %)" ein. Andere antworten bei „Wer" mit ISHIKAWA (japanischer Professor, der das Konzept später maßgeblich weiterentwickelte, aber nicht erfunden hatte). Kaum jemand kennt den Namen DEMING, den die Japaner als „Vater der Qualitätsbewegung" bezeichnen*.

Die Geburtsstunde des Qualitäts-Managements lag trotzdem in den USA. Weil aber die Amerikaner null Interesse hatten, ging Dr. William Edwards DEMING nach Japan, wo man von ihm zu lernen bereit war (er folgte

*Seit 1951 vergibt die Union of Japanese Scientists and Engineers den „Deming Prize" für eine besonders gute organisatorische Gestaltung des Qualitätssicherungssystems.

dem RUF in sein Gastland). Damals lief der Vorläufer des heutigen Qualitäts-Managements noch unter dem bescheidenen Etikett „Statistische Qualitätskontrolle".

DEMINGs 4-Schritte-Programm (auch als **PDCA-Modell** bekannt) wird oft eingesetzt, wiewohl viele AnwenderInnen die Quelle gar nicht kennen; nicht zuletzt, weil leider manche AusbilderInnen **Ideen, Techniken, Methoden** etc. anbieten, als seien sie auf Bäumen gewachsen, das heißt, ohne auf Quellen aufmerksam zu machen; oft kennen sie sie selbst nicht, weil sie so ausgebildet worden sind.

1. Plan = **planen**
2. Do = **arbeiten, ausführen (tun)**
3. Check = **prüfen**
4. Act = **handeln (aufgrund der Prüfung)**

Da DEMING das **Prinzip der ständigen Verbesserung von Produktion und Management** mit seinen japanischen Klienten in **deren** Heimatland entwickelte, nannte er es folgerichtig **Kaizen**.

Wichtig ist, daß jeder damit beginnen kann; der Grundgedanke lautet: **Wie kann ich meine Arbeit ein wenig verbessern?** Das fragte sich eine Dame, die den ganzen Tag nur Formulare ausfüllen muß (früher auf Papier, heute am Bildschirm). Sie rief mich (in der kostenlosen Hotline für Brief-LeserInnen) an und meinte, es gäbe wohl kaum eine Möglichkeit, ihren langweiligen Job zu verbessern, oder? Gemeinsam stellten wir fest:

Ihre „Kunden" sind SteuerzahlerInnen, aber sie hat keinen direkten Kontakt zu ihnen. Früher hatte sie **noch nie an diese Menschen gedacht**, die hinter den Formularen stehen (und warten und warten und warten). „Wann wurde das Formular das letzte Mal überprüft, ob wirklich jede Eintragung gebraucht wird?" wollte ich wissen. „Noch nie, zumindest nicht in den fast 20 Jahren, seit ich dabei bin." Das machte sie nachdenklich. Sie meinte, dem würde sie doch gerne mal nachgehen und nächsten Monat wieder anrufen. Gesagt, getan.

In diesen vier Wochen ist einiges passiert. Erstens fand man im Formular **drei** Posten, die seit Jahren unnötig waren (das ergeben solche Überprüfungen sehr häufig). Zweitens war einer der drei der **zeitaufwendigste** beim Eintragen, weil er viele Ziffern enthielt, und die wenigsten Typistinnen lieben Ziffern, da es die Arbeit jener verlangsamt, die zu über 80 Prozent Buchstaben eintippen. Drittens ersparte das **Nicht-Ausfüllen** dieser drei Posten pro Formular so viel Zeit, daß sie am Tagesende ca. 10 bis 12 Formulare mehr geschafft hatte, das heißt, daß pro Woche an die 50 bis 60 SteuerzahlerInnen mehr „bedient" werden konnten. Das ist **KAIZEN***!

Sie nahm sich vor, ihre Arbeit auch weiterhin regelmäßig zu prüfen, und hat in der Zwischenzeit weitere Details gefunden. **Im Laufe eines Jahres** fand sie so viele Zeit-Killer, daß das Verfahren inzwischen fast doppelt so schnell geworden ist und **die steuerzahlenden BürgerInnen nur noch die halbe Zeit warten.**

*KAIZEN wurde später durch japanische Ökonomen wie IMAI und ISHIKAWA weiterentwickelt.

Regeln, neue?

Beginnen wir mit einer Doppelfrage:

1. **Wo waren Sie 1968?** (Falls Sie damals noch nicht geboren waren: Wo waren Ihre Eltern damals? Wo lebten sie?)
2. **Wo waren Sie 1978**? Lassen Sie diese zehn Jahre kurz Revue passieren. Was ist damals in Ihrem Leben (oder dem Ihrer Eltern) passiert, was hat sich geändert? Erinnern Sie sich z.B. an die Art des Telefons (mit Wähl-SCHEIBE!)? Wie haben Sie Musik gehört? (Ich war z.B. ein 8-Track-Fan, aber die Technologie hat sich leider nicht durchgesetzt.) Wir kommen gleich auf diese Zeitperiode zurück.

Nun möchte ich Ihnen eine brillante Metapher vorstellen. Sie stammt von Daniel BURRUS* und beinhaltet die Idee eines **Kartenspiels**. Einige Leute spielen regelmäßig, laden aber manchmal neue Gäste ein. Heute ist der Neue ein Unternehmer. In der ersten Hälfte des Spiels **gewinnt** er **andauernd**. Er kennt die Regeln, kann sie anwenden, hat strategisches Geschick und vor allem VIEL ERFAHRUNG! Dann macht die Spielrunde eine kleine Pause. Als das Spiel danach fortgesetzt wird, verliert der Unternehmer jedesmal. Er gibt sich Mühe, er konzentriert (verkrampft) sich auf das Spiel, er versucht, sämtliche Erfahrungen „anzuzapfen", aber er **verliert ab jetzt jede Spielrunde**. Er kann es nicht fassen! Vor allem begreift er immer weniger, was da eigentlich vorgeht. Wieso sind sich alle einig, daß die läppische 7 des einen plötzlich sein As ausstechen kann? Noch ehe er begreift, was los ist, werden die Karten zusammengenommen und neu gemischt. Alle nicken, alle fanden das ganz richtig. Irrt er sich? Hat er etwas übersehen? Er ist verunsichert; das Spiel macht schon seit geraumer Zeit keinen Spaß mehr. Er zerbricht sich den Kopf, will dann wissen, was los ist, nachdem es anscheinend nicht mit rechten Dingen zugeht. Dann erfährt er, worum es geht. Haben Sie es erraten?

---

*Daniel BURRUS/Roger GITTINES: *Technotrends* (s. Literaturverzeichnis).

Meine Vermutung:

Nun, normalerweise gehen wir davon aus, daß die Spielregeln gleich bleiben, das heißt, daß in der zweiten Spielhälfte gilt, was vor der Pause gegolten hat. Hier aber nicht, denn die anderen Mitspieler hatten ohne sein Wissen die **Regeln** geändert. Sie kannten die neuen Regeln, die das Spiel ab jetzt regeln sollten, er war der einzige, der sie nicht anwenden konnte, da er nichts wußte. Wir kommen auch darauf zurück. Fragen wir uns zuerst, was zwischen **1968 und 1978** geschah, und zwar in unserem Nachbarland:

1968 hatte die Schweiz 60000 Uhrmacher. Sie blickte zurück auf 100 Jahre Weltherrschaft im Uhrenbereich. Der weltweite Marktanteil der Schweiz betrug 1968 65 Prozent, der weltweite Umsatzanteil 85 Prozent. 1978 hatten 50000 Uhrmacher ihren Arbeitsplatz verloren, und der Weltmarktanteil war auf 10 Prozent gesunken. Warum?

Meine Vermutung:

Im Jahre 1968 haben Schweizer Uhrmacher auf einer Schweizer Uhrenfachmesse in Neuchâtel ein neues Paradigma verkündet. Nämlich die Quarzuhr. Und alle Uhrmacher sagten: „Hat keine Unruhe, ist keine Uhr nicht." Es hat **keinen** interessiert. Wer hat es realisiert, wer waren die Paradigmen-Pioniere*? Texaco (USA) und Seiko (Japan). Zehn Jahre

*PARADIGMEN-Veränderer und -Pioniere nach Joel BARKER (s. Seite 177 f.).

später waren die Schweizer Uhrmacher „tot". Wenn Nicolas G. HAYEK die Swatch-Uhr nicht erfunden hätte, wäre die Schweiz auf dem Uhrenmarkt heute nach wie vor unerheblich. Das war der Paradigmen-Herausforderer, der auch sein eigener Paradigmen-Pionier wurde.

Egal, wie erfolgreich Sie heute sind, Sie können sich auf den Lorbeeren nicht ausruhen.

Genau darum geht es Daniel BURRUS. Seine Kartenspiel-Metapher soll uns zeigen:

Wenn andere Leute die Regeln ändern, können wir nicht nach den alten weiterspielen. Ob es uns paßt oder nicht!

Niemand fragt, ob es uns gefällt. Wenn sich VHS als neuer Standard durchsetzt (weil mehr SEX-Videos auf VHS angeboten wurden), wiewohl BETA qualitativ besser ist, dann mögen wir das gut finden oder nicht, aber: Wenn der Markt die Regeln geändert hat und Sie Videos produzieren, dann müssen Sie auf den schlechteren Standard gehen, denn die Leute werden wohl kaum Ihnen zuliebe zwei Video-Geräte aufstellen. Haben wir früher gelernt, daß das As die höchste Karte ist (und uns demzufolge darauf eingestellt, unsere Märchen-Videos für Kinder auf BETA zu produzieren), dann nützt es uns gar nichts, wenn das As plötzlich nur noch einen Punkt wert ist, weil andere die Spielregeln im Markt geändert haben. Wenn das AS jetzt **keinen** Wert mehr hat, dann müssen wir akzeptieren, daß die 7 die höchste Karte **ist**.

Deshalb müssen wir **lebenslang weiterlernen**, nicht nur Daten, Fakten, Infos (das natürlich auch), sondern wir müssen **auch unsere Strategien** überprüfen, uns vielleicht mal wieder „neu erfinden" oder unsere Firma (unsere Abteilung innerhalb der Firma). Denn hier gilt dasselbe: Vielleicht ist unsere Abteilung ein As und muß sich zur 7 wandeln, wenn wir nicht beim nächsten „Re-Engineering" weg-rationalisiert werden wollen ... Wer weiß? (Vgl. *Sich (neu) erfinden*, Seite 206 ff.)

Schwierige MitarbeiterInnen oder KundInnen?

Einer meiner Kunden hatte einen Kunden, den er für besonders schwierig hielt. Eines Tages klagte er mir sein Leid und weinte sich ein wenig über diesen Typen aus. Nun, ich bin ja ein Fan von ABC-Listen*, also schlug ich vor, eine solche zu konsultieren. Wie immer sind meine Klienten zuerst entgeistert, aber wenn ich sage: „90 Sekunden müssen Sie opfern, dann können wir immer noch normal weiterreden", geben sie nach. Nun, ich wühlte in meinen Listen und zog (blind) eine. Wir sahen unter dem Anfangsbuchstaben des Kundennamens nach, das war ein „K".

Jetzt erst blickte ich auf meine Liste, sah, daß es zufällig „berühmte Namen" war, und las bei „K": KUBLAI KHAN, KARAJAN, KANT ... „Das darf doch nicht wahr sein!" rief er aus. „Der Mann ist Karajan-Fan. Heute ist in Berlin ein Konzert mit ihm, ich habe Karten. Aber da er mir für heute abend ein Meeting aufs Auge gedrückt hat, von wegen, ich bin nur heute in Berlin, muß ich ja verzichten ... oder muß ich das nicht? Angenommen, ich frage ihn ... Haben Sie was dagegen, wenn ich jetzt auflege?" (Er klang sehr tatendurstig.) Natürlich legten wir gleich auf. Später erfuhr ich (um eine lange Story kurz zu machen) im Laufe der Zeit:

1. Die zweite Karte war für seine Frau gedacht, die aber nur ihm zuliebe mitgegangen wäre. Sie war mehr als bereit, ihre Karte zugunsten des Kunden aufzugeben.
2. Die beiden gingen zusammen ins Konzert und anschließend essen und redeten und kamen sich erstmals als Menschen näher.
3. Dabei stellten sie fest, daß jeder vom anderen angenommen hatte, der andere möge ihn nicht, lehne ihn ab etc. Deshalb lehnte jeder den anderen ab, denn es tut weniger weh, wenn jemand mich nicht zu ak-

*Vgl. mein Büchlein *ABC-Kreativ – kreative Problemlösungen im Alltag*; es enthält 17 Fallbeispiele, wenige private, die meisten sind beruflicher Art.

zeptieren scheint, den ich (auch) nicht mag. Dieser Irrtum wurde an jenem Abend aufgelöst, heute sind die beiden gute Bekannte, die sich freuen, wenn sie zwei- bis dreimal pro Jahr einen netten Abend miteinander verbringen können, weil einer in der Stadt ist, in der der andere wohnt und arbeitet.

4. Inzwischen wurde auch die Kunden-Beziehung hervorragend, also auch als Anbieter kann mein Klient zufrieden sein.
5. Jahre später stellte sich heraus, daß dies das **letzte** Live-Karajan-Konzert gewesen war. Der Kunde (fast schon Freund) meinte neulich, er sei ihm für alle Zeiten dankbar, daß er das damals mit ihm erleben durfte.

Lassen Sie mich einen Teil der dritten Aussage noch einmal aufgreifen, weil sie so wichtig ist:

> Es geschieht weit häufiger, als wir glauben, daß Menschen sich gegenseitig ablehnen, weil es weniger verletzt, wenn jemand uns nicht zu akzeptieren scheint, den wir (auch) ablehnen.

Deshalb rate ich allen, die glauben, mit besonders „schwierigen" Mitmenschen „kämpfen" zu müssen: Überdenken Sie, ob hier nicht dasselbe passiert sein kann? Vielleicht hat die andere Person ähnliche „Bollen" vor Ihnen wie Sie vor ihr? Ich kenne inzwischen so viele ähnliche Beispiele, daß ich fast schon sagen möchte: Mindestens 70 bis 80 Prozent der mir bekannten Fälle haben sich hinterher in Wohlgefallen aufgelöst. Das ist weit mehr, als ich je für möglich gehalten hätte. Und wenn der andere auch nach einem Versuch, sich anzunähern (ja, man kann über die Beziehungs-Ebene reden!), ein „schwieriger" Mitmensch bleibt, dann helfen Ihnen vielleicht diese Spielregeln:

1. Eigentlich sind Menschen, die wir vielleicht als „fiese Schweine" empfinden, „arme Schweine", denn **glückliche und fröhliche** Menschen werden von ihren Mitmenschen nicht abgelehnt.

2. Möglicherweise hat sich die Person nur so entwickelt, weil sie so **oft** abgelehnt wurde und sie deshalb keinen Versuch mehr wagen möchte, sich dem Risiko erneut auszusetzen.
3. Vielleicht hält die Person uns für ähnlich „schwierig", und wir kommen besser klar, wenn wir einander meiden?

Ich kenne einen Gruppenleiter, der eine Person in der Gruppe hat, mit der nur er „nicht kann", also kommunizieren die beiden jetzt über Dritte, und seither ist die Spannung aus der Abteilung gewichen. Manchmal kann auch eine verheimlichte sexuelle Anziehung hinter einer „totalen" Ablehnung stehen. Dies ist besonders bedrohlich, wenn der betroffene Mensch verheiratet (oder in einer Partnerbeziehung gebunden) ist oder wenn es sich um nicht akzeptierte gleichgeschlechtliche Anziehung handelt. Ich will damit nur sagen: Man muß nicht jede Abneigung psychoanalytisch oder wie auch immer begreifen und/oder helfen bzw. heilen wollen. Wenn man einen wirklich ehrlich gemeinten „letzten" Versuch unternimmt, der oft zu erstaunlichen Ergebnissen führt, dann hat man als Führungskraft seine Pflicht getan. Es ist nicht Ihre Aufgabe, Therapeut zu spielen (oder einen in die Abteilung zu holen).

TAYLORismus – oder das alte Management

Nachdem man begonnen hatte, die Menschen wie Rädchen im Getriebe zu behandeln, begannen die Probleme mit der sogenannten Motivation. Es ist halt anstrengend, wenn man den Sinn dessen, was man tut, nicht begreift (nach dem militärischen Code, daß jeder nur soviel erfuhr, wie er wissen „mußte", Need-to-know-Prinzip). Im Abschnitt „M" sprachen wir von der Kuh, die man melken muß, ohne zu begreifen, warum man das tun soll (vgl. Seite 55). TAYLOR gehörte zu jenen, die die alte Kunst, komplexe Arbeitsprojekte in einzelne Arbeitsschritte zu untergliedern sowie

„Kopfarbeit“ von „körperlichen Arbeitsschritten“ zu trennen, förderten. Im Internet finden wir einen Beitrag, der vom historischen Überblick bis in die Neuzeit einen guten Einstieg und eine ausgezeichnete Orientierungshilfe bietet, wenn man hier weiterlernen möchte. Ich zitiere einige Zeilen aus diesem längeren Beitrag*; Stichwort TAYLORISMUS:

> **Verwissenschaftlichung der Managementlehre:**
> TAYLOR, der Begründer des Scientific Management, wurde 1856 geboren. Seine Persönlichkeit prägte in hohem Maße die Entstehung der wissenschaftlichen Betriebsführung ... Als junger Erwachsener ermittelte er durch Experimentieren die Zeit für sein Fernstudium, um am nächsten Morgen wieder fit seiner Arbeit nachgehen zu können.

Es folgen einige Details, wie TAYLOR nach der Arbeit bis Mitternacht lernte, dann lief (heute würden wir sagen „joggte“) und um 5 Uhr wieder aufstand und zur Arbeit ging. Im Klartext: Er verlangte viel von sich (wie die meisten Leute mit einer Vision). Später interessierte er sich für einen Aspekt der Managementlehre, der sich mit dem **Entwickeln von Leitfäden** für große Projekte befaßt:

> Um Orientierungshilfen für das Management zu finden, wendet man folgende Methode an: Man beobachtet die Praxis und versucht, bewährte Arbeitsvorgänge in Regeln zu fassen, die dann auch von anderen Unternehmen übernommen werden können. Solche Orientierungshilfen nennt man Leitfäden ... Solche Management-Leitfäden gibt es schon seit mehreren tausend Jahren.
>
> Beispiel **Ägypten**: Der Bau der Pyramiden erforderte ein sehr hohes Maß an Organisation, da viele tausend Menschen auf der Baustelle arbeiteten. Neben dem Personal mußten auch Materiallie-

*http://scramlings.de/~scram385/taylor/TaylorismusWEB.doc

> ferungen und Transportvorgänge verwaltet werden. Bewährte Praktiken wurden auf Papyrusrollen für die Nachwelt festgehalten.
>
> Beispiel **Chinesisches Reich** der Choudynastie (ca. 1100 v. Chr.): Es wurde ein Handbuch zur Verwaltung des Reiches herausgegeben. Inhalt waren Anweisungen für alle öffentlichen Ämter. Die Vorschriften aus diesem Handbuch beschäftigten sich mit der Kontrolle des Volkes, der Hierarchie in der Verwaltung, dem Lohnsystem, dem Steuerwesen und dem Strafrecht. (...)

Wie gesagt, der (lange) Beitrag bietet wertvolle Einsichten, lassen Sie uns hier nur noch aufführen, was der (unbekannte) Autor am Ende feststellt:

> Wirksamkeit ...: Der Taylorismus ist keine Theorie, weil er keine Hypothesen aufstellt, sondern nur Postulate. Er will seine Annahmen nicht überprüfen, da er sich ihrer generellen Richtigkeit sicher ist. Der **Taylorismus** ist vielmehr eine **Ideologie**, die sich durch praktischen Erfolg bestätigt. Eine wichtige Grundvoraussetzung war die **Unterdrückung und Disziplinierung der Arbeiter**.

Deshalb würde ich Ihnen, wenn Sie mein Klient wären, dringend raten:

- Prüfen Sie die wichtigsten „Leitlinien" in Ihrer Abteilung (Firma) auf **unnötigen** Taylorismus.

Ich halte den Ansatz TAYLORs in manchen Bereichen für sinnvoll, z.B. wenn im OP die Anzahl der Instrumente gezählt wird, ehe man zunäht, weil immer wieder einmal eine zurückgelassene Schere zu lebensbedrohlichen Problemen führen kann. Hier ist Kontrolle tatsächlich besser, wobei die Betroffenen dies weder als Unterdrückung noch als unnötige Disziplinierung empfinden, wenn sie den SINN der Maßname verstehen und akzeptieren. Auf der anderen Seite haben uns die letzten Jahre im Zuge falsch verstandener Qualitäts-Kontroll-Maßnahmen (wie zertifizieren Sie ein freundliches Lächeln oder einen herzlichen Tonfall?) eine Reihe von abzuhakenden Detailtätigkeiten gebracht, die oft nicht erkennen lassen, warum man sie (so) ausführen soll. Hier fehlt der SINN, die Bedeutung, die man begreifen und akzeptieren kann. Und hier spiegelt die Anzahl der täglichen Zuwiderhandlungen die Un-SINN-igkeit der Anweisungen. Man könnte überspitzt formulieren:

Anweisungen, die regelmäßig nicht eingehalten werden, sind (für die Betroffenen) un-SINN-ig.

Also finden Sie entweder (gemeinsam) heraus, ob und welchen Sinn sie haben, oder streichen Sie sie bzw. ersetzen Sie sie durch andere, die Ihr Team gemeinsam erarbeitet hat. Merke:

Menschen sind immer „motiviert", Maßnahmen, die sie gut finden, deren SINN sie akzeptieren, im Alltag zu realisieren.

Wer begreift, warum Instrumente gezählt werden, tut dies aufmerksam und gerne, weil er selbst der Aktivität aus vollem Herzen zustimmt.

Unglaublich?

In dem Folgeband zu *Alice im Wunderland (Alice hinter den Spiegeln)* läßt Lewis CARROLL die rote Königin Alice anschreien, weil diese eine Sache einfach nicht glauben konnte.

Nun, ich meine, wir müssen nicht unbedingt lernen, Unglaubliches zu **glauben**. Aber wir sollten lernen, wann immer jemand etwas sagt, was uns „unglaublich" vorkommt, innezuhalten und seine Annahme, Aussage, Hypothese, Erfahrung etc. **nicht zu negieren**. Es muß doch wenigstens möglich sein, darüber nachzudenken, oder?

Verhaltensänderung?

Wenn Sie zu einem kleinen Experiment Lust haben, dann nehmen Sie Ihre Jacke (Ihr Sakko) in die Hand (notfalls erst ausziehen). Dann beginnt das Experiment:

1. **Beginnen Sie die Jacke anzuziehen,** und halten Sie dann mitten in der Bewegung inne, nachdem Ihr Arm ca. 15 Zentimeter im Ärmel verschwunden ist.
2. **Registrieren Sie:** Welcher Arm ist im Ärmel und welcher wird benutzt, um die Jacke zu halten?
3. **Begeben Sie sich jetzt wieder in die Ausgangsposition**, also Arm aus Ärmel rausholen, Grundstellung.
4. **Nun werden Sie zwei Dinge tun**: Auf der einen (physischen) Ebene werden Sie die Jacke andersherum anziehen, aber gleichzeitig versuchen Sie zu SPÜREN: Wie fühlt sich das an? Was empfinde ich? Wie angenehm/unangenehm ist das eigentlich? Jetzt bitte!

Sicher empfanden Sie das Ende des Experimentes als nicht wahnsinnig angenehm. Warum? Weil Sie für die BEVORZUGTE Art, Ihre Jacke anzuziehen, BEVORZUGTE Nervenbahnen entwickelt haben. Abertausende von Neuronen arbeiten brav zusammen, wenn Sie Ihre Jacke anziehen wollen. Tun Sie dies aber auf fremde (neue, ungewohnte) Weise, müssen Sie neue Nervenbahnen aufbauen. Das kostet Zeit, Energie und wird, so schon alte vorhanden sind, die jetzt nutzlos brachliegen, vom Gehirn erst einmal mit Widerstand (Unlust, Frust) etc. quittiert. Je seltener Sie den anderen Arm für gewisse Tätigkeiten eingesetzt haben, desto akuter kann der Widerstand werden.

Nun beantworten Sie folgende Frage: Angenommen, Sie würden sich vornehmen, zu lernen, Ihre Jacke falsch herum (pardon: andersherum, auf die neue Weise) anzuziehen, wie lange, glauben Sie, werden Sie brauchen?

Meine Annahme: ______________________

Die meisten meiner Klienten schätzen, ein bis drei Wochen, Tatsache aber ist: Unter 6 Wochen (bei mindestens 20 bis 30 Übungen pro Tag) kommen Sie kaum hin. Aber das heißt auch nur, daß Sie es in ca. 6 Wochen schaffen, solange Sie bewußt daran denken. Jedesmal wenn Sie müde oder abgelenkt sind, werden die alten Nervenbahnen sich einschalten. Diese kämpfen nämlich quasi ums Überleben. Und die geben so schnell nicht auf! Es dauert also Monate, bis Sie, ohne darüber nachzudenken, den neuen Weg gehen können, und noch Jahre später kann es in Streßaugenblicken zum alten (vertrauten) Verhalten kommen.

Je häufiger Sie die neue Tätigkeit ausführen, desto schneller verläuft der Gewöhnungsprozeß. Ist der neue Weg etabliert, werden die alten Nervenbahnen weitgehend abgebaut. Worum es mir hier geht:

Das nächstemal, wenn Sie eine/n MitarbeiterIn rügen (wollen), weil ein ausgemachtes neues Verhalten (z.B. das Telefon vor dem vierten Klingeln abzunehmen) noch nicht funktioniert, denken Sie an die Jacke:

1. Waren **Sie** bereit zu diesem eigenen Lern-Versuch? (Die meisten sind es nicht.)
2. Wie **lange** haben Sie in Wirklichkeit gebraucht? Wohlgemerkt: Sie waren hochmotiviert, und trotzdem ging es eben nicht über Nacht.

Warum sollen Ihre Leute können, wozu Sie auch nicht fähig sind, weil unser Nervensystem diese Art von Instant-Verhaltens-Änderung nicht zuläßt?

Wander-Management?

Einer der Tips von Management-Guru Tom PETERS* lautet, regelmäßig zu WANDERN; er nennt das auch **Management by Wandering Around.**

Wandern auch Sie zum Kunden und in Bereiche des eigenen Unternehmens, die Sie **nicht** kennen. Dabei kommen immer wieder faszinierendste Dinge heraus. Tom PETERS zitiert den Brief eines Managers:

> Lieber Mr. Peters,
>
> ich habe gerade die fruchtbarsten Monate meiner Karriere (einschließlich der vier Jahre Managementschule) hinter mir.
>
> Ich bin verantwortlich für den Einzelteil-Bereich eines großen Raupenschlepperherstellers. Im Zuge der Verstärkung des Kundendienstes verbrachte ich eine Arbeitswoche im Verkaufshaus eines unserer größten Kunden. Das hat mir die Augen geöffnet! Es war sehr informativ, unsere Lieferungen am anderen Ende der Welt in Empfang zu nehmen. Ich bekam aus eigener Anschauung mit, warum sich der Kunde über bestimmte Aspekte unseres Service beklagte, denn ich war derjenige, der die Kisten öffnete, sich durch die Teile wühlte und den Papierkram bearbeitete. Jetzt glaube ich dem Kunden und werde seine Sorgen berücksichtigen, während ich vorher dazu neigte, seine Klagen als „das übliche Gejammere" abzutun. Auf der Kundenseite mitzuarbeiten bedeutet, den Schlüssel in der Hand zu halten, um herauszufinden, was unsere Kunden wirklich bedrückt und was sie über unsere Firma denken.

Frage: Welche **Ihrer** Kunden könnten Sie auswählen, um ein vergleichbares Experiment durchzuführen? Und welche Abteilung in Ihrer Firma kennen Sie noch nicht? Lesen wir den Brief des Managers zu Ende:

Genaugenommen war das schon der Vorschlag im ersten Buch, das er mit Robert H. WATERMAN jr. schrieb: *Auf der Suche nach Spitzenleistungen.*

> Anschließend verbrachte ich zwei Tage pro Woche in unserem Magazin, sowohl während der Tages- als auch während der Nachtschicht. Wiederum wurden mir die Augen geöffnet! Nicht nur, daß ich lernte, wie das Lager wirklich funktioniert. Ich fand auch heraus, daß unsere Magazinleute wahre Helden sind! Sie haben einen harten, monotonen Job, aber sie erledigen ihn Tag für Tag, Jahr für Jahr mit freundlichen Gesichtern und der Bereitschaft, ihr Bestes zu geben. Ich kann gar nicht beschreiben, wie beeindruckt ich war von ihrer Professionalität und der Bereitschaft, mit mir zusammenzuarbeiten. Vorher waren sie für mich irgendwelche ArbeitnehmerInnen am unteren Ende der Lohnskala. Jetzt sehe ich sie als Freunde an, die all den Respekt und die Unterstützung verdienen, die unsere Firma bieten kann.

Tja – solche Erfahrungen kann natürlich nur machen, wer den Mut hat, sich auf die **Wanderschaft** zu begeben ...

Sie sehen, es geht immer und immer wieder um die innere Einstellung. Tom PETERS bietet eine Reihe von Beispielen über schlecht verhüllte Mißachtung des Kunden an, z.B. eine Stewardeß, die (für andere Mitreisende hörbar) zu einer Kollegin sagte: „Jetzt kommen die Raubtiere", womit sie die zusteigenden Passagiere meinte. Oder denken Sie an ein Krankenhaus. Nehmen wir ruhig mal eine Privatklinik, falls Sie meinen, auf Krankenschein müsse man sich alles gefallen lassen, und hören Sie, wie ein Patient einen Aspekt schildert, den viele von uns kennen:

> **Sie nehmen mir meine Kleider weg**. Meiner Frau sagen sie, sie solle alle Wertgegenstände mit nach Hause nehmen, meine Uhr, meinen Ring, meine Brieftasche. Sie sagen, sie können die Haftung nicht übernehmen. Ich ziehe dieses Hemd an, das im Rücken von oben bis unten geschlitzt ist. Es hat keine Knöpfe, und sie zwingen einen dazu, es hinten offen zu tragen. Entweder guckt mein Hintern heraus, oder ich halte es mit einem Arm zusammen, weil im anderen

Arm eine Kanüle steckt. Ich hänge am Infusionstropf. Jedesmal, wenn ich auf die Toilette oder mir meine Zähne putzen will, muß ich den Infusionsständer vor mir herschieben. Am nächsten Tag kommen sie herein und sagen mir, sie müßten mein Gebiß herausnehmen. Dies sei notwendig, da ich operiert werde. Das Schlimme ist nur, daß sie mein Gebiß schon eine Stunde vorher wegnehmen. Ich geniere mich. Und sie geben mir das Gebiß erst wieder zurück, wenn ich ganz aus der Narkose erwacht bin. **Wer weiß, wie viele Menschen mich inzwischen angestarrt haben**, wie ich da lag mit meinem offenen, zahnlosen Mund.

Alle Beispiele haben eines gemeinsam: Die innere Einstellung zum Kunden, Patienten, Gast oder Mitarbeiter ist das einzige, was zählt. Sich in andere hineinzuversetzen würde 80 Prozent der Probleme tilgen. Wirklich hinhören, wenn jemand sich wehrt, wenn er meckert oder reklamiert. Systematisches Auswerten der Klagen kann für die Zukunft immens wertvoll sein. Vielleicht probieren Sie einmal folgendes **Experiment** von Tom PETERS:

> Nehmen Sie sich vor, jeden Tag selbst einmal zehn Minuten lang einem Kunden außergewöhnliche Höflichkeit zu bezeugen. Überzeugen Sie Ihre Kollegen davon, dasselbe zu tun. In einem Unternehmen mit 100 Mitarbeitern liefe dies unter Berücksichtigung von Ferienzeiten, Feiertagen usw. auf insgesamt 24000 neue „höfliche Begegnungen" pro Jahr hinaus.

Sie kennen vielleicht Jan CARLZONs* Formulierung:

> Jeder Kundenkontakt ist immer ein Augenblick der Wahrheit.

* Jan CARLZON: *Alles für den Kunden* (s. Literaturverzeichnis).

X/Y = McGREGORs Theorie X und Y

Diese Theorie entstand, weil **McGREGOR** sich über seinen Vater ärgerte. Dieser pflegte nämlich ziemlich herumzumeckern über Mitarbeiter (denen kann man nicht trauen, immer machen sie Mist, wenn man nicht hinterher ist und alles selber macht etc.). Daraus leitete er ab, daß es Leute gibt, die immer das Schlimmste annehmen von ihren Mitmenschen (wie sein Vater), und **andere**, die etwas anderes annehmen (wie er selbst).

Weil ihm kein besserer Name einfiel, nannte er es Theorie X und Y. Stellen Sie sich eine Gerade vor, am linken Ende steht X, am rechten Y. Jede Endposition markiert eine extreme innere Haltung. In der Regel „befinden" wir uns irgendwo auf dieser Linie, wenn wir über die Welt und andere Menschen nachdenken, aber die meisten Menschen neigen eher zum einen oder anderen Ende, manche „sitzen" sogar ziemlich extrem „dort".

X ——————————————————— Y

Am linken Ende **(X-Position)** versammeln sich Aussagen über **demotivierte**, **dumme**, **unfähige etc. Mitarbeiter**, nach dem Motto: Die Leute müssen zur Arbeit gezwungen werden. Man muß sie ständig kontrollieren, wenn man nicht alles selber macht. Sie wollen keine Verantwortung übernehmen etc.

Die **Y-Position** stellt das Gegenteil dar: Arbeit ist genauso natürlich wie Spiel oder Sport. Es gibt keinen Grund, warum jemand nicht gerne arbeiten sollte, außer wir vermiesen ihm die Freude daran. Die Leute übernehmen gerne Verantwortung, sind intelligent und kreativ etc.

Je weiter in **Richtung X** eine Führungskraft tendiert, desto respektloser behandelt sie ihre Leute, was diese wohl kaum befähigen dürfte, ihrem jeweiligen Kunden gegenüber Respekt zu empfinden, den sie als Empfänger nicht erleben.

Manche MitarbeiterInnen kommen aus einem emotionalen Paradies, weil sie **zu Hause** so viel Respekt erleben durften, daß sie genügend Reserve haben für den Rest ihres Lebens (also für andere Mitmenschen wie KollegInnen, KundInnen, sogar Chefs und Chefinnen!). Aber das sind nur sehr wenige Menschen.

Die meisten SPIEGELN in die Umwelt zurück, was sie laufend erleben.

Und wenn zu viele Ihrer Leute Attitüden SPIEGELN, die Ihnen **nicht** gefallen, dann möchten Sie vielleicht darüber nachdenken, woher die Bilder in jenen SPIEGELN kommen, wenn nicht aus der unmittelbaren Umgebung ...

Natürlich gibt es einige MitarbeiterInnen, die so negativ „drauf" sind, daß nichts zu helfen scheint, aber ich halte ihre Zahl für ähnlich klein wie die jener, die trotz negativer Umwelt-Reaktionen „gut drauf" bleiben. Die **beiden Randgruppen** heben sich also gegenseitig auf*:

Wie man als Führungskraft in den Mitarbeiter-„Wald" hineinruft, so wird es herausschallen!

*Quelle: Douglas McGREGOR (Hauptwerk: *Human Side of Enterprise*).

Zuchthaus und Altersheim

Vorbemerkung

Ich kenne wenige Führungskräfte, die sich die Zeit nehmen, über den Tellerrand hinauszusehen und z.B. wissenschaftliche **Studien** (psychologische, soziologische) **zu lesen**. Dabei gibt es brillante ForscherInnen, deren kreative Ideen faszinierende Daten liefern. Allen, die lieber „echte" Management-Literatur lesen, kann ich die ersten drei Bücher von Tom PETERS nur wärmstens empfehlen, denn er hat (für Sie) über den Tellerrand geschaut. Es folgen zwei seiner Beispiele, um Ihnen Appetit zu machen. Beide haben mit **Verantwortung** zu tun.

1. ZUCHTHAUS-Direktor (Dennis LUTHER)

Ein **Manager** namens Dennis LUTHER übernahm ein Zuchthaus, in dem es zuvor entsetzlich zugegangen war. Mord und Totschlag (von Insassen und Wärtern) waren an der Tagesordnung, ebenfalls Selbstmord, Verstümmelungen, sogenannte gang-rapes (= eine Gruppen-Vergewaltigung, bei der man mehrere Male hintereinander vergewaltigt wird) und andere Scheußlichkeiten. Vielleicht haben Sie solche Gefängnisse in US-Spielfilmen gesehen. Die Frage, wenn man dort eingesperrt wird, ist nicht, ob man rehabilitiert wird, sondern ob man die Strafe überlebt, besonders wenn man keine Lobby hat (Kumpel, die schon drin sind und einem helfen, wenn man selbst auch hineinkommt). Nun, in diesem Zuchthaus waren die Zustände schlimmer als in den meisten, deshalb hatte der alte Direktor irgendwann aufgegeben.

Nun kam der neue Mann, LUTHER, und kündigte an, er wollte eine **Atmosphäre von Achtung, Respekt und Vertrauen** einbringen. Im Zuchthaus! Achtung, Respekt und Vertrauen! Viele seiner Kollegen tippten sich vielsagend an die Stirn, aber er hat es getan. Leider berichtet Tom PETERS nicht detailliert, aber ich kann mir vorstellen, daß es darum ging, die Leute z.B. mit Namen anzusprechen (statt mit einer Nummer), daß sie vielleicht sogar mit „Mr. (Name)" angeredet wurden, daß sie gewisse Dinge selbst **entscheiden** konnten (s. „Altersheim", unten), daß sie Kurse besuchen konnten u.ä. Wichtig ist, daß sowohl die Insassen als auch die Wärter sich selbst und die anderen mit Respekt sehen lernen mußten! Das war sicher die ersten Wochen nicht leicht, aber er hat es geschafft. Wie sah die Bilanz **nach drei Jahren** aus? Was glauben Sie? Wollen Sie raten, ehe Sie weiterlesen?

Antwort:

Es gab keinen einzigen Mord, keinen einzigen Selbstmord, keinen einzigen gang-rape (s. oben). Waren die Leute über Nacht Engel geworden? Mitnichten. Es gab durchaus kleinere Überfälle auf Insassen oder Wärter, einzelne Schlägereien und Streitigkeiten, aber im Vergleich zu vorher war das NICHTS.

Tja, und da behaupten manche, ihre MitarbeiterInnen (KundInnen) seien alle GaunerInnen und deshalb könne man ihnen nicht trauen ... spannend, gell?

2. Altersheim-Studie (von Ellen J. LANGER*)

In einem großen **Altersheim** änderte man für die Hälfte der Leute die Bedingungen in zwei Punkten minimal. Erstens durften sie **Zimmerpflanzen** halten, was ansonsten verboten war. Zweitens durften sie kleine Entscheidungen treffen, z.B. ob sie den Kaffee auf der Terrasse einnehmen wollten oder in der Cafeteria. Mit diesen beiden minimalen Bedingungen haben wir nach einigen Jahren ein unglaubliches Ergebnis:

1. Von der Gruppe in unserer Studie waren **doppelt so viele noch am Leben** wie in der Kontroll-Gruppe.

---

*Tom PETERS erzählt auch von einem großartigen Experiment der Harvard-Professorin Ellen J. LANGER, über deren Arbeit zu LERN-SITUATIONEN ich im Forschungs-Modul meines Buches *Das innere Archiv* berichte. Sie gehört zu den Forschern, deren originelles Studien-Design unglaubliche Ergebnisse hervorgebracht hat ...

2. Sie waren **gesünder**, **fröhlicher**, **geistig wacher** ...

Das heißt, weil sie ein bißchen **Verantwortung*** übernehmen durften für ihr Leben, weil sie etwas weniger Bevormundung erleiden mußten, begannen sie aufzublühen.

Zwei minimale Maßnahmen bewirkten so viel bei **Menschen ab 80**, also in einem Alter, bei dem viele davon ausgehen, es sei „eh alles zu spät". Was, glauben Sie, passiert, wenn Sie es wagen, jüngeren Menschen mehr Verantwortung für ihr Leben zu erlauben? Zum Beispiel Ihren MitarbeiterInnen?

*Vgl. *Kontingenz*, Seite 47 ff.

Überblick über die Module* dieses Buches

1. Das Pizza-Hut-„Book it!"-Programm (Seite 90 ff.):
Es geht um ein in Europa so gut wie unbekanntes Experiment, das in den USA seit Jahrzehnten die Lesefähigkeit von Kindern beeinflußt. Ein einst als Marketing-Gag konzipiertes Phänomen hielt Einzug in staatlichen Schulen. Warum sollten Führungskräfte darüber etwas wissen? Lassen Sie sich überraschen.

2. Mitarbeiter-BE-URTEIL-UNG (Seite 104 ff.):
Ein heikles Thema, insbesondere wenn wir uns immer wieder ins Bewußtsein rufen, daß wir URTEILe fällen ...

3. Expotentielle Wachstumskurven (Seite 118 ff.):
Immer mehr Entwicklungen folgen exponentiellen Wachstumskurven. Wir sind auf diese jedoch nicht vorbereitet. Die Folge sind gigantische Fehl-Einschätzungen und, folgerichtig, auch Fehl-Entscheidungen. Lassen Sie sich bitte unbedingt auf die Einführung im ABC-Kapitel ein, bevor Sie im Modul erfahren, was „Sache" ist. Sie profitieren am meisten, wenn Sie das Grundlagen-Kapitel vorab gelesen haben.

4. HERZBERG MAL ZWEI (Seite 126 ff.):
Wenn man den Namen kennt, dann in der Regel wegen KITA und Karotte, kaum jemand aber weiß um seine bahnbrechende Unterscheidung zwischen dem, was er „Hygiene-Faktoren" und „Motivatoren" nennt. Wer diesen Unterschied nicht kennt, wird so manches Verhalten der ihm oder

---

*Ab hier heißen die Kapitel „Module", weil modular (Reihenfolge frei wählbar) gelesen werden kann (vgl. *Hier geht's los*, Seite 9).

ihr Anvertrauten falsch einschätzen. Meine Kunden finden HERZBERGs Modell extrem hilfreich und können nicht verstehen, warum es ihnen nicht schon vor langer Zeit begegnet ist (man geht ja in einige Seminare ...).

5. Gruppendynamik: Schlüssel zu erfolgreichen Meetings! (Seite 138 ff.):
Deutsche Führungskräfte wissen meist extrem wenig über Gruppen-Dynamik; irgendwie ist das Thema nie „aufgetaucht". Daher werden ihnen regelmäßig die wichtigsten Themen von Gruppen „zerredet". Sie erkennen nicht, wann eine Gruppe heiß debattiert, weil das Thema die einzelnen bewegt oder weil sich gruppendynamische Kämpfe abspielen, die man in das Thema „verpackt". Auch dauern Meetings viel zu lange. In diesem Modul finden Sie neben ersten Basis-Infos zum Thema auch meine Antworten auf die 12 häufigsten Fragen (neudeutsch FAQ.s) aus 34 Jahren Seminararbeit.

6. Zukunfts-Tauglichkeit muß erworben werden (Seite 165 ff.):
Ein Blick zurück, um die Zukunft zu verstehen. Viele Führungskräfte können derzeitige Entwicklungen nicht einordnen, was sie verunsichert. Wenn wir wissen, wo wir herkamen (Minimal-Geschichts-Rückblick auf 10 Seiten), können wir verstehen, wo es hingeht. (Das folgende Modul greift einen anderen Aspekt der Zukunftstauglichkeit auf: Selbst-Organisation.)

7. AMEISEN, Menschen, Vants + Vogelschwärme (Seite 193 ff.):
Einer der WESEN-tlichen Begriffe der Zukunft lautet Selbst-Organisation: Nur Firmen (Abteilungen), in denen selbst-organisatorische Prozesse zugelassen sind, können zu „lernenden Organisationen" werden ...

8. Selbst-Management (Seite 205 ff.):
Früher lernte man einmal einen Beruf, oder man absolvierte ein klar umrissenes Studium, um den Rest seines Lebens auf dieser Bahn fortzuschreiten. Aber schon vor Jahrzehnten mahnten Zukunftsforscher wie Charles HANDY (GB) oder Alvin TOFFLER (USA), daß wir in Zukunft gut und gerne in vier bis sechs verschiedenen Berufen arbeiten würden. Na-

türlich hielt man solche Prognosen für verrückt; nun, das waren sie gewissermaßen (weggerückt von den NORM-alen Erwartungen), aber die Zukunft hat uns inzwischen eingeholt. Hier finden Sie Hilfestelllungen für Individuen: Was kann es bedeuten, sich selbst mehrmals neu zu „erfinden"? Dieses Modul enthält Gedanken, die besonders im Einzel-Coaching zum Tragen kommen.

9. **INFO-Flut** (Seite 226 ff.):

Dieses Modul ist eine Schnittstelle zu meinem Haupt-Thema (gehirn-gerechtes Arbeiten), bei dem es u.a. darum geht zu zeigen, daß Schul-Lernen mit Lernen so wenig zu tun hat wie Sexualkunde-Unterricht mit den Freuden einer echten Liebesbeziehung. Solange wir oder unsere MitarbeiterInnen aber aufgrund der Schulerfahrungen regelrechte Angst davor haben, lernen zu „müssen", solange können wir unsere Leute nichts ins Wissens-Zeitalter „transportieren".

Eine Frage, die in jedem Management-Seminar auftaucht: Wie sollen wir mit der Info-Flut klarkommen? Wie unterscheidet man Info-Müll von Infos, die uns „informieren" und helfen können? Dabei geht es jedoch nicht nur um Info-Müll der Medien, sondern auch um Info-Müll in Ihren Meetings (Sie sehen also auch hier einen Zusammenhang zum gleichnamigen Modul).

10. **Der SEPPUKU-Effekt®** (Seite 234 ff.):

Dieses Modul wurde im Rahmen der 3. Auflage ergänzt. (siehe auch *Vorwort zur 3. Auflage,* Seite 12).

Das Pizza-Hut-„BOOK IT!"-Programm

Quizfragen: er-LESEN-e Pizzas?

Die Pizza-Hut-Leute in Amerika hatten vor zwei Jahrzehnten eine Idee und hehre Ziele: Sie wollten Kids, die schlecht lesen, zur Lesefreude führen, und sie suchten nach INCENTIVES. Man entwickelte **zehn leicht zu lesende (dünne!) Bücher** (viele Bilder, große Schrift) und zu jedem Buch eine Art **Quiz-Karte.** Wer diese ausfüllte und bei Pizza Hut abgab, bekam **Prämien-Punkte**; so konnten die Kids sich Pizzas „erlesen" (er-LESEN-e Pizzas, ha ha). Darum soll es im folgenden kleinen Quiz gehen: Wenn Sie die Antworten nicht wissen (wie die meisten), dann raten Sie einfach!

1. **Glauben Sie, daß viele Kids dabei mitgemacht haben?** Das Ganze lief über mehr als ein halbes Jahr, keine Zwei-Wochen-Aktion.

   ☐ **ja** ☐ **nein**

2. **Haben viele der Kids versucht, alle 10 Bücher zu lesen?** Also die ganze Reihe?

   ☐ **ja** ☐ **nein**

3. **Glauben Sie, daß die Bücher einfach genug waren**, so daß auch leseschwächere Kinder mitmachen konnten? Was nehmen Sie an? Nachdem man ja genau die zum Lesen bringen wollte.

   ☐ **ja** ☐ **nein**

4. Glauben Sie, daß es viele Kids geschafft haben, alle 10 Bücher durchzukriegen, zu Ende zu lesen?

   ☐ **ja** ☐ **nein**

   Bei JA: 5a Bei NEIN: 5b

5a. (bei JA:) **War das Programm in Ihren Augen erfolgreich?**

5b. (Bei NEIN:) **Was spricht dagegen?** Was spricht dagegen, daß viele Kinder alle 10 Bücher gelesen hätten? Was glauben Sie, warum nicht? Hypothese ist gefragt, Theorie. Denken Sie sich was aus.

Warum Harry Potter?

Bevor wir mehr über die **dünnen** PIZZA-HUT-Büchlein für Lese-Unlustige erfahren, wollen wir doch einmal kurz an das **Gegenstück** denken: **dicke** Harry-Potter-Bücher! Bei jedem neuen Band können wir wieder beobachten, wie Abertausende deutscher Kids (Millionen in allen Ländern, in denen es das Original oder Übersetzungen gibt) **freiwillig Harry-Potter-Bücher lesen**, viele dieser Kids hatten **davor noch nie ein „richtiges Buch" freiwillig gelesen.**

Harry Potter, heißt es, sei ein Phänomen. Warum? Weil er Kids (und viele Erwachsene) anspricht? Weil er die Menschen da packt, wo sie stehen? Weil sie ihn GERNE lesen? Weil er ihnen zeigt, wie spannend Lesen sein kann? Weil Millionen von Kindern (viele zum ersten Mal in ihrem jungen Leben) er-LEBEN, wie das ist, wenn sich zwischen zwei Buch-DECK-eln eine Welt auftut, in der man unendlich viel ent-DECK-en kann?

Erinnern Sie sich noch an das Lied von MELANIE: „What have they done to my song, ma ...?" Im dritten Vers besingt sie ein Buch, in dem man lange LEBEN kann ... Das ist der Prozeß, den Menschen, die so einen „obergeilen" Leseprozeß noch nie er-LEBT haben, gar nicht verstehen.

Solche Er-LEB-nisse geben uns das Gefühl, LEBENDIG zu sein, wie alles, was uns wirklich „packt", „anspricht" oder wie immer wir es nennen wollen.

Und nun vergleichen Sie das mit den Inhalten der meisten Bücher, die Kinder in der Schule lesen müssen. Wann haben Sie zuletzt in den Büchern Ihrer Kinder (Enkel, Kinder von Freunden) geblättert? Wie viele Inhalte können Kids „packen", „ansprechen" etc.? Wie viele jener Texte geben den jungen Lesern das Gefühl, **LEBENDIG** zu sein? Wie oft geschieht es, daß Schulbuch-Texte uns vom Hocker reißen, so daß wir die Freuden des Lesens (weil Lesen fasziniert) er-LEBEN könnten?

Nicht nur Harry kann zaubern und uns LEBENDIG machen ...

So ähnlich ist es mit allen Tätigkeiten*: Listen Sie einige Tätigkeiten auf, die Sie häufig ausführen (müssen) und be-URTEIL-en bzw. be-WERT-en Sie sie: Auf einer Skala von 0 Prozent, das heißt **langweilig/frustrierend**, bis 100 Prozent, das heißt **spannend, faszinierend, forschend** (= explorativ): Wie schneidet die Tätigkeit, die Sie gerade bewerten, ab?

☐ Habe Liste erstellt und be-WERT-et

☐ Werde es später tun

Beispiel: Ich schreibe **gerne** Bücher, von den ersten **Recherchen** (hier verfolge ich spannende Spuren, da ahne ich noch nicht einmal, daß dieses Material später in einen Vortrag, ein Seminar, einen Artikel oder ein Buch „wandern" wird) bis zum **Schreiben** selbst. All diese Tätigkeiten **(recherchieren, lesen, Notizen machen, nachdenken, Verbindungen zu anderen Ideen herstellen, ABC-Listen und KaWa.s anlegen etc.)** würden auf der Skala zwischen 85 und 100 Prozent (also bei Spannung) landen: Dort gäbe es ein **Cluster** von Kreuzchen. Aber ein einzelnes Kreuzchen läge auf der anderen Seite des Spektrums. Denn es gibt eine Tätigkeit beim Schreiben, die ich wirklich hasse, nämlich das Korrektur-Lesen!

---

*Im Kapitel *Selbst-Management* finden Sie eine Technik, mit deren Hilfe man herausbekommt, wo die eigenen Talente eigentlich liegen (ab Seite 213).

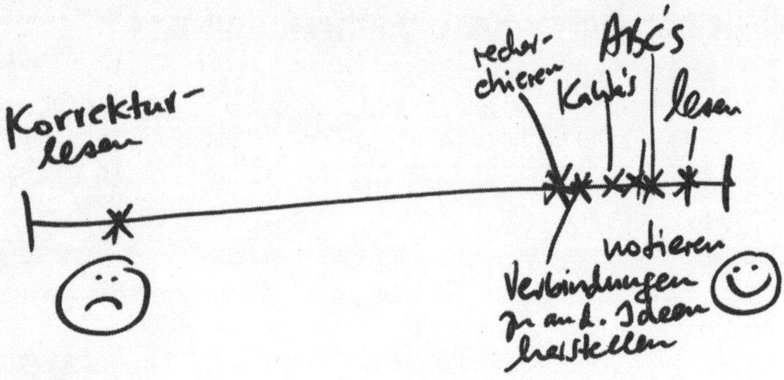

Der Grund ist schnell erklärt: Alle Tätigkeiten (rechts) haben mit INHALTEN zu tun, mit IDEEN, Sinn, dem WESEN-tlichen nachspüren, mit REFLEXION etc., **Korrekturlesen aber ist formal;** man muß die **Inhalts-Ebene verlassen** und prüfen, ob gewisse Spielregeln (z.B. Rechtschreibung, Grammatik) eingehalten werden. Ein guter Lektor merkt es auch sofort, wenn man dem Leser drei Gründe (für oder gegen etwas) verspricht, dann aber zwei oder vier „abliefert". Oder ob man ein Quiz oder ein Wissens-Quiz nicht sauber aufgelöst hat u.ä. Nun, die letzten Aspekte sehe auch ich sofort (z.B. wenn ich selber LESE, um zu lesen). Aber der erste, das „nackte" Korrekturlesen, bei dem man den Inhalt „übersehen" muß, um die Form zu erkennen, das hasse ich! Es gibt Menschen, die das hervorragend können, aber ich bin keiner von ihnen. Anders ausgedrückt:

> Alle Tätigkeiten auf der rechten Seite des Spektrums führe ich so gerne aus, daß ich keinen Anreiz von außen benötige, um zu handeln.

- **Ich lese gerne.** Ich benötige kein dümmliches, flaches Buch mit Checkliste, um Punkte für eine Pizza zu erhalten, denn ich würde sowieso lesen!
- **Ich recherchiere freiwillig, weil ich es wissen will.** Ohne Incentives irgendeiner Art!

- **Ich mache beim Lesen und Denken vollautomatisch Notizen**, oft in Form von ABC-Listen und KaWa.s (vgl. Seite 263 ff. und Seite 272 ff.).
- **Die Verbindungen zu anderen Ideen stellen sich ebenfalls ein, ohne daß ich mich darum bemühen müßte**. Ich mußte jedoch einst lernen, sie **bewußt** zu registrieren und weiterzuverfolgen, während **ungeübte** Denker erstens weniger Assoziationen produzieren, die sie zweitens gleich wieder verlieren.

Im Klartext: Ich tue diese Dinge FREIWILLIG; also brauche ich weder Bezahlung noch eine Belohnung (Incentive), damit ich es tue. Und ich tue diese Dinge häufig bzw. regelmäßig, manchmal bis zu 18 Stunden am Tag, wenn ich irgendwelchen faszinierenden Zusammenhängen auf der Spur bin und weitermache, bis mir die Augen zufallen. Sie sehen die Parallele zu Harry-Potter-LeserInnen, auch sie „müssen" oft (notfalls mit Taschenlampe unter der Bettdecke) weiterlesen, bis der Schlaf sie übermannt. So lasen wir damals „unseren" Karl MAY ...

Aus Quantität wird Qualität? – JA

Dabei entstehen natürlich jede Menge an Ideen und Notizen, also QUANTITÄT MEINER LEISTUNG. Vieles von dem Material ist nur eine Brücke auf meinen Denk-Wegen, ein Bruchteil davon rutscht jedoch später in ein Projekt (Veranstaltung, Schreibauftrag). Deshalb sind alle diese Aspekte unter dem Blickwinkel der Vorbereitung von Seminaren und Büchern etc. zu sehen.

Aber es gibt auch einen interessanten qualitativen Aspekt, denn ich arbeite automatisch auf dem **mir höchstmöglichen Niveau**, mit der jeweils zu diesem Zeitpunkt höchsten mir möglichen Kompetenz. Das bewirkt keine Inventive-Maßnahme, das tue ich, weil ich gar nicht anders kann! Also könnte weder eine (höhere) Bezahlung noch eine (bessere) Incentive-Maßnahme die **QUALITÄT MEINER LEISTUNG** verbessern!

Es geht um den vieldiskutierten Unterschied zwischen **intrinsischer** (das heißt „eingebauter") und **externer Motivation**, die durch INCENTIVEs (von außen) bewirkt werden soll. In diesem Zusammenhang verwundert es nicht, daß viele Harry-Potter-LeserInnen plötzlich diesen **für sie völlig neuen** Lesehunger entwickelten.

Wenn Sie die leuchtenden Augen junger Leute beobachten, die durch Harry Potter erstmals in ihrem Leben zum Lesen fanden, dann wissen Sie, wie GERNE wir tun, was uns anspricht, wobei wir uns LEBENDIG fühlen.

Ob ich einen neuen Aspekt der String-Theorie ent-DECKE oder ob ein aufgeregter Zehnjähriger („Nichtlese-Problemkind") herausfinden muß, was auf der nächsten Seite mit Harry Potter passiert – es ist auf alle Fälle **gleich spannend**. Daß der eine Bilanzen mit derselben Faszination liest wie ein anderer einen Thriller oder daß es Menschen gibt, die über die Konsistenz einer neuen Spaghetti-Sauce in Verzückung geraten können, zeigt nur, wie unterschiedlich die Gehirne sind: So wie kein Gesicht dem anderen gleicht, so gleicht kein Gehirn dem anderen (und dort entscheidet sich, was wir wie gut oder frustrierend finden).

Daher sollten wir als Manager lernen, Leute zu finden, die das GEIL finden, was sie sowieso tun müssen, statt Menschen krampfhaft dorthin bringen zu wollen, zu mögen, was sie nicht mögen.

Egal wieviel Geld Sie mir anbieten mögen: Ich werde niemals gerne Korrektur lesen. Ich lese Korrektur, wenn ich muß, weil ich muß. Unabhängig davon, ob jemand bezahlt - den Verlag möchte ich sehen, der dafür bezahlen würde. Und wenn, dann könnte dies vielleicht ein Trostpflaster sein, aber kein Anreiz. (Erinnerung: Das ist die eigentliche Bedeutung des Begriffes „Incentive".)

Aufgabe: Malen in Ihrer Liste ...

Die Liste (von Seite 93) ist ja noch nicht hierarchisch, sie stellt keine Rangfolge dar. Das sollen Sie jetzt aber tun. Sie sollen eine Rangfolge entwikkeln und die Tätigkeiten sortieren, also eine HIT-LISTE daraus machen.

1. Schritt: Drei Top-Tätigkeiten heraussuchen

Gehen Sie Ihr Tätigkeiten-ABC durch und malen Sie (farbig) die drei Top-Tätigkeiten in einer „guten" Farbe (die Sie mögen) an, die drei „schlimmsten" jedoch in einer Farbe, die Sie nicht so gerne mögen. Tun Sie dies bitte JETZT.

2. Schritt (bald): Erste RANGORDNUNG erstellen

Ordnen Sie alle Tätigkeiten einer Rangordnung zu. Hierbei kann es sehr hilfreich sein, die einzelnen Stichpunkte auf Kärtchen zu schreiben und diese so lange auf dem Tisch herumzuschieben, bis sich eine Rangfolge ergeben hat. Diese kann man (digital) abfotografieren und speichern.

3. Schritt (später): Weitere RANGORDNUNGEN probieren

Wiederholen Sie Schritt 2 mehrfach. Halten Sie später das Ergebnis jeweils als Foto fest und gehen Sie, wenn Sie mindestens zwei (besser fünf bis sechs) davon besitzen, zum nächsten (= vorletzten) Schritt über:

4. Schritt (noch später): Ergebnisse VERGLEICHEN

Vergleichen Sie Ihre Ranglisten und suchen Sie gemeinsame Nenner. Welche Tätigkeiten sind jedesmal ziemlich weit oben oder unten „gelandet"? Sind andere „gewandert" und mal hier, mal da aufgetaucht? Sind welche immer in der Mitte gelandet?

5. Letzter Schritt: KONSEQUENZEN ZIEHEN?

Wollen Sie irgendwelche Konsequenzen ziehen? Welche? Bitte halten Sie diese fest! Auch, ob Sie etwaige Handlungspläne (sogenannte gute Vorsätze) sauber durchgezogen haben ...

Pizza Hut: Ergebnisse*

Heute wissen wir auch, daß viele der lesehungrigen Kids durch Harry Potter erst „ zum Lesen fanden", aber wir wissen auch, wie es mit den Pizza-Hut-Büchern weiterging.

1. Haben **viele** Kids mitgemacht? Ja. Abertausende.
2. Haben viele versucht, **alle 10 Bücher** zu lesen? Ja.
3. Waren die Bücher **einfach** genug, daß auch die Leseschwächeren ... Ja.
4. **Haben viele Kids es geschafft**, alle 10 Bücher zu lesen? Ja. Daran sehen Sie, wie einfach die Bücher waren.
5. Wenn Ja, jetzt wissen Sie ja, die Antwort auf Frage Nummer 4 ist Ja, würden Sie dann das Programm als **erfolgreich** bezeichnen?

Tja, jetzt wird es spannend. Wie definieren wir Erfolg in diesem Fall? Wenn wir wissen wollen, ob die Aktion für Pizza Hut ein Erfolg war, müssen wir konstatieren: ein gigantischer. Aus einer ursprünglich zeitlich begrenzten Einzelaktion wurde ein Riesengeschäft, eine regelrechte Buch-Industrie. Wenn Sie im Internet mit den Stichworten „Pizza Hut" plus „Book it!" suchen, dann fallen Sie vom Stuhl. Da gibt es viele Schulen, die stolz mitmachen, Elterngruppen, Sozialarbeiter und andere, die es ja alle so gut mit den Kleinen meinen. Tja, das hätte man nicht gedacht, daß man bald mehr Bücher als Pizzas absetzen wird.

Aber ob es für die Kinder ein Erfolg war, sollten wir ernsthaft bezweifeln.

Es berichten sowohl Alfie KOHN als auch Peter R. SCHOLTES über das Programm**, aber SCHOLTES kennt den Vater eines Mädchens, bei dem die negativen Auswirkungen erstmals beobachtet worden waren.

---

*Quellen: SCHOLTES: *The Leader's Handbook* und KOHN, Alfie: *Punished by Rewards* (vgl. Literaturverzeichnis).

**Wir finden im Internet unter http://pauillac.inria.fr/~lang/hotlist/free/licence/papers/reward/scholtes.html seinen Bericht (Übersetzung 1. vom Internet-Übersetzer, 2. Überarbeitung: vfb).

Es folgt eine Paraphrase der wichtigsten Gedanken aus **beiden** Quellen*:

Ein Freund von SCHOLTES (namens Dave) hat eine Tochter Emily. Eines Tages begann sie, bei dem Programm für kostenlose Pizzas (für das Lesen eines der Pizza-Hut-Bücher) mitzumachen. Zuerst fanden die Eltern das vollkommen in Ordnung, aber dann fiel dem Vater doch etwas auf: Emily hatte **vor** der Pizza-Hut-Geschichte recht gerne gelesen, nun aber begann sie die kurzen und weniger komplexen Bücher ihrer früheren Lektüre vorzuziehen. Dasselbe geschah im Freundeskreis bei allen Kids, die beim »Book it!«-Programm mitmachten. Die Bücher waren kurz und einfach. Dann war das Programm von Pizza Hut (vorläufig) beendet, und nun stellte sich heraus, daß die Kinder so gut wie nicht mehr lasen. Im Klartext: Erst lasen die Kids, weil Lesen Spaß machte. Dann lasen sie, um die Pizzas zu erhalten. Dann gab es kein Programm (und keine Pizzas) mehr, also lasen sie gar nicht mehr.

In diesem Zusammenhang muß es uns erschrecken, daß Pizza Hut den Erfolg (beim Pizza-Verkauf, nicht beim Lesen!) fortsetzt und seit 20 Jahren jedes Jahr neue Pizza-Hut-Bücher produziert. Man ist stolz darauf, daß Hunderte von Schulen die Bücher offiziell benutzen. Unter **http://www.bookitprogram.com** finden Sie erschreckend viele Infos.

Dies illustriert den Irrtum aller Incentive-Programme. Die Forschung auf dem Gebiet der Belohnungen, von Verdienst- und Leistungsanreizen zeigt klar, wie erfolglos und (im Fall Emilys) schädlich sie sind.

Dies ist für viele ein Schock. Belohnungsprogramme stellen gut gemeinte Bemühungen dar, gute Leistungen zu erzeugen und anzuerkennen. Wie könnten sie also falsch, ja sogar schädlich sein? Nun, Alfie KOHNs Buch *Punished by Rewards* zeigt zahlreiche Fallbeispiele auf. Ich bin ihm zu tiefem Dank für seine unermüdlichen Recherchen zu diesem Thema verpflichtet.

---

*Quellen: SCHOLTES, Peter R., 1. *The Team Handbook* und 2. sein Beitrag: *Reward and Incentive Programs are Ineffective – Even Harmful* (im Internet unter: http://pauillac.inria.fr/~lang/hotlist/free/licence/papers/reward/scholtes.html.

Wollen wir hier kurz zusammenfassen, was er herausgefunden hat: Was ist falsch an Belohnungs-, Anerkennungs- und Incentive-Systemen?

1. **Sie funktionieren nicht.** In all den Jahren gibt es nicht nur keine glaubwürdigen Daten, die ihren Erfolg belegen, sondern, im Gegenteil: Es gibt jede Menge Daten, die zeigen, dass sie schaden.
2. **Sie fördern häufig eine Form der internen Konkurrenz.** Die MitarbeiterInnen wollen sich (persönlich) profilieren, sie wollen besser dastehen als ihre KollegInnen. Dies führt eher zu Verhalten, das einen gut aussehen läßt, als zu Verhalten, das die Beziehung zum Kunden verbessert oder der Firma nützt. Beispiele:
   - **Man verweist „Durchlaufprobleme"** an andere in der Abteilung oder Firma. Die Probleme sollen sich möglichst nicht bei uns und schon gar nicht während unserer Dienstzeit ereignen.
   - **Das System wird ausgereizt**, um den persönlichen Gewinn zu maximieren, auch auf Kosten des gesamten Systems (nach dem Motto: Nach mir die Sintflut).
   - **Man ist so sehr darum bemüht, gut auszusehen** (Punkte zu machen), daß darüber auch Kunden verletzt werden. So werden z.B. (lebens-)notwendige Reparaturen im KFZ-Bereich nicht durchgeführt, wenn sie zeitintensiv sind, aber keine Punkte bringen, damit der eigene Punktestand nicht gefährdet wird. Das erinnert mich an deutsche Ärzte, die vom System bestraft werden, wenn sie sich mit dem Patienten einige Minuten unterhalten wollen, dies gilt nicht als „Leistung" und wird dementsprechend nicht ge-PUNKT-et. Tja.
3. **Belohnungsprogramme untergraben Teamwork.** MitarbeiterInnen konkurrieren gegeneinander für Preise (Preisgelder). Man sieht in Teamkollegen oft genug den Gegner. Man handelt, als wäre man nicht Teil eines Teams, derselben Firma, der gleichen Organisation. So kann kein Gefühl der Gemeinsamkeit entstehen und schon gar kein Wunsch, dem Kunden zu dienen. Statt dessen kann es zu regelrechten Grabenkämpfen kommen, bei der jede/r die Bemühungen der anderen unterminiert.

4. **Anerkennung und Prämien können auch an Leute gehen, die einfach das Glück hatten, zur rechten Zeit am rechten Ort zu sein (um z.B. eine große Bestellung entgegenzunehmen).** Das löst Neid und Mißgunst bei jenen aus, die vielleicht zwei Minuten vorher in die Mittagspause gegangen waren und deren Auftrag es normalerweise geworden wäre. Die Systemfähigkeit ist ziemlich unabhängig von den Menschen, welche die Arbeiten erledigen.
5. **Verdienst- und Belohnungssysteme bringen Zyniker und Verlierer hervor.** In einer Firma in Milwaukee, die eine jährliche „Angestellte/r des Jahres"-Preiszeremonie veranstaltete, hatte ich die Gelegenheit, die Siegerin des Jahres zu treffen. Ich war überrascht, zu erfahren, daß sie nicht stolz auf ihren Preis war. Sie wurde durch ihn in Verlegenheit gebracht. Sie sah die aufwendige Zeremonie als Gelegenheit, die von den Managern erfunden worden war, um zeigen zu können, wie gut sie ihre MitarbeiterInnen doch verstehen. Sie hatte zwei Gründe für ihren Zynismus:

   Erstens gab es viele Angestellte, von denen sie wußte, daß sie die Anerkennung mindestens ebenso (wenn nicht mehr) verdient hätten. Sie war überzeugt, daß die Ehre ihr geschenkt wurde, weil ihr Chef Liebling des CEO war. (Es gab genügend Gerüchte über das Auswahlverfahren, die dies wahrscheinlich machten.)

   Zweitens sagte sie: **„Wenn man uns im normalen Alltag mit Respekt und Anstand behandeln würde, wäre ich nicht so skeptisch.** An **einem** Tag im Jahr ehrt das Management seine Angestellten. An allen anderen Tagen werden wir behandelt wie Gegenstände."

SCHOLTES betont, daß Manager sich einbilden, daß sie Leute „motivieren", wiewohl zahlreiche Autoren seit Jahrzehnten immer wieder darauf hingewiesen haben, daß ein Manager niemanden motivieren kann. Er kann

> Wir sprechen hier nicht vom Gehalt oder normalen Einkommen. Es ist klar, daß Menschen für Geld arbeiten. Aber im Optimalfall vergessen sie dies im Alltag, weil sie Aufgaben erfüllen, die sie „erfüllen"!

seine Leute de-motivieren, indem er die natürliche Motivation zerstört, die jeder Mensch zunächst zur Arbeit mitbringt.

Damit reiht SCHOLTES sich in die Gruppe kritischer Management-Beobachter ein, die dem Mainstream etwas entgegenschwimmen und deshalb – seit Jahrzehnten – nicht gehört werden. Sowohl McGREGOR als auch HERZBERG (vgl. Kapitel 1) stellten vor vielen Jahrzehnten fest, daß Manager dazu neigen, vorhandene Arbeits-LUST zu zerstören, die Parallele zu Emily und dem Pizza-Hut-Programm ist kein Zufall. Denken Sie mit:

Welche **indirekte** Nachricht sendet die Notwendigkeit einer besonderen Belohnung? Nun, sie impliziert, daß man diese Tätigkeit nicht freiwillig (oder nicht freiwillig gut) ausführen würde, deshalb ist die Belohnung, der Anreiz etc. ja not-wendig (das soll also eine NOT wenden). Man kann es auch so ausdrücken: **Diese Arbeit muß a priori negativ (unangenehm, von geringem Status, schwierig, schmutzig etc.) sein**, sonst bräuchten wir kein Extra (Geld, Lob, Bonus etc.) anzubieten. Damit aber wird die Tätigtkeit auch jenen verleidet, die sie einmal mochten.

- Deshalb möchten **Kindergartenkinder** plötzlich **nicht mehr** mit Wachsmalkreiden malen (für deren Gebrauch sie in einer Studie belohnt worden waren), wiewohl sie **diese** Stifte **vor** der Studie geliebt hatten.
- Deshalb hören **Kids** wie Emiliy auf zu lesen.
- Deshalb lernen Millionen von **SchülerInnen** so ungern für Noten und begreifen nicht, wie diese Tätigkeiten (beginnend mit Lesen, Schreiben, Nachdenken) von irgend jemandem positiv gesehen werden können.
- Deshalb lernen **PrivatschülerInnen** mit weit weniger Prüfungen viel besser, hier wird nämlich weniger intrinsische Motivation zerstört! (Privatschulen müssen ja auch positive Ergebnisse schaffen, Regelschulen brauchen das nicht.)
- Deshalb haben **MitarbeiterInnen** keinen „Bock" mehr auf Tätigkeiten, die ihnen früher Freude gemacht hatten, sei es, weil es ihnen selber Spaß machte, sei es, weil man damit anderen (z.B. KundInnen oder KollegInnen) eine Freude machen konnte.

Auch andere Autoren, u.a. Alfie KOHN, betonen unermüdlich die drei Problemkreise, die durch Incentive-Systeme geschaffen werden: Erstens wird den Leuten verleidet, was sie einst gerne taten. Zweitens übernimmt niemand mehr Verantwortung für das Ganze (die Abteilung, die Kundenzufriedenheit), weil jeder nur noch auf seine eigenen Vorteile bedacht ist. Und drittens werden unendlich viel Zeit und Energie für **interne** Prämienkämpfe „verbraten". Das kann in Einzelfällen durchaus bis zu 50 Prozent der Arbeitszeit sein. Zum einen, weil MitarbeiterInnen vieles „falsch" machen, wenn eine optimale Ausführung nicht mehr in ihrem Interesse liegt. Zum anderen, weil sie einen Teil der Energie brauchen, um „das System optimal zu spielen". Dabei sind manche weit kreativer im Überlisten des „Systems" als in ihrer Arbeit. Das macht auch den Spaß, den die eigentliche Arbeit nicht mehr macht. Des weiteren kostet es viel Zeit, mit anderen über das System zu diskutieren (z.B. um zu vergleichen, ob dieser oder jene/r MitarbeiterIn das verdient, was er oder sie bekam etc.).

Ich empfehle Ihnen dringend, Alfie KOHN selber zu lesen, denn er zitiert Studie um Studie, in denen Manager in Firmen und Organisationen (inklusive der US- Steuerbehörde) nach jahrzehntelangem Einsatz solcher Methoden damit aufgehört und dann erst begriffen haben, wie schlimm die Schäden zuvor gewesen sind. Der Psychologe John NICKOLS meinte zur Pizza-Hut-Aktion:

> So ein Programm produziert voraussichtlich jede Menge fetter Kids, die ungern lesen.

Der „Kasus knaxus" besteht darin, daß man **nicht vorhandene interne** (intrinsische) **Motivation** mit externen Anreizen niemals SCHAFFEN, **wohl aber vorhandene zerstören und in eine EXTRINSISCHE umwandeln wird.**

Ab diesen Zeitpunkt tut man, wofür man „belohnt" wird. Dabei kann es sich um materielle Incentives (Geld-Prämien) handeln, um quasi-materielle, wie die (bezahlte) Reise nach Haiwai, oder um immaterielle (Lob, Anerkennung).

Mitarbeiter-Beurteilung

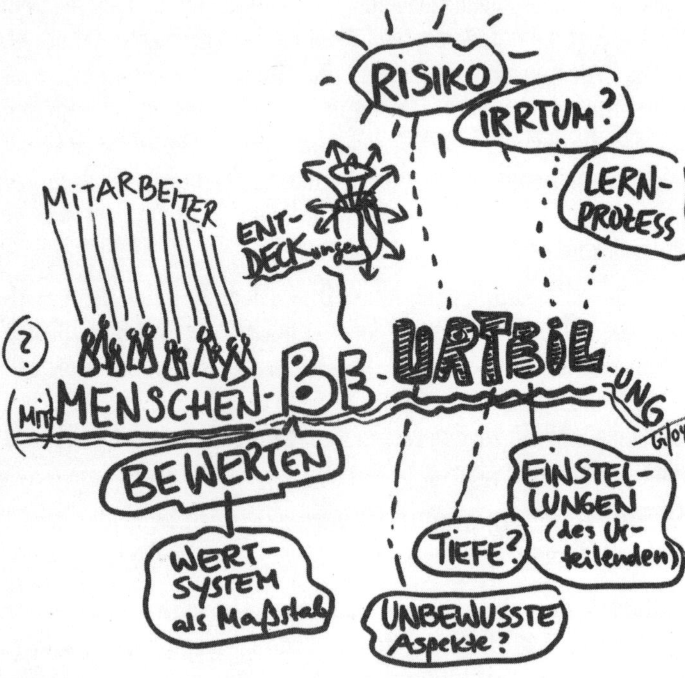

Heutzutage muß man gleich hinzufügen, ob man die Beurteilung der Mitarbeiter **durch** die Führungskrafte meint, denn heute gibt es ja teilweise auch schon die Beurteilung in die andere Richtung. Wie wird das in Ihrer Organisation gehandhabt?

☐ Bei uns werden auch die Führungskräfte von ihren MitarbeiterInnen beurteilt (zumindest anonym?).

☐ Ist vorgesehen, aber noch nicht implementiert.

☐ Keinesfalls, ist auch nicht vorgesehen!

Aber zurück zu unserer Beurteilung der uns Anvertrauten. Es gilt, die folgenden 10 Aussagen zu überprüfen. Bitte beachten Sie, daß manche eher unbewußte Einstellungen widerspiegeln, das heißt, wir neigen, wenn sie uns bewußtgemacht werden, dazu, vorschnell abzuwehren und die Aussage für falsch zu halten. Es geht aber im folgenden nicht um eine philosophische Position, es geht darum, was Sie im täglichen Alltag LEBEN. Versuchen Sie, in diesem Sinne jede Aussage mit Ja oder Nein zu beantworten, im Klartext:

☐ **Mit JA** meinen Sie: Na ja, das LEBE ich eigentlich täglich (auch wenn ich es nie so formuliert hätte).

☐ **Mit NEIN** meinen Sie: Nein, das LEBE ich nicht (selbst wenn ich es theoretisch vielleicht für richtig hielte ...).

1. **Mitarbeiter*-Bewertung verbessert Mitarbeiter-Performance.** ☐ **ja** ☐ **nein**
2. **Der bewertete Mitarbeiter hat Kontrolle über die Ergebnisse.**
   ☐ **ja** ☐ **nein**
3. **Die konkrete Leistung einzelner Mitarbeiter kann klar getrennt werden von dem, was das System beisteuert** (also

---

*Hinweis: Um ein ständiges er/sie, MitarbeiterIn etc. zu vermeiden, sagen wir in diesen Aussagen zwar nur „Mitarbeiter", meinen aber selbstverständlich immer „oder Mitarbeiterin"; sonst sind Aussagen wie die erste überhaupt nicht kurz und knapp zu formulieren.

von dem, was andere Mitarbeiter und/oder Führungskräfte in das System einbringen). ☐ ja ☐ nein

4. **Alle Prozesse mit identischen oder fast oder scheinbar identischen Werkzeugen, identischen Materialien, identischem Training, identischer Arbeitsplatzbeschreibung sind tatsächlich identisch.** ☐ ja ☐ nein
5. **Die Bewertungsmaßstäbe stehen in direktem Bezug,** will sagen: Das Verhalten, das wir bewerten, steht in **engem Zusammenhang mit unseren Zielen** des Business oder dem, **was die Kunden von uns wollen.** ☐ ja ☐ nein
6. **Die Bewertungskriterien sind rational** (und erreichbar für den Bewerteten). ☐ ja ☐ nein
7. **Jedes System, in dem ein Mitarbeiter arbeitet, ist stabil und kann die erwarteten Ergebnisse bringen, wenn die Mitarbeiter „brav" sind.** ☐ ja ☐ nein
8. **Die Bewertung beurteilt langfristig das Gesamtverhalten eines Mitarbeiters, nicht nur zum Zeitpunkt der Beurteilung.** Nach dem Motto, wenn der Sie gestern geärgert hat, fließt das in Ihre heutige Beurteilung nicht ein, weil Sie objektiv sind.

   ☐ ja ☐ nein
9. **Alle Bewertungen sind miteinander in Übereinstimmung.** Alle Bewertungen, die Sie im Laufe der Zeit abgeben, sind alle gleich fair, gleich gut, gleich objektiv und stehen miteinander in Einklang.

   ☐ ja ☐ nein
10. **Jede/r Bewertende handelt von einem zum nächsten Mitarbeiter konsistent,** also gleichwertig bis identisch „objektiv" (soweit Menschen objektiv sein können) und gleich fair zu allen.

    ☐ ja ☐ nein

Das war also die klassische Haltung, die vor zwei Generationen alle Manager mit JA beantwortet hätten (so wurde es auf Business Schools gelehrt!). Vor einer Generation hätten schon manche Aussagen hochgezogene Augenbrauen und das eine oder andere NEIN geerntet. Und wie sieht es heute aus?

Bevor wir die 10 Aussagen besprechen, sollten wir noch kurz zwei Begriffe abklären, die uns das **Nachdenken über neue Ideen** grundsätzlich erleichtern: Meme und Paradigmen-Wechsel. Falls sie Ihnen nicht (sehr) geläufig sind, springen Sie doch bitte erst zum **Merkblatt*** und bringen sich up to date.

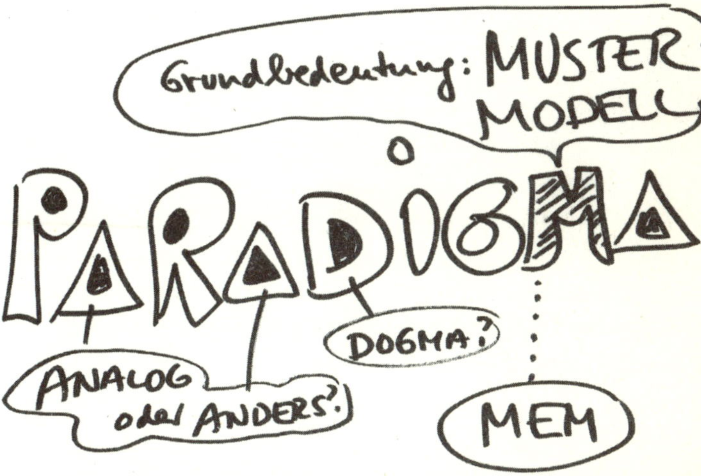

*Vgl. Merkblatt Nr. 1: *Paradigmen-Wechsel & MEMe* (Seite 255 ff.). Für unsere Zwecke reicht diese Mini-Einführung aus.

Neues Paradigma? Klassische Führungs-MEMe?*

Zum einen wurde in den 90er Jahren viel vom **PARADIGMEN-WECHSEL** gesprochen, zum anderen ist das Konzept der MEMe (nach Richard DAWKINS) faszinierend und hilfreich. Da einige **MEMe im Management** seit langem sehr gut überleben (und sich dort weiter fortpflanzen), sollten wir es ruhig einmal wagen, uns einige **MEMe zum Thema Mitarbeiter-Beurteilung** näher anzusehen und festzustellen, inwieweit sie eigentlich Gültigkeit besitzen.

Die 10 Aussagen aus heutiger Sicht

Bis spät in die 90er Jahre hätten die meisten Manager zu **vielen** der 10 Aussagen (s. Seite 105 f.) **JA** gesagt, manche hätten sogar **10 Mal JA gesagt**. Inzwischen neigt sich das Industrie-Zeitalter (dem sie entstammen) dem Ende zu, und so bezweifeln viele Führungskräfte einiges in der Liste dieser Aussagen. Und Sie? Wie haben Sie geantwortet?

Ich habe ______ Mal JA gesagt.

Dies ist die letzte Chance, die Aussagen einigermaßen unbefangen anzusehen. Sie wissen ja, es gibt nur ein erstes Mal.

Natürlich bleiben viele MEMe normalerweise **unbewußt**, so daß ihre Formulierung uns erstaunen kann. Wollen wir dies bitte berücksichtigen, wenn wir sie noch einmal ansehen; manche Formulierung kann eigenartig auf uns wirken, wenn normalerweise unbewußte Annahmen in Worte gefaßt und ausgesprochen oder aufgeschrieben werden. Trotzdem gilt:

---

*Hinweis: Falls Sie das Buch modular lesen und nach Lust und Laune herumspringen, dann machen Sie möglicherweise hier eine Ausnahme: Diesem Beitrag muß der vom PIZZA-HUT-EXPERIMENT (Seite 91 ff.) vorausgegangen sein, weil wir dessen Ergebnisse hier wieder aufgreifen oder vertiefen.

Wie sehen Sie diese 10 Annahmen?

1. **Bewertung verbessert Mitarbeiter-Performance.** Wir müssen unterscheiden zwischen FEEDBACK und Be-WERT-ung. Letzteres ist ein Wert-URTEIL, und wenn jemand uns be-URTEILEN kann (darf), dann könnte er uns auch VER-urteilen. Das heißt, er begibt sich in die Position eines RICHTERS und macht uns damit zum Angeklagten, der sich durch jenes Urteil als frei oder schuldig erweisen wird. Wir lieben es nicht, wenn Menschen die Macht haben, über uns zu urteilen. Ganz anders ist es, wenn man uns neutrales FEEDBACK anbietet, das uns selbst die Kontrolle über unser Leben bietet (wir kommen darauf zurück). Also halten wir vorläufig fest: Be-WERT-ung verbessert Mitarbeiter-Performance genausowenig, wie Prüfungen und Noten die Lern-Leistungen verbessern*.
2. **Der bewertete Mitarbeiter hat Kontrolle über die Ergebnisse**. Tja, er hat genausoviel Kontrolle wie ein bewerteter Schüler in einer Prüfung! Der Prüfer (die Führungskraft) bestimmt, worauf er achten will. Der Schüler hat z.B. eine Kontrolle, wieviel Prozent der Note auf Schönschrift, saubere Darstellung u.ä. entfallen. Ein hervorragendes Beispiel hierfür ist das sogenannte **CHARLEY-WHOOP-Spiel**, bei dem jemand etwas vormacht, das von den anderen zu 100 Prozent zitiert (imitiert) werden soll. Andere Namen für dieses Spiel sind z.B. Lirum-Larum-Löffelstiel, die Mondreise, das Scheren-Weitergabe-Spiel etc.

   In einem Seminar-Mitschnitt (FRAGE-TECHNIK) zeige ich das **Basis-Charley-Whoop-Spiel**, das der Kategorie seinen Namen gab. Natürlich verrate ich das WESEN-tliche dieser Variante hier nicht, aber das PARADIGMA des Spiels können wir erläutern: Ich als Sender, der ich Ihre Imitations-(Spiel-)Leistung be-URTEILE, entscheide, **ob** ich z.B. die Richtung, in die Ihre Hand zeigt, be-WERTe.

---

*Details hierzu in meinem Buch *Trotzdem LEHREN* im Modul: *Appell an alle lehrenden Personen.* Teile dieses Kapitels befinden sich als kostenloses e-book auf **www.birkenbihl.de** (in der „TEXT-Schublade", links).

Ist mir das wichtig (WERT-voll), dann werde ich es beachten, **andernfalls sehe ich es gar nicht**. Vielleicht aber dachten Sie, es sei sehr wichtig, und haben sich **große Mühe** gegeben, die Handfläche immer „richtig" zu halten.

Also: Wer hat die Kontrolle, wenn das Ergebnis am Ende meine **Be- oder Ver-URTEIL-ung Ihrer Leistung sein wird**?

3. **Die konkrete Leistung einzelner Mitarbeiter kann klar getrennt werden von dem, was das System beisteuert, wie auch von dem, was andere Mitarbeiter, Führungskräfte in das System einbringen.** So sollte es in der Theorie sein, aber in der Praxis funktioniert das nicht. Wir sind keine Roboter. Noch nicht. Das System kann ein Incentive-System sein, das die Eigen-Initiative der Leute tötet (vgl. *Das Pizza-Hut-„Book it!"-Programm*, Seite 90 ff.). Dies beeinflußt alle MitarbeiterInnen und kann von den Reaktionen, die so ein System auslöst, nicht getrennt werden! Das gleiche gilt im positiven Sinne: Gelingt es uns, der vorhandenen Eigen-Motivation der MitarbeiterInnen (wieder) zu ihrem Recht zu verhelfen (wie SOKRATES, Hebamme sein, nicht „Manager" im alten manipulativen Sinn), so wird dies als **Teil des Systems** die Leute ebenfalls beeinflussen, diesmal positiv. Es lädt sie ein, sich zu entfalten und zu entwickeln, statt Punkte zu sammeln und gegen die KollegInnen zu „kämpfen".
4. **Alle Prozesse mit identischen Werkzeugen, Material, Training, Arbeitsplatz usw. sind tatsächlich identisch.** Das ist natürlich auch Un-Sinn: Sie haben unter Ihrer Schädeldecke ein so individuelles Gehirn, wie Ihr Fingerabdruck sich von dem aller anderen Menschen auf dieser Erde unterscheidet. Also können die Prozesse nicht identisch sein. Auch hier verwechseln Führungskräfte zwei wichtige Konzepte (vgl. 1 oben: Be-WERT-ung vs. neutrales FEEDBACK, auf welches wir noch zurückkommen werden).

   Zwar ist es richtig, gewisse Prozesse mit **Checklisten**, **ISO-Normen** etc. absichern zu wollen. Auch motivierte MitarbeiterInnen sind froh, mit Hilfe einer solchen Checkliste selbst prüfen zu können, daß sie nichts vergessen haben. Warum sollten nur Piloten, Chirurgen und andere Profis mit Checklisten arbeiten? Dies dürfen wir aber nicht verwechseln mit einem anderen Aspekt: Wir können auch mit der besten Checkliste die Qualität eines Lächelns nicht meßbar machen! Ebenso können wir die Nuancen im Tonfalll nicht absichern, die es zwischen höflich und routiniert, zwischen ruhig und gelangweilt, zwischen freundlich und übertrieben „nett" gibt. Hier ist die Einstellung der MitarbeiterInnen ausschlaggebend, ob sie auf der Beziehungs-Ebene den richtigen Kontakt zu KundInnen (internen wie externen) und ihren direkten KollegInnen herstellen können. Das kann man weder messen noch kontrollieren oder gar zertifizieren! Hier ist das, was die Führungskräfte vorleben, von außerordentlicher Bedeutung. Der Volksmund weiß dies schon lange, wenn er uns erstens daran erinnert: „Wie der Herr, so's Gscherr!" und zweitens darauf hinweist, daß „der Fisch am Kopf zu stinken beginnt". Ich erlebe immer wieder, daß Führungskräfte ein Seminar möchten, um ihre „Leute" endlich „service-tauglich" zu machen. Dabei verwenden sie Begriffe, die den grundsätzlichen Mangel an Respekt für ihre MitarbeiterInnen widerspiegeln, und wundern sich, daß diese Menschen keinen Respekt für die Belange der KundInnen entwickeln. Tja ...

5. **Die Bewertungsmaßstäbe stehen in direkter Beziehung zu wichtigen Zielen des Business und Kunden**. Auch das ist leider sehr oft nicht der Fall. Ich habe früher, als ich noch regelmäßig Unternehmen „durchleuchtete", immer wieder festgestellt, daß oft und gerne ca. 30 Prozent der Arbeit **für den Chef (die Chefin)** gemacht werden, für irgendwelche „Stellen" in der Firma, die irgendwelche Formulare erwarten, daß diese Arbeiten aber nicht wirklich zum Nutzen des Kunden sind. In einer Firma stellten wir fest, daß auf einem „Durchlaufzettel", der die Firma von der Auftragsannahme über diverse „Stellen" bis zum Postversand „durchlief", einige Posten waren, die keine einzige dieser Abteilungen brauchte. Von 19 Punkten, die von diversen MitarbeiterInnen von Hand ausgefüllt wurden, waren 5 für niemanden in der Firma von irgendeiner Bedeu-

tung. Weitere 4 brachten dem Kunden keinen einzigen Nutzen oder Vorteil, nur der Firma (sie hatten mit dem damals dort noch üblichen Prämien-System zu tun, vgl. *Das Pizza-Hut-„Book it!"-Programm*, Seite 90 ff.), und nur 10 Punkte, also knapp über die Hälfte, waren notwendig, um die Leistung für den Kunden auszuführen (bzw. in Zukunft zu verbessern), z.B. die Frage, ob der Kunde über bestimmte Produkte informiert werden **wollte**. Bei JA (der default*) wurde dies automatisch veranlaßt, bei NEIN mußte bewußt verhindert werden, daß der Kunde Infos erhielt, die er nicht haben wollte.

Ich erzähle in Management-Seminaren gern die Story von den vier Affen, die wir bei HAMEL & PRAHALAD** finden (vgl. *Das ABC-Kapitel zu Management*, Seite 14 ff.). Die Diskussionen der Fragen am Ende können sehr fruchtbar werden.

6. **Die Bewertungskriterien sind rational**. Das ist die erste der 10 Aussagen, die bereits seit ca. 20 Jahren in zunehmendem Maße verneint wird. Für viele jüngere Führungskräfte ist kaum noch nachvollziehbar, daß vor zwei Generationen fast alle Manager diese Frage vehement bejaht haben ... Auch dies ist ein Aspekt des abgelaufenen PARADIGMEN-WECHSELS (s. mehrfach erwähntes Merkblatt hierzu, Seite 255 ff.).
7. **Jedes System, in dem ein Mitarbeiter arbeitet, ist stabil und kann die erwarteten Ergebnisse bringen.** Erstens spielen die Gesetze der Gruppendynamik eine Rolle, und der Wortteil „Dynamik" sagt ja schon, daß es sich hier um keine Stabilität handeln kann (sonst hieße des ja „Gruppen-Stabilität"). Zweitens spielen etwaige Incentive-Systeme eine enorm wichtige Rolle (wie im PIZZA-HUT-Abschnitt, Seite 98 ff. diskutiert). Weitere Kommentare sind wohl jetzt überflüssig ...

---

*Ursprünglich Begriff aus der Programmierung; Bedeutung: Vorgabe/Voreinstellung.

**Quelle: HAMEL & PRAHALAD: *Wettlauf um die Zukunft* (s. Literaturverzeichnis).

8. **Die Bewertung beurteilt das Gesamtverhalten**. Hier spielen zwei Aspekte hinein. Erstens: Wir sind keine Roboter, und wir beurteilen aufgrund der Arbeitsweise unseres Gehirns anders als Computer. Diese können eine Art „Mittelwert" berechnen und beurteilen, wir nicht. Wenn ein Mitarbeiter letzte Woche besonderen Mist gebaut (und einen wichtigen Kunden vergrault) hat oder wenn eine Mitarbeiterin letzte Woche besonders „super" war – das alles fließt in unsere Bewertung mit ein. Deshalb gehörte es für MitarbeiterInnen, die „das System gut spielen können", immer schon dazu, in den letzten Wochen vor der jährlich fälligen Bewertung positiv aufzufallen, weil das die Beurteilung maßgeblich beinflussen muß! Zweitens: Denken Sie ans Eiskunstlaufen. Jedes Jahr gibt es neue Kräche – und das, wiewohl wir bereits eine JURY einsetzen und mit Hilfe von Computern die Auswertung immer noch fairer zu machen versuchen. Und jetzt bewertet eine einzelne Führungskraft in ihrer heutigen Stimmung, in die vielleicht mit hineinspielt, was sich heute früh am Küchentisch mit dem Lebenspartner, Kind, Hund etc. zugetragen hat.
9. **Alle Bewertungen sind untereinander in Übereinstimmung.** Auch das ist ein uralter Zopf, der schon gestern nicht stimmte, aber erst heute begreifen dies die meisten Führungskräfte. Auch hier gilt: Wir sind keine Roboter. Den meisten Führungskräften wäre es gar nicht möglich, die Komplexität sämtlicher Bewertungen untereinander (das heißt aller MitarbeiterInnen sowie des einzelnen Mitarbeiters/der einzelnen Mitarbeiterin über den Verlauf der Zeit – unabhängig von „regionalen" Umständen) zu „berechnen", zumindest nicht als Nebenjob, denn das Bewerten soll ja nicht die einzige Aufgabe sein, die man als Führungskraft hat! Schon deshalb wäre es gut, reguläre Bewertungen zu bestimmten Zeitpunkten abzuschaffen. Aber das wird wohl der nächste PARADIGMEN-WECHSEL sein, über den die meisten jetzt noch nicht bereit sind, auch nur nachzudenken ...
10. **Jeder Bewertende handelt bei allen MitarbeiterInnen objektiv identisch**. Auch das können wir nicht. Es gibt eine geneti-

sche Disposition, die „Unsrigen" besser zu beurteilen und zu behandeln als „Fremde". Damit geht eine Neigung einher, einige als „näher" und andere als „weiter" einzustufen. Diese angeborene Tendenz ist nur schwer in den Griff zu bekommen und spielt in viele Bewertungen hinein, ohne daß die Bewertenden sich dessen bewußt sind. So testete ich z.B. einmal ein und denselben Text quer durch verschiedene Firmen: Wenn die Idee von gewissen Leuten zu kommen schien, die weniger zu den „Unsrigen" gehörten, wurde sie sofort harsch abgelehnt. Dabei kamen auch Bemerkungen wie „Quatsch mit Soße!" u.ä. vor. Schien derselbe Vorschlag (auf die gleiche Weise formuliert) jedoch von jemand zu kommen, den die Führungskräfte als mehr „unsrig" erlebten, dann fanden sie die Idee wesentlich besser, interessanter, machbarer etc. Kommentare wie „Ausprobieren!", „Könnte klappen!" u.ä. begleiteten die Beurteilungen. Schon in den 1950er Jahren arbeitete ROKEACH (*Open and Closed Minds*) an dem Problem, als er feststellte, daß die meisten Menschen die **Botschaft** nicht vom **Sender** trennen können. Finden sie den Sender „gut" (vertrauenswürdig, intelligent, ehrlich, nett), dann färbt dies auf die Botschaft ab, so daß diese positiv aufgenommen wird. Andernfalls lehnt man die Botschaft ab, weil man dem Sender mißtraut und ihn für weniger intelligent, ehrlich etc. hält. Das Problem ist NICHT, daß wir keine Roboter sind und demzufolge nicht halb so fair bewerten können, wie wir es uns wünschen, sondern daß wir dies immer wieder „vergessen". Wenn wir hingegen ein für allemal die falschen MEMe aufgeben würden und uns der Realität stellten, würden wir viel Leid vermeiden. Denn viele MitarbeiterInnen leiden ähnlich wie viele SchülerInnen, nur daß man als SchülerIn noch meint, mit dem Ende der Schule würde dieser Druck endlich aufhören. Als erwachsene/r MitarbeiterIn hat man die Hoffnung nicht mehr. Deshalb leiden viele unter unnötigen Ängsten. Das kreiert in den meisten Fällen den sogenannten „Streß bei der Arbeit" (nicht die Arbeit selbst!). Das verbrät ungemein viele Energien der MitarbeiterInnen.

Feedback = Beurteilung?

Nun müssen wir das noch auflösen: Der **Unterschied** zwischen FEEDBACK und LOB ist gewaltig: Denken Sie an das **Heiß-kalt-Spiel** aus Ihrer Kindheit und Jugend zurück. Es gilt, eine Sache herauszufinden, aber ohne Worte. So heckt die Gruppe (während wir draußen warten) z.B. aus, daß wir der Oma ein Stück Schokolade anbieten sollten (die Schokolade befindet sich in der Kommode am anderen Ende des Zimmers). Dann kommen wir rein, und die Gruppe hilft uns durch die Hinweise „heiß" bzw. „kalt" (auch „warm", „wärmer" etc.). Nun stellen Sie sich vor, Sie sollen handeln. Nehmen wir an, Sie drehen sich in die richtige Richtung. Dann ist ein kurzes „Warm" oder „Heiß" eine echte HILFE. Würde jemand jedoch sagen: „Ja, phantastisch, das hast du aber gut gemacht!", würde die Person uns von der Denk-Arbeit ablenken. Wir fänden das absolut nicht hilfreich. Ebenso im umgekehrten Fall: Ein kurzes „Kalt" („Kälter") ist eine **Information**, die mir hilft, mich zu **orientieren**. Ein „Das hast du aber falsch gemacht" oder „Warum drehst du dich jetzt nach links???" wäre ablenkend (intellektuell wie emotional). Deshalb sage ich FEEDBACK **Ja**, LOB **Nein**.

Bitte verstehen Sie mich nicht falsch. Ich bin sehr für Lob, auch für häufiges Lob, aber nur nach konkreten **Leistungen**. Bei den vielen kleinen Tätigkeiten jedoch, die aus uns im Laufe der Zeit professionelle MitarbeiterInnen machen, bei diesen kleinen Schritten auf dem Weg – da suchen wir FEEDBACK (vgl. Seite 197). Es hilft uns, uns zu orientieren. Es ermöglicht uns, Kontrolle zu haben und selbst zu entscheiden, um wieviel Grad wir uns jetzt nach links oder rechts drehen wollen – oder ob wir die oberste oder die mittlere Schublade öffnen wollen, in der etwas liegt (wir wissen noch nicht, was es ist), das wir vielleicht entnehmen wollen.

Strategie-Vorschlag →

Mini-Seminar mit hohem Lernwert

Spielen Sie öfter wieder HEISS-KALT-SPIELE und er-LEBEN Sie bewußt, wie hilfreich einfaches FEEDBACK ist. Dann experimentieren Sie ruhig. Verteilen Sie Lob und Tadel, Prämien und Preise für kleine Handgriffe, lassen Sie die Spieler Punkte sammeln, und beobachten Sie, wie das Spiel „verkommt". In kürzester Zeit wird die Atmosphäre (fast) feindselig, die FREUDE am Spiel geht schnell verloren, die Lust an den einzelnen Handlungen (analog der eigentlichen Arbeit) auch. Solche Variationen bitte sofort beenden, wenn Sie beobachten konnten, wie sie das Klima vergiften. Am besten dann mit allen darüber reden und festhalten, wie unangenehm die letzte Viertelstunde war.

Als Zusammenfassung möchte ich Ihnen nun einige **Gründe gegen Beurteilungen** (nach Alfie KOHN) anbieten (aus seinem brillanten Buch *Punished by Rewards*). Diese kurze Liste könnte man fotokopieren und **öfter mal durchlesen**, wenn man wieder in die alten Routinen gerät. Denken Sie an die Affen-Bananen-Story (vgl. Seite 14 ff.)!

Performance-Beurteilung
(nach Alfie KOHN)

1. **Lob drückt die NOTWENDIGKEIT zum Loben aus.** Es impliziert geringe Fähigkeit, sonst hätte man nicht loben müssen.
2. **Lob setzt Menschen unter Druck**, denn sie sollen ja in Zukunft mindestens genausoviel leisten wie heute. Da kommt eine gefährliche Spirale in Gang. Prämien oder Geld implizieren geringen Wert der Tätigkeit oder Sache an sich.
3. **Lob löst Low Risk Strategies** (Niedrig-Risiko-Strategien) **aus**. Denn man möchte kein Risiko eingehen, das Lob (bzw. die Prämie) in Zukunft zu gefährden, also schafft dies eine Art von Sicherheits-Mentalität (Sicherheit vor Leistung).

4. **Man will das Gegenteil**, nämlich Kritik oder Tadel (bzw. Prämienverlust) **vermeiden**. Demzufolge wird das eigene Verhalten nicht mehr im Hinblick „Nützt es dem Kunden?" beurteilt, sondern nur in bezug auf die Punkte (die man nicht verlieren will). Lob oder Belohnung **verringert das Interesse an der Sache** und verhindert, daß man sich wirklich auf etwas (oder den Kunden) einlassen will.

KOHN schlug einige Fragen vor, die ich sehr hilfreich finde.

Alfie-KOHN-Fragen

1. **Helfen wir den uns Anvertrauten, mehr Kontrolle über ihr Leben zu erringen?** Wenn die Mutter den Mantel zuknöpft und sagt: „Natürlich kannst du das", gibt oder nimmt sie Kontrolle durch ihr: „Ich habe es ja nur gut gemeint"? Das können wir relativ schnell lernen einzuschätzen.
2. **Ermutigen wir sie, eigene Urteile zu formen und selbst zu entscheiden?** Auf die Seminar-Situation übertragen, ist es für mich immer wichtig, daß wir mit einem Quiz einsteigen, damit die TeilnehmerInnen zu denken beginnen, ehe sie von mir beeinflußt werden. Genauso wichtig ist es, daß sie später selber Fragen stellen dürfen. Das schulde ich ihnen. Das ist für die Kontingenz und ihre Kontrolle wichtig, sonst besteht die Gefahr der Bevormundung.
3. **Helfen wir ihnen, die Person zu werden, die sie sind, ihr Potential zu entfalten, sich zu entwickeln usw.?** (Gegenteil: Manipulieren wir sie nach unserem Willen?) Wenn wir ihnen helfen, sich zu entwickeln, dann helfen wir ihnen, das herauszuwickeln, was sich darin (bereits) befindet, so lernen Leute auch, sich selbst zu „finden", weil es sich schon in ihnen be-FINDET. So wachsen sie.

Diese Fragen beziehen sich auf die **Selbstbestimmung*** des andern. Ich finde sie extrem hilfreich.

---

*Vgl. auch *Kontingenz* (unter „K" im ABC-Kapitel, Seite 47 ff.).

Exponentielle Wachstumskurven

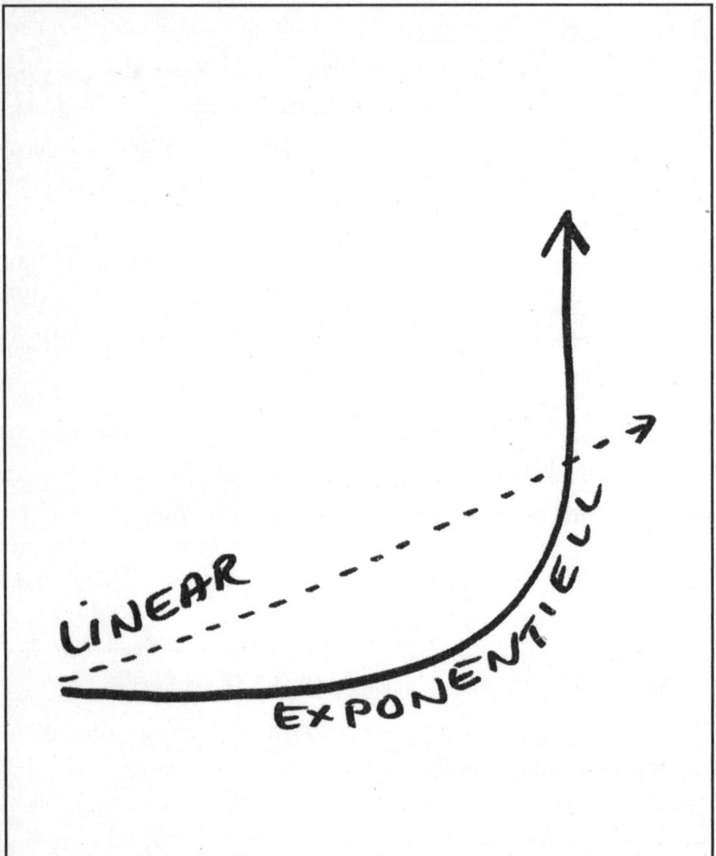

Im Gegensatz zu einer LINEAR ansteigenden Kurve mögen exponentielle Kurven flach beginnen, auch eine Weile flach weiterlaufen, **aber dann werden sie immer steiler** und steigen ab einem Punkt (kritische Masse) plötzlich an (bis zu senkrecht), z.B. wenn sie eine **regelmäßige Verdoppelung** anzeigen (s. Abbildung links).

Nun ist unser Denken auf exponentielle Kurven **nicht** eingerichtet, und bis vor kurzem schienen sie nur in der Welt der Mathematik zu existieren. Denn in der realen Welt traten sie sehr selten auf. Normales Wachstum ist LINEAR, Ausnahme ist erstens die Zellteilung bei Lebewesen in der ersten Phase dessen, was manche bereits als Leben bezeichnen. Aber das exponentielle Wachstum hört von alleine rechtzeitig auf, sonst würden z.B. unsere Gehirnzellen wachsen und wachsen und wachsen ... Die zweite Ausnahme ist Krebs: Kann der Organismus das exponentielle Wachstum nicht verhindern, dann geht der Organismus zugrunde. Aber außerhalb des Zellwachstums kannten die Menschen das Prinzip vor allem aus der Mathematik, bis wir auf die sogenannte **Bevölkerungsexplosion** aufmerksam wurden. Viele Warner sahen im Menschen das Krebsgeschwür des Planeten und schlugen drastische Maßnahmen vor – die Ein-Kind-Politik Chinas ist ein Beispiel dafür. Inzwischen ist erwiesen, daß (seit der Möglichkeit zur Geburtenkontrolle) alle Völker, deren Frauen lesen und schreiben können, von alleine weniger geburtenfreudig sind. Deutschland gehört zu den Ländern, in denen dieser Rückgang geradezu beängstigende Ausmaße angenommen hat.

Hielten die Warner den Menschen (mit seiner Bevölkerungsexplosion) für den Krebs des Planeten, so sieht der englische Mathematiker und Philosoph Peter RUSSELL das ganz anders. Er schlägt vor, den Menschen eher als metaphorisches Gehirn (Global Brain) zu sehen: Wenn er recht hat, dann müßte (nach einer Zeit des exponentiellen Wachstums) die Natur

Der französische Autor Emmanuel TODD zeigt diese Zusammenhänge in seinem Buch *Weltmacht USA – ein Nachruf* auf und liefert großartiges Zahlenmaterial für alle, die es genauer wissen möchten.

(Gott?) die Notbremse ziehen. Als RUSSELL das Konzept erstmals vorstellte, hielten es viele für vollkommen verrückt. Inzwischen wissen wir aber, daß Geburtenkontrolle und Alphabetisierung ganz automatisch zu dramatischen Geburtenrückgängen führen, also sieht es so aus, als könnte er doch recht haben.

Tatsache ist, daß mehr und mehr Entwicklungen derzeit in exponentielle Wachstumskurven eintreten, so daß man als Führungskraft ein „Gefühl" dafür entwickeln sollte. Deshalb wird es jetzt sehr spannend, wie nah/weit Ihre Schätzungen zutreffen oder „daneben" liegen. Ich hoffe, Sie sind angeschnallt? Viele meine Seminar-TeilnehmerInnen sind jetzt extrem erstaunt!

Aufgabe 1: ENTWICKLUNGs-ZEITEN – Auflösung

	Jahre	von – bis
1. Schreibmaschine	150	(1714 - 1864)
2. Mähdrescher	100	(1836 - 1936)
3. Leuchtstoffröhre	82	(1852 - 1934)
4. Kugelschreiber	50	(1888 - 1938)
5. Radar	46	(1887 - 1933)
6. Reißverschluß	32	(1891 - 1923)
7. Servolenkung	30	(1900 - 1930)
8. Fernsehen	29	(1907 - 1936)
9. Zellophan	26	(1900 - 1926)
10. Transistor	10	(1940 - 1950)
Alle Jahre zusammen:	**555**	

Der **Transistor** markiert den Zeitpunkt, als die Entwicklung von DINGEN (Gegenständen, Produkten, Technologien etc.) in die exponentielle Phase eintrat. Dies ist auch kein Wunder, wenn wir uns die Entwicklung von Ideen (vgl. MEMe, Seite 258 ff.) ansehen.

ein MEM 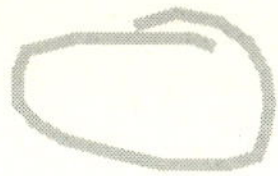 z.B. das RAD

Weil dieses **erste MEM** in die Welt gekommen ist, kann es wachsen und gedeihen; das heißt, andere werden Ideen entwickeln, die auf der Ur-Idee basieren. So gibt es viele verschiedene Vehikel zum Transport von Sachen oder Personen, die Räder benutzen (von der Schubkarre über die Kutsche bis zu Rädern, die letztlich auf Schienen laufen ...

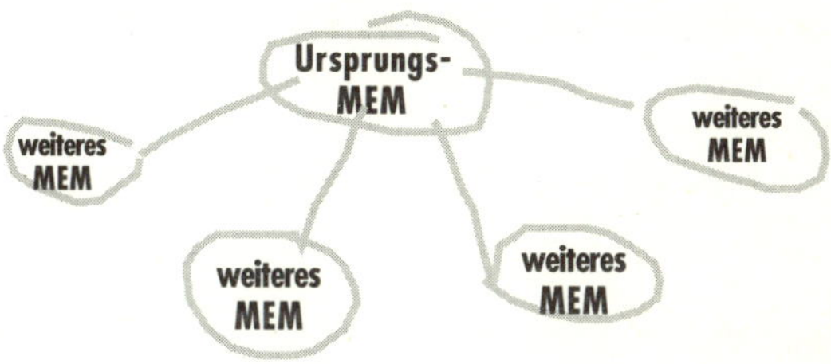

Aber hier hört es nicht auf (es hört niemals auf). Solange ein MEM aktiv ist, können weitere darauf aufgebaut werden. Nun kommt jemand auf die Idee des Zahnrades, und schon entsteht eine ganze „Horde" von Zahnrädern, vom Antrieb beim Fahrrad über Laufbänder, die über Walzen gleiten, die von Zahnrädern angetrieben werden, bis zu klitzekleinen Zahnrädern in Uhren bzw. noch weit kleineren, die (in der Nanotechnologie) nur noch die Größe einiger Moleküle (oder Atome) haben (werden) ... Aber all das hat nur einen Aspekt des RADES weitergetrieben, die anderen wurden noch gar nicht berührt ...

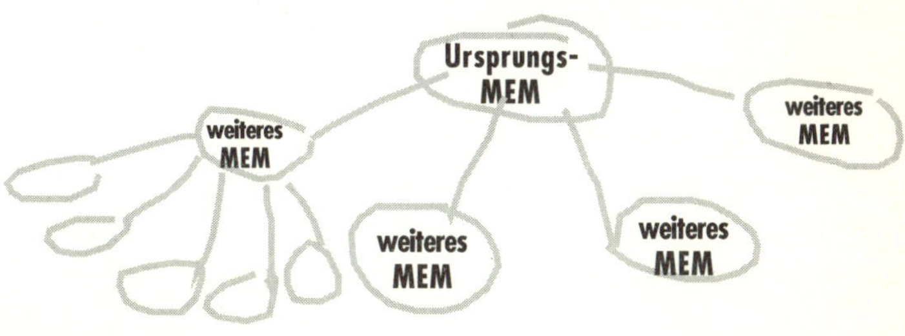

Einige werden sich weiterentwickeln, andere nicht, jedenfalls können bestimmte MEMe ab einem bestimmten Punkt exponentiell weiterwachsen.

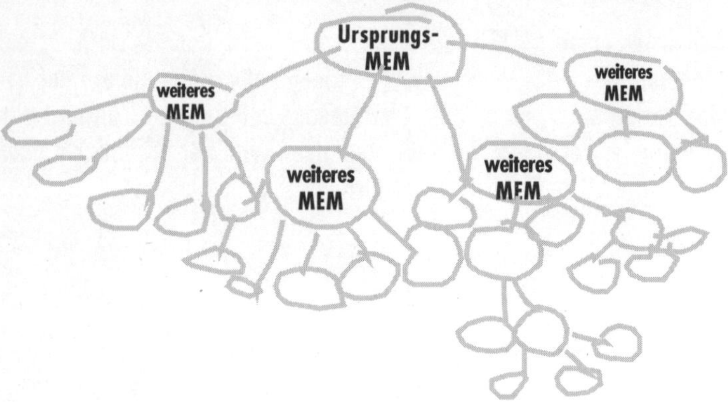

Aufgabe 2:
Exponentielles Wachstum – Auflösung

Beim (...) Mal hat der Stapel eine Höhe von:

Beim **11. Mal** über 1 Meter (genauer: 1,024 Meter)

Beim **21. Mal** über einen Kilometer (genauer: 1,05 Kilometer)

Beim **31. Mal** 1074 Kilometer (genauer: 1073,74 Kilometer)

Ab jetzt wird aufgerundet:

Beim **35. Mal** 17 **Tausend** Kilometer

Beim **55. Mal** 18 **Milliarden** Kilometer

Beim **65. Mal** 18 **Billionen** Kilometer

Beim **75. Mal** 19 **Billiarden** Kilometer

Beim **85. Mal** 19 **Quadrillionen** Kilometer

Beim **95. Mal** 20 **Quintillionen** Kilometer

Wir befinden uns inzwischen außerhalb des bekannten Universums.

Wir sahen oben, wie MEMe sich exponentiell entwickeln können. Dasselbe passiert immer, wenn wir LERNEN. Alles, was wir (jeweils pro Thema) lernen, können wir unter diesem Gesichtspunkt sehen: Anfangs fällt es uns noch schwer, deshalb sagt der Volksmund ja, aller Anfang sei schwer (aber eben nur der Anfang)! Manche geben dann auf und halten das Thema für „schwierig", andere suchen bessere Methoden und lernen z.B., gehirn-gerecht vorzugehen. Wenn wir eine gewisse Menge über ein Thema gelernt haben, wird es etwas leichter, weil neue Fakten in vorhandene „eingehängt" werden können. Bald kommt es zur ersten **Wissens-Verdoppelung**. Die nächste wird leichter, wenn wir am Ball bleiben, und bald sehen wir immer schnellere weitere Verdoppelungen: Die Kurve ist exponentiell geworden. Und so ähnlich ist es mit dem **Wissen der Menschheit** natürlich auch. Deshalb nennen wir die Phase, in der wir uns derzeit befinden, post-industriell. Ob es **noch** ein Informations- oder **schon** ein Wissens-Zeitalter ist, darüber kann man streiten. Aber es ist die **Ära der Kopf-ArbeiterInnen**, daran gibt es keinen Zweifel! Deshalb habe ich Kopf-Techniken entwickelt, die uns in drei Aspekten helfen:

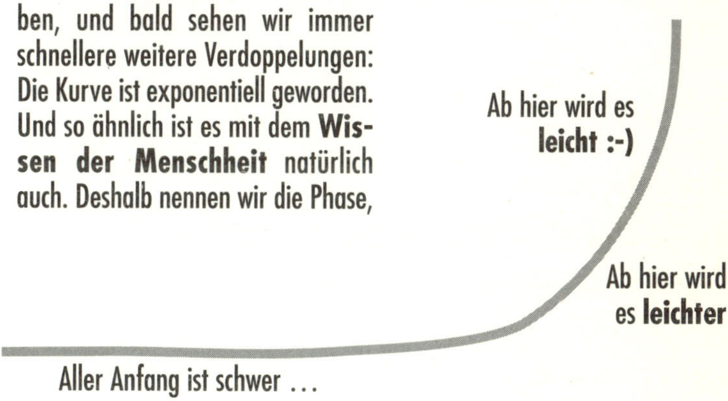

1. neues Wissen leicht „anzusammeln"

2. vorhandenes Wissen „auszubauen"

3. „altes" Wissen „anzuzapfen"

Aufgabe 3: Das Gegenteil der „HALBWERTs-ZEIT" von Wissen? – Auflösung

Sind Sie gespannt, wie weit entfernt Sie unter Umständen von ANDERLAs Zahlen liegen (s. Seite 35)?

Im Jahre null haben wir einen JESUS (s. Seite 35). Wobei es das Jahr null genaugenommen nicht gibt. ANDERLA meinte übrigens, daß die Verdoppelung davor ungefähr **3600 bis 4500** Jahre gedauert hat.*

1500 haben wir zwei JESUSe. Erste Verdoppelung in 1500 Jahren. Jetzt wird es spannend:

1750 haben wir die nächste Verdoppelung und demzufolge jetzt **4 JESUSe**. Die nächste Verdoppelung ist also schon wesentlich schneller.

1900 = 8 JESUSe

1950 die nächste Verdoppelung, also **16 JESUSe**

1960 die **nächste Verdoppelung**

Bitte registrieren Sie ganz bewußt: **In zehn Jahren** eine **weitere Verdoppelung**, nachdem die erste 1500 Jahre dauerte.

1967 Nur **7 Jahre später** haben wir **64 JESUSe**.

Hier hörte die ursprüngliche Studie auf. Aber andere Wissenschaftler haben inzwischen weitergerechnet und streiten sich darum, um wieviel schneller das Wissen sich nun weiterhin verdoppelt. Dabei hängt es stark davon ab, welche Wissenszweige (wörtliche Bedeutung von Branche = Zweig) man dabei besonders im Auge hat. Im Bereich der Elektronik ist das Tempo atemberaubend, aber bei Molekularbiologie, Genetik etc. auch nicht gerade langsam. Alles in allem können wir von grob 6 Jahren ausgehen, auch wenn manche Computerleute lieber von 6 Monaten reden.

---

*Natürlich kann sein Ergebnis auch nur eine Schätzung sein, aber eine, die nach vielen Jahren der Forschung doch wohl einigermaßen treffend sein dürfte.

Bei einer konservativen Schätzung von 6 Jahren sähe die weitere Entwicklung in etwa wie folgt aus:

1973 also **6 Jahre später,** haben wir **128 JESUSe**

1979 haben wir **256 JESUSe**.

1985 haben wir **512 JESUSe**.

1991 überschreiten wir das erste Tausend – **1024 JESUSe.**

1997 haben wir **2048 JESUSe**.

2003 haben wir **4096 JESUSe**.

2009 werden wir **8192 JESUSe** haben.

Vielleicht hilft Ihnen das, wenn es gilt, Leute zum Lernen zu animieren? Im Notfall unbedingt gehirn-gerechte Wege anbieten.

Falls Ihre Leute besonders lernfaul sind, trösten Sie sie:

1. Zwar wächst das Wissen der gesamten Menschheit immens, aber das bedeutet auch, daß der EINZELNE weit leichter Infos findet, die er braucht.
2. Es gibt heute extrem bequeme „Nicht-lern"-Arten des Lernens (vgl. meine Bücher *Trotzdem LEHREN* und *Trotzdem LERNEN*) – es war noch niemals in der Menschheitsgeschichte soooooooooo leicht!

HERZBERG MAL ZWEI

1. KITA und Karotten-Methode

Frederic HERZBERG schuf zwei wesentliche Denk-Modelle, die alle Führungskräfte kennen sollten. Beginnen wir mit dem bekannteren der beiden: Im Mittelpunkt steht ein metaphorischer Esel, dem wir einen Tritt in den Allerwertesten verpassen (KITA*) oder die sprichwörtliche Karotte. Dabei handelt es sich um einen PUN (= die Art von Wortspiel, das die Angelsachsen lieben): KITA = für KICK IN THE ASS; „ass" bedeutet jedoch **sowohl** Esel **als auch** „Arsch", aber selbst dieser enthält eine weitere doppelte Bedeutung: einerseits Körperteil, auf dem wir sitzen, andererseits, was wir Deutschen als „A... mit Ohren" bezeichnen. Damit ist HERZBERGs metaphorischer Esel, den wir treten oder mit der Karotte locken wollen, weit **vielsagender** (im Wortsinn), als man dachte.

Die Metapher ist also der Esel, der nicht an das von uns gewünschte Ziel gehen will und den wir treten, um ihn ans Ziel zu „drücken". Dabei kennen wir doch das entsprechende Gesetz (Druck erzeugt immer Gegen-Druck). Also wird man mit KITA vielleicht **kurzfristig** eine Schlacht gewinnen können, aber dabei **Gegner erzeugen** und den daraus resultierenden Krieg letztendlich in der Regel verlieren. Selbst wenn es gelingt, Zwangsmaßnahmen aufzubauen, die eine Weile funktionieren, hat man doch niemanden „positiv motiviert". Deshalb nennt HERZBERG es „negative Motivation". Dies ist kein Werturteil, sondern drückt lediglich aus,

*Die Wortschöpfung **KITA** =KICK IN THE ASS („Arsch" UND „Esel", s. TEXT).

daß es auf Dauer ineffizient ist und eben den Erfolg verhindert, den man doch anstrebt.

Denken Sie auch an die notwendigen **Kontroll-Maßnahmen**: Ob wir selbst kontrollieren oder andere (unsere StellvertreterInnen?) kontrollieren lassen, wir wissen: Bei KITA ist Kontrolle unbedingt notwendig, wir könnten sogar sagen: das K in KITA steht in meinem WORT-Bild sogar dafür:

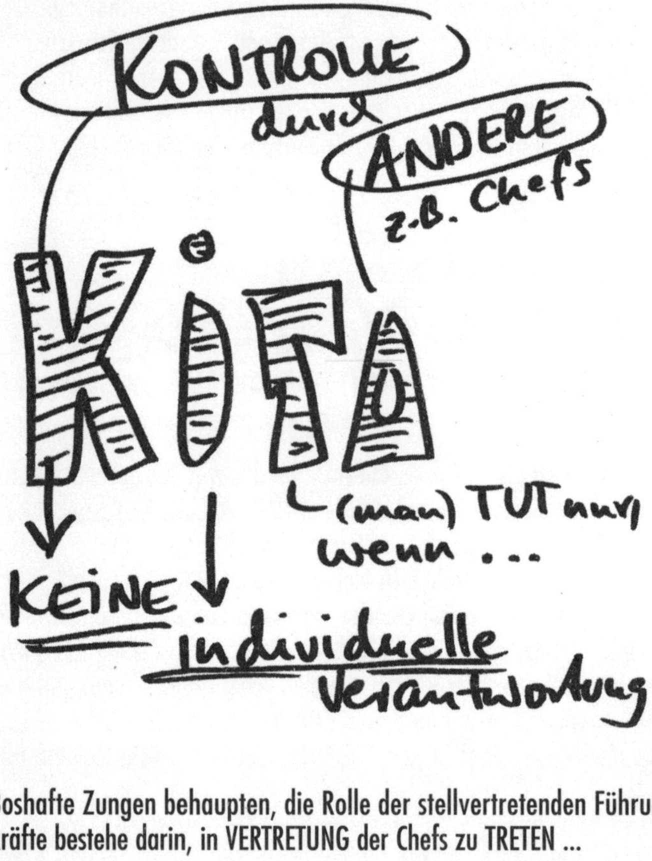

Boshafte Zungen behaupten, die Rolle der stellvertretenden Führungskräfte bestehe darin, in VERTRETUNG der Chefs zu TRETEN ...

K = **KONTROLLE**
I = **INVESTITION** AN ZEIT, ENERGIE UND NERVENKRAFT
T = **TRANSFER** (wir haben immer auch Vor-BILD-Funktion)
A = **ANSTRENGUNG!**

Deshalb amüsiere ich mich manchmal ein wenig, wenn Führungskräfte einerseits ganz klar auf KITA bestehen und andererseits (mit leicht weinerlichem Tonfall) darüber klagen, daß die Leute nichts tun, wenn man mal nicht kontrolliert. Das muß man begreifen, wenn man KITA anwenden will: **Wenn die Katze ausgeht, tanzen die Mäuse.** Aber diese Spielregel greift doch nur, wenn die Katze ein mächtiger Gegner ist, dem man in Abwesenheit **eins „auswischen" möchte**. Wenn MitarbeiterInnen derart auf ihre Führungskräfte „eingestellt" sind, dann ist dies doch ein Symptom des HERRSCHENDEN Prinzips, nicht aber die Ursache, wie die Befürworter von KITA immer behaupten!

Nun denken viele, daß wir vielleicht, statt KITA anzuwenden (vgl. die Peitsche), dem „Esel" lieber die KAROTTE (das Zuckerbrot) anbieten sollten?

Hier wird dem „Esel" die Karotte „vor das Maul gehängt", in der Hoffnung, daß ihm der Mund wäßrig wird und er nun an das von uns gewünschte Ziel gehen WILL. Manchmal frage ich in Management-Seminaren:

- Gehen MitarbeiterInnen GERNE ans Ziel, wenn sie die Karotte sehen?*

*Wir kommen an anderer Stelle wieder auf dieses Thema, vgl. INCENTIVES in *Das Pizza-Hut-„Book it!"-Programm*, ab Seite 90 und *Mitarbeiter-Beurteilung*, ab Seite 104, wobei diese beiden Textstellen bitte in dieser Reihenfolge gelesen werden sollten.

Hier **nicken die meisten**. Aber bedenken wir bitte: Die Karotte **soll Gehorsam bewirken**. Sie stellt also ein weit direkteres Pendant zum Fußtritt dar, als die meisten ahnen. Des weiteren kann sie doch nur motivieren, wenn der „Esel" **derzeit** APPETIT AUF KAROTTEN HAT. Macht er gerade eine Heu-Diät, dann pfeift er auf die Karotte ...

Im Klartext: Wenn wir unser Team in unsere **Vision** einbinden, wenn die Team-Mitglieder diese akzeptieren und selbst verwirklichen möchten, dann streben alle gemeinsam dasselbe Ziel an. Dann gehen alle freiwillig, weil sie das **wollen**. Dann braucht es weder Druck durch KITA noch verzweifelte Maßnahmen wie Karotten!

2. Motivatoren/Hygiene-Faktoren

Das zweite bahnbrechende Denk-Modell von HERZBERG bezieht sich auf folgende Tatsache: Lange dachten Manager (in der Frühphase des „modernen Managements"): Komisch, da geben wir den Leuten alles mögliche, um sie zu motivieren, und sie sind so undankbar, daß sie sich davon nicht motivieren lassen. Damals begann HERZBERG, mit Hilfe eines großen Fragebogens zu forschen, und nach Jahren stellte er fest, daß es zwei unterschiedliche Arten von Faktoren gibt, die man bislang in einen Topf geworfen hat.

Ich berufe mich in der kurzen Darstellung maßgeblich auf die Arbeiten meines Vaters, Michael Birkenbihl (1921 - 1993). Er hat sich sehr intensiv mit HERZBERG befaßt und es ausgezeichnet verstanden, das WESEN-tliche auf den Punkt zu bringen.

1. Hygiene-Faktoren
2. Motivatoren

Für die Hygiene-Faktoren ist allein die FIRMENLEITUNG zuständig. In einem Interview hatte HERZBERG die folgende Metapher angeboten: Angenommen, Sie besuchen mich und ich gebe Ihnen ein Glas Wasser zu trinken, in welchem ein Krankheitserreger ist. Dann werden Sie KRANK. Und wenn Sie später herausfinden, daß ich schuld war, werden Sie auch noch sauer auf mich. So ist das mit den Hygiene-Faktoren im Betrieb auch. Die Firmenleitung hat dafür zu sorgen, daß die Belegschaft nicht krank wird. Tut sie es aber, dann ist noch niemand motiviert! Um auf die Metapher zurückzukommen: Gebe ich Ihnen ein Glas Wasser ohne Krankheitserreger, dann werden Sie erstens (falls Sie gerade krank sind) nicht gesund, und zweitens finden Sie es SELBSTVERSTÄNDLICH. Das ist doch nicht der Rede wert. Sie bedanken sich natürlich auch nicht bei mir. Sie finden es normal. So auch im Betrieb: Wenn die Firmenleitung dafür sorgt, daß die Hygiene-Faktoren „hygienisch einwandfrei" sind, darf sie nicht erwarten, daß das auch nur eine Person positiv motiviert.

Achtung: Die Etiketten „positiv" und „negativ" bedeuten bei HERZBERG kein Werturteil, sondern positiv = effizient, erfolgreich; negativ = nicht effizient, nicht erfolgreich.

Dies sind die ersten sechs Hygiene-Faktoren (auf einer längeren Liste). Es folgt jeweils ein Faktor mit einem Kommentar von mir (mit „vfb" gekennzeichnet).

Die 6 wichtigsten Hygiene-Faktoren

1. **Firmen-Bürokratie**

   vfb: Fallbeispiel: Wenn ein Ingenieur seine Mittagspause opfert, um von seinem Gebäude am Ende des Firmenkomplexes zur Administration zu gehen, um dort ein Formular abzuholen, und wenn er dort erst einmal warten muß, weil da jemand seine Wurstsemmel essen will, und wenn er danach behandelt wird wie wir als BürgerInnen von zu vielen Behörden oder von Firmen mit Monopol-Stellung, dann kann es sein, daß er außerordentlich sauer reagiert. Vielleicht wird er die Story mehreren Leuten erzählen (die Schilderung gewinnt mit jedem Mal, am Ende ist eine regelrechte Kabarettnummer daraus geworden), und auch Jahre später steigt noch die Galle in ihm hoch, wenn er daran denken muß. Das meint HERZBERG mit Firmen-Bürokratie.

2. Informationen über das Unternehmen

vfb: Als ich ein Seminar mit MitarbeiterInnen von Unimog und Mercedes abhielt (lang lang ist's her), gab es eine Menge wilder Diskussionen: In jeder Pause, bei jeder Übung (wenn man draußen wartete, hereingerufen zu werden), selbst auf den Toiletten gab es nur ein einziges Thema: Werden wir an die Saudis verkauft? Keiner wußte Bescheid (auch nicht die Führungskräfte des mittleren Managements). Solange Firmen die Militär-Strategie fahren und nur nach dem sogenannten „need to know" informieren, gehen wertvolle Energien für wilde Spekulationen, Gerüchte und Schlimmeres verloren. Vor einem Jahr erlebte ich in einer Firma, daß die MitarbeiterInnen stundenlang im Internet surften, weil das Gerücht kursierte, daß die Konferenz (der Möchtegern-Übernehmer mit dem Top-Management) irgendwo im Internet als Videokonferenz zu sehen sei. Wiewohl die Wahrscheinlichkeit bei Null Komma etwas lag, wurde viel Zeit mit der Suche vergeudet. Merke: Wenn das Management der Belegschaft verschweigt, wohin man geht, gehen die Besten (die sich dieser „Krankheit" nämlich entziehen, ehe diese sie zerstört), während vor allem jene bleiben, die glauben, woanders eh nicht unterkommen zu können. Rechnen Sie sich aus, was dabei herauskommen wird, wenn Firmen nur fünf Jahre so weitermachen. Aber manche betreiben diese verfehlte Info-Politik schon seit Jahrzehnten ...

3. Führungs-Stil des Top-Managements

vfb: Hiermit meint HERZBERG neben der Info-Politik (s. Faktor 2) Aspekte, die viel zu selten in der öffentlichen Debatte auftauchen, z.B.: Soll ein Top-Manger wirklich 600 Mal mehr verdienen als ein Arbeiter? Verkaufen wir Landminen, weil es so ein lukratives Geschäft ist, Zivilisten (vor allem Kindern und Frauen) Arme und Beine abzureißen? Sind wir eine Organisation, die um menschliche Belange kämpft (wie die Kirche oder die Gewerkschaft), während wir unsere eigenen Mitarbeiter so behandeln, wie wir es anderen verbieten? Usw.

4. **Arbeitsbedingungen**
   vfb: Hier geht es um Fragen wie Großbüro, Einzelbüros, kann man Fenster öffnen und frische Luft atmen, werden die Nichtraucher vor den Rauchern geschützt etc. Hier hat sich in den letzten Jahrzehnten einiges getan ...
5. **Beziehungen zu KollegInnen**
   vfb: Die neuen Sweat Shops in Drittweltländern, in denen wir aus dem Westen unsere Textilien und Sportschuhe etc. fertigen lassen, verhindern z.B., daß die Mitarbeiterinnen (fast nur Frauen, bis auf das Aufsichtspersonal) Beziehungen knüpfen können. Besonders erfolgreiche Firmen stellen dafür Möglichkeiten zur Verfügung, z.B. Fitneßräume, in denen Mitarbeiter aus verschiedenen Abteilungen miteinander kommunizieren können. Je mehr Kommunikationsdrähte eine Organisation „kreuz und quer" durchziehen, desto gesünder ist sie in der Regel auch. Wie in der Natur ...
6. **Privat (Familie, Freunde)**
   Wenn Familien-Mitglieder ständig erleben, wie Vati, Mutti gestreßt oder „sauer" nach Hause kommen oder sie über die Firma meckern, werden sie ebenfalls klagen, wenn Überstunden anfallen oder die Firma anderweitig Hilfe benötigt.

   Übrigens: Wen wundert es, wenn so manche jungen Leute „null Bock" auf Arbeit haben, wenn sie nie glückliche Mitarbeiter als Vorbilder im Familienkreis erlebt haben ...?

Die MOTIVATOREN hingegen sind etwas ganz anderes. Erstens bewirken sie tatsächlich eine positive Motivation (daher der Name), zweitens sind dafür die unmittelbaren Vorgesetzten zuständig. Es kann sich also kein Chef damit herausreden, daß die Geschäftsleitung seine Abteilung demotiviere – wenn die Hygiene-Faktoren einigermaßen stimmen, liegt es am Teamleiter, wie die MitarbeiterInnen mitziehen. Übrigens sehen Autoren, die **betonen, kein Mensch könne andere motivieren** (da man nur De-Motivation verhindern könne), m. E. nur einen Teil des Bildes.

Natürlich können wir Menschen motivieren, wenn wir ihnen ZEIGEN, wie spannend, befriedigend etc. Arbeit sein kann!

Ich erlebe das z. B. in **Lernprojekten** mit Menschen, **die von sich glaubten, sie könnten absolut nicht lernen.** Menschen, die (sich) aufgegeben hatten. Sicher stimmt, daß andere Leute diese Menschen einst demotiviert hatten. Aber, wir können sie sehr wohl „re-animieren". Und das nenne ich positive Motivation (im Sinne HERZBERGs: positiv = effektiv). Nach wenigen Tagen sitzen diese Menschen be-GEIST-ert über Aufgaben, die sie am ersten Tag noch mit einem „Aaaah shit!" quittiert hatten, weil sie inzwischen (oft zum erstenmal in ihrem gesamten bisherigen Leben) er-LEBEN, wie **aufregend** es sein kann, einen (eigenen) Gedankengang eine Zeitlang zu verfolgen oder seine Assoziationen mit denen anderer zu vergleichen etc. Saßen diese Leute an Tag 1 wie ZOMBIES herum, ganz im Sinne ihrer Lehrkräfte und AusbilderInnen, die behauptet hatten, sie gehörten in eine SONDER-schule, so können diese Lehrpersonen nach einigen Tagen nicht fassen, was die ihnen Anvertrauten auf einmal LEISTEN KÖNNEN und wollen! Also:

Es ist sehr wohl möglich, Menschen zu motivieren! Allerdings NICHT mit jenen Reizen, die normalerweise als „Motivatoren" gehandelt werden.

Das sind nämlich die **Karotten** (s. Seite 129 f.). Solange wir Karotten vor der Schnauze von MitarbeiterInnen baumeln lassen, betrachten wir diese Leute als „Esel". Und nur wir denken, die würden das nicht merken. Ha! Deswegen sehen wir uns nun die echten MOTIVATOREN an, die Menschen wirklich motivieren. Wir müssen als Führungskräfte dafür sorgen, daß es unseren Leuten daran nicht fehlt. Das können wir vielleicht mit einem Gärtner vergleichen: Er „macht" die Blumen nicht wachsen, aber er sorgt dafür, daß sie sich entwickeln können, und er hilft im Einzelfall mit ein wenig Dünger nach ...

Menschengärtner motivieren ihre Leute, aber sanft und unauffällig und ohne jedes Incentive. Denn Wachstum geschieht, weil Wachsen das Natürlichste von der Welt ist (wenn nichts es VERHINDERT).

Die 6 wichtigsten Motivatoren

1. **Selbst-Aktualisierung**
   vfb: im Sinne von MASLOWs Stufe V. Damit meinte MASLOW, wenn man sich durch eine Aufgabe „findet" und „erfindet", wenn man in einer Aufgabe aufgeht, wenn man etwas für die Gemeinschaft tut, in der man lebt und arbeitet, also auch FÜR DIE FIRMA. Selbst-Aktualisierung zeigt enge Parallelen zum FLOW-Konzept von Csikszentmihalyi auf.
2. **Selbst-Realisierung**
   vfb: im Sinne von Maslow IV. MASLOW meinte: Je größer das Defizit in Stufe II (Sicherheit, was FREUD als Ur-Vertrauen bezeichnete) und Stufe III (soziale Beziehungen, Geborgenheit), desto größer ist das Bedürfnis, sich Anerkennung zu verschaffen, um das „Ich" nach AUSSEN gut zu präsentieren. Also geht es um Anerkennung, Status und Geltung in den Augen anderer. Ein/e kluge/r unmittelbare/r Vorgesetzte/r lenkt dieses Bestreben in den Wunsch, gute Leistungen zu vollbringen, indem diese anerkannt werden. Gelingt dies nicht, führt dies zu dem Wunsch nach Anerkennung um jeden Preis (das kann für eine Gruppe, Firma, Organisation extrem schädlich werden).
3. **Wichtigkeit der Arbeit oder Faszination und Reiz einer spannenden Aufgabe**
   vfb: Aufgaben sind z.B. wichtig, wenn Menschenleben oder Kundenzufriedenheit davon abhängen. Je stärker der Wunsch der MitarbeiterInnen ist, diese Ziele zu erreichen, desto motivierter bringen sie Leistung. Allgemeiner formuliert, finden wir jede Aufgabe spannend, die uns einen SINN bietet. Es ist jedoch im Zweifelsfall Aufgabe des/der unmittelbaren Vorgesetzten, Mitarbeitern bei dieser SINN-Suche zu helfen. Denn der SINN wohnt den Dingen nicht inne, er muß immer gefunden (notfalls erfunden, das heißt geschaffen) werden. Das ist ein kreativer Akt, zu dem wenige Führungskräfte fähig sind. Kein Wunder in einem Land, in dem die Förderung eigenständigen und kreativen Denkens (sowie die Anwendung von entsprechenden

Denk-Tools) in der Vergangenheit in Schule und am Arbeitsplatz ausdrücklich NICHT zur Zielstellung gehörte ...

4. **Verantwortung**
   vfb: Falls auch Sie glauben, die Menschen seien in der Regel eher nicht bereit, Verantwortung zu übernehmen, dann lesen Sie bitte den Abschnitt *McGREGORs Theorie X und Y* gleich (ab Seite 82)!
5. **Karrierechancen**
   Dies wird gern als Ausrede benutzt: „Bei uns gibt es keine guten Beförderungsmöglichkeiten, deshalb gehen die guten Leute weg!" Tatsache ist, daß die ersten vier Faktoren wesentlich wichtiger sind, sie machen das WESEN des Arbeitsprozesses aus. Ab jetzt begeben wir uns in das Gebiet der nicht sooooo wichtigen Faktoren, wenn die ersten vier Bedingungen stimmen.
6. **Entwicklungsaussichten**
   vfb.: wie bei 5, oben. Merke: Je weniger SINN man in der Arbeit FINDEN KANN, desto wichtiger werden alle anderen Aspekte.

Ich kann im Rahmen dieses Buches nicht allzu ausführlich auf dieses wichtige Teilthema eingehen, aber lassen Sie mich noch drei Aspekte hinzufügen:

- In den beiden Textabschnitten **PIZZA HUT** (ab Seite 90) und **Mitarbeiter-Beurteilung** (Seite 104 ff.) steht, was auch hier angefügt werden könnte. Es ist nicht immer möglich, Teilthemen mit sich überlappenden Meta-Kategorien nur **einmal** zu plazieren, wenn mehrere Einteilungen denkbar sind.
- HERZBERGs Motivatioren zeigen **null Incentives**, das heißt, er hat damals bereits „gepredigt", daß es vor allem die oben angedeuteten Faktoren sind, die MitarbeiterInnen motivieren Deshalb finden Sie auch das **GELD** in keiner der beiden Kategorien, und schon gar nicht unter den Top 5! Das Geld „hängt" in der **ursprünglichen** Darstellung bei HERZBERG in einer „Blase" zwischen beiden Kategorien, und zwar unterhalb des 6. Faktors. Mit den Worten von Michael Birkenbihl: „**Geld ist nur so lange wichtig, wie man MAS-**

LOWs Stufe I (das nackte Überleben) und **Stufe II** (Sicherheit, daß man auch morgen ein Dach über dem Kopf hat und die Kinder ernähren kann) **noch nicht abgesichert hat.** Danach **sollte** es eigentlich unerheblich werden, außer man braucht es, um STUFE IV **(Status, Macht, Geltung)** zu **KAUFEN**, da man am Arbeitsplatz nicht anerkannt wird bzw. keine Befriedigung durch die Arbeit finden kann." Recht hatte er!

- HERZBERG gehört zu den „Rufern in der Wüste", die als Prophet im eigenen Land lange überhört worden waren. Das Klima damals war zu „militaristisch". Hinzu kommt, daß damals (wie heute) die Absolventen der Elite-Universitäten, die Management „studiert" hatten, in der Regel aus der (dünnen) Oberschicht kamen und kaum bereit waren, in den Arbeitern (aus der Unterschicht, Minoritäten oder gar „afrikanischen" Amerikanern) Menschen zu sehen, die fähig wären, SINN in ihrer Arbeit und persönliche Erfüllung durch sie zu erfahren. So etwas schien nur ihnen vorbehalten zu sein ...

Es erhebt sich die Frage, wie es um Ihre Einstellung zu Ihren „Leuten" bestellt ist, das ist des Pudels Kern. Weit mehr als das, was Sie diesen Menschen vielleicht unterstellen. Halt! Sie doch nicht. Niemals (sorry). Aber vielleicht kennen Sie ja jemanden?

Gruppendynamik: Schlüssel zu erfolgreichen Meetings!

Wenn Sie häufig **Konferenzen** leiten (bzw. als Teilnehmer erleiden) müssen, kann dieser Abschnitt Ihnen helfen, so manchen Gruppen-Mechanismus plötzlich „glasklar" zu sehen und (als Leiter) weit besser zu steuern. In jeder Gruppe laufen bestimmte Prozesse ab, die jedoch **nur das geschulte Auge wahrnehmen** kann, da sie normalerweise UNBEWUSST bleiben. Für Sie als Führungskraft gilt: Je häufiger Sie Konferenzen abhalten (bzw. mit Gruppen verhandeln müssen), desto wichtiger ist die Information dieses Beitrages für Sie*.

Begriffs-Bestimmung: Gruppen-Dynamik?

Der Begriff „Gruppen-DYNAMIK" impliziert, daß es sich nicht um etwas handeln kann, das nach einer Weile statisch wird, weil sich in GRUPPEN eben ständig etwas „bewegt" (DYNAMIK). Viele Führungskräfte gehen fälschlicherweise davon aus, daß Gruppen nur am Anfang „brodeln" und daß nach einer Weile „Ruhe einkehren" wird. Dies ist leider ein gefährlicher Denkfehler, der für unendliche Zeitverluste bei Meetings und Konferenzen aller Art (auch jener mit Kunden!) verantwortlich ist! Grundregel Nr. 1 lautet: Egal wie klar die Struktur einer Gruppe heute zu sein scheint, das kann sich heute nachmittag bereits wieder ändern! Deshalb empfehle ich den ManagerInnen in meinen Seminaren, sie als LeiterInnen/ModeratorInnen von Gruppen müßten sowohl einiges von Gruppendynamik verstehen als auch fähig sein, strategische Maßnahmen zu ergreifen, die es ihnen ermöglichen, **gruppendynamisch geschickt vorzugehen.** Hier geht es um zwei Aspekte:

*In diesem Abschnitt werden einige Aussagen aus meinem Film *Das erfolgreiche Meeting* zitiert.

Erstens müssen Sie der Gruppe genügend „Raum" für Entwicklungsprozesse geben. **Zweitens** können Sie diese steuern, so daß **das eigentliche Anliegen der Konferenz** keinesfalls gefährdet wird.

Da wir daran gewöhnt sind, uns als Individualisten zu sehen, ist uns oft eine der wichtigsten „Spielregeln" für Gruppen nicht klar:

Jede Gruppe entwickelt eine Art „Gruppenseele", das heißt, die Gruppe agiert wie ein Gesamtorganismus.

Dabei befolgen alle Gruppenmitglieder gewisse Innergruppen-Spielregeln, die den einzelnen „Spielern" in der Regel völlig unbewußt bleiben!

Wollen wir uns einige dieser Prozesse kurz ansehen:

Die Hackordnung

Es geht um den Status **innerhalb der Gruppe.** Hier ergeben sich häufig Mißverständnisse: Wenn wir im Alltag von „Status" sprechen, dann denken wir meistens an den Status eines Individuums (vgl. Statussymbole). Hier will der einzelne in den Augen Dritter „gut wirken", und zwar als Einzelperson. Er möchte, daß die Nachbarn, Kollegen, Freunde etc. ihn achten und respektieren. Der Begriff „Status" im Rahmen einer gruppendynamischen Erörterung bedeutet hingegen: Man will **in den Augen der Mitglieder der eigenen Gruppe** „stark" wirken; man erhebt also **Führungsanspruch**! Bitte unterscheiden Sie daher:

Mit „Status innerhalb der Gruppe" ist **NIEMALS** der Status einzelner **Personen** gemeint!

So kann Herr X, der als Einzelwesen hohe Statusansprüche stellt, weil er von seinen Mitmenschen akzeptiert werden möchte (dickes Auto!), sich **in Gruppen** sehr zurückhalten, während Herr Y, **als Einzelmensch** eher bescheiden, in Gruppen führen will.

Übrigens mehren sich die Hinweise darauf, daß es sich beim **Führungsanspruch in Gruppen** um eine genetische Disposition handeln könnte. Auf alle Fälle haben 50 Jahre Führungstraining in den USA immer wieder klar gezeigt, daß es unmöglich ist, eine Person „umzupolen":

Wer in Gruppen (z.B. Freundeskreis, Schule, Arbeitsplatz, Club, Verein) in der Vergangenheit keinen starken Führungsanspruch gestellt hat, konnte auch durch Training nicht dazu gebracht werden, und umgekehrt.

Im Klartext: Wer prinzipiell als „Führungsnatur" angelegt ist, zeigt diese Qualitäten bereits im Vorschulalter. Diese Kinder „führen" schon als Vierjährige. (Alle mal herhören; wir spielen jetzt Verstecken!)

Übrigens ist der Begriff der Hackordnung innerhalb der Gruppe aus dem Hühnerhof übernommen. Dort konnte man diese Prozesse das erste Mal beobachten und begreifen (was ca. zwei Jahrzehnte gedauert hatte). Nachdem diese erste große Erkenntnis gewonnen worden war, ging es Schlag auf Schlag weiter, seit den 1950er Jahren ist Gruppendynamik ein klares Management-Thema in US-Firmen und Trainings gewesen. Als ich Ende 1972 nach Europa zurückkehrte, stellte ich fest, daß hier noch so gut wie niemand „eingeweiht" war. Aber was viel schlimmer ist: Heute, ein Vierteljahrhundert später, ist das noch immer so.

Rollenverteilung: starke/schwache Rollen

Es gibt gruppendynamisch **STARKE** und **SCHWACHE Rollen**. „Stark" und „schwach" bezieht sich ebenfalls nicht auf die Persönlichkeit der einzelnen (vgl. oben), sondern auf die ROLLE, die sie in der Gruppe spielen. So kann z.B. eine **starke Persönlichkeit** sich in einer Gruppe sehr zurückhalten und eine **GRUPPENDYNAMISCH SCHWACHE** Rolle einnehmen, oder umgekehrt. Paradebeispiel ist der Pantoffelheld, der in Clubs, Vereinen etc. den Obermacher mimt, aber zu Hause nichts zu sagen hat.

Starke Rollen:
Personen mit gruppendynamisch STARKEN ROLLEN bestimmen die **Struktur** und die **Machtverhältnisse** innerhalb der Gruppe. Sie sind maßgeblich an den bewußten (wie unbewußten) Entscheidungsprozessen ihrer Gruppe beteiligt. Beispiel: Der **inoffizielle Gruppensprecher**. Das ist ein Mensch, der nach außen hin **für** die Gruppe sprechen **darf**. Im Gegensatz zum **Beliebtesten**, an den sich alle gerne mit ihren Sorgen und Nöten wenden (eine sozial wie gruppendynamisch starke Rolle), der also von vielen (allen) Teilnehmern der Gruppe auf einer Eins-zu-Eins-Basis respektiert wird, wiewohl er die Belange der Gruppe nach **außen** hin **NICHT** vertreten darf.

Schwache Rollen:
Gruppendynamisch schwach ist z.B. die Rolle des **Nesthäkchens**. Dieser Begriff beschreibt den Jüngsten in der Gruppe, der noch keinen hohen Status haben kann. Gruppendynamisch schwach ist auch die Rolle des **Gruppentrottels**. Dieser leider irreführende Begriff beschreibt das Gruppenmitglied mit der geringsten **Leistung**! Manchmal (insbesondere in kleinen Gruppen) fallen **mehrere** Rollen auf **eine** Person. So KANN z.B. in einem Firmenteam der Beliebteste oder der (von der Leistung her) Gruppenbeste **gleichzeitig** der inoffizielle Gruppensprecher werden – das **muß** aber nicht so sein.

Merke:

Je **kleiner** die Gruppe ist, desto weniger Personen gibt es, auf die sich die (immer auftauchenden) Rollen zwangsläufig verteilen müssen. Die beiden Hauptgründe, warum Sie als LeiterIn eines Meetings so viel wie möglich über diese Prozesse wissen müssen, sind:

1. Wenn eine Gruppe **intern in Unordnung** geraten ist (z.B. weil ein neueres Mitglied sich mit dem derzeitigen inoffiziellen Führer heimlich – meist unbewußt – um die Machtposition streitet), **dann werden diese Prozesse jedes konstruktive Gespräch im Meeting vereiteln**, bis diese Prozesse (für heute!) abgeschlossen sind.

Eine der wichtigsten gruppendynamischen „Spielregeln" lautet: Gruppendynamik zuerst, Sachfragen danach! Da die Gruppe ja wie ein Organismus operiert, ist das eigene Befinden **als Gruppe** im Zweifelsfall (unbewußt!) immer weit wichtiger als das Thema, das der/die Chef/Chefin heute besprechen will!

2. Wenn Sie es mit **Ad-hoc-Gruppen** zu tun haben, das heißt mit Leuten, die **jetzt** in diesem Meeting (vielleicht sogar zum erstenmal) in **dieser Zusammensetzung** tagen, dann müssen Sie wissen, daß oben beschriebene Prozesse **unbedingt** ablaufen werden! **Ehe** die Gruppe (unbewußt!!!) **weiß**, wer ihr inoffizieller Sprecher sein wird, das heißt, wer den höchsten Status innerhalb der Hackreihe genießen wird, **kann nicht gearbeitet werden** (s. oben).

Deshalb müssen Sie diesen Prozeß zunächst **ablaufen lassen**. Es gibt jedoch eine **Technik**, mit deren Hilfe Sie dafür sorgen können, daß der Prozeß erstens schneller abläuft und zweitens in einer Weise, die Ihr eigentliches Thema oder Anliegen nicht gefährdet.

Statuskämpfe werden in Kindheit und Jugend oft eher körperlich, später aber „dezenter" ausgefochten. Daher müssen Sie wissen:

Erwachsene tragen diesen Kampf auf einer „höheren" Stufe (symbolisch) aus; nämlich durch **Verfahrensfragen**!

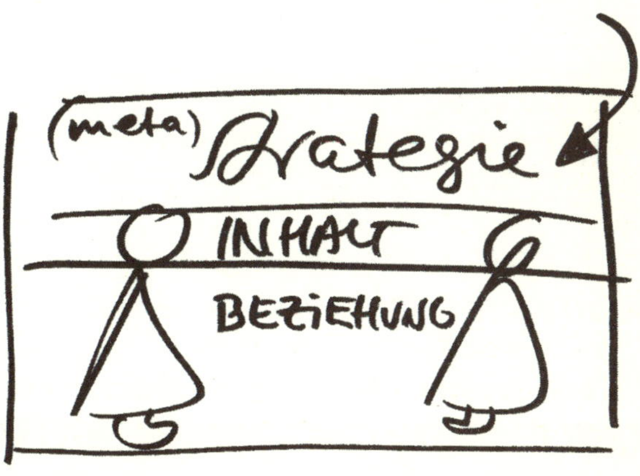

Wenn Sie sich an Konferenzen zurückerinnern, in denen „endlos gelabert" wurde, dann werden Sie sich auch erinnern, daß es **immer um Verfahrensfragen** ging. Dabei gilt die nächste Regel:

Wiewohl Statusfragen **immer** an Verfahrensfragen „aufgehängt" werden, ist **nicht jede** Verfahrensfrage immer auch ein Status-Kampf.

Der Umkehrschluß darf also nicht gezogen werden. Trotzdem sind viele Verfahrensdebatten in Meetings letztlich Status-Kämpfe. Beispiel:

A: Ich schlage vor, wir gehen die einzelnen Statements auf der Liste einmal gemeinsam durch und ... (stellt den ersten Statusanspruch).

B: Aber Herr Kollege, ich bitte Sie! Wir sind doch nicht in der Grundschule! Schließlich können wir doch alle selber lesen ... (stellt einen Gegen-Anspruch).

C: Wenn die Liste rechtzeitig verfügbar gewesen wäre (bedeutungsvoller Blick auf die Person, die dafür zuständig war), dann hätten wir sie bereits vorab lesen können (grundsätzliche Anerkennung des **Status** von SprecherIn B).

D: WENN mein Vater Millionär gewesen wäre! Was soll denn das, Frau C! Die Liste war nicht da, basta! Wir sollten sie jedenfalls gemeinsam durchgehen ... (Anerkennung des Statusanspruchs von A).

B: Vielleicht möchten Sie die Liste als Oberlehrer auch noch laut verlesen, Herr D? Kindisch ist das! (Wem stimmt er zu? Das heißt, welche Rolle in der GRUPPE stärkt er?)

E: Ich finde auch, daß wir die Liste gemeinsam durchgehen sollten (und noch eine Anerkennung für die Position von A ...).

Und so geht es weiter, bis die Gruppe sich intern abgeklärt hat!

Je wichtiger Ihnen als LeiterIn das Thema war, das die Gruppe jetzt „zerreißt", um ihre Gruppenprozesse (unbewußt) abzuklären, desto wichtiger ist, daß Sie strategische Maßnahmen ergreifen (s. Seite 145), die das verhindern ... Natürlich können wir das Thema Gruppendynamik hier nicht erschöpfend behandeln, aber diese Infos dürften helfen, **meine Antworten auf die folgenden Fragen nachvollziehen zu können.** Es gibt natürlich viele faszinierende Aspekte, über die wir hier nicht gesprochen haben, z.B. Signale, die eine Gruppe an den offiziellen Leiter sendet, wenn sie interne Probleme hat bzw. wenn sie mit ihm nicht zufrieden ist ...

FAQ.s zur Gruppendynamik: Die häufigsten Fragen aus dem Seminar

1. Können wir verhindern, daß die Gruppe unser Anliegen durch Statuskämpfe „zerredet"?

Antwort: Ja. Stellen Sie zunächst eine bestimmte Art von Frage, die ich als **STRATEGISCHE VERFAHRENSFRAGE**© bezeichne. Dabei handelt es sich um eine ganz besondere Art der Verfahrensfrage:

Eine **STRATEGISCHE VERFAHRENSFRAGE** ist eine Verfahrensfrage, **deren Ausgang für Sie persönlich unwichtig ist** (z.B., ob man später im Haus oder im benachbarten Restaurant essen möchte).

Nun kann es sein, daß die Gruppe vehement zu diskutieren beginnt, weil sie (zumindest heute) gruppendynamisch nicht im reinen ist. Hätten Sie das Meeting gleich mit Ihrem eigentlichen Anliegen eröffnet, dann wäre dieses genauso „zerredet" worden! Wird die Verfahrensfrage hingegen innerhalb kürzester Zeit „abgehakt", so gibt Ihnen das die Gewißheit, daß Ihre wichtigen Anliegen heute NICHT wegen gruppendynamischer Prozesse gefährdet werden.

Jetzt können Sie also zum eigentlichen (ersten) Thema des heutigen Treffens kommen.

2. Wie viele Teilnehmer hat das ideale Meeting?

Grundsätzlich: je weniger, desto effektiver. Vier bis sechs Teilnehmer können sehr konzentriert und kreativ arbeiten. Größere Gruppen vergrößern natürlich auch das Risiko von gruppendynamischen Statuskämpfen, Schwaflerei, Wichtigtuerei etc., insbesondere bei Gruppenmitgliedern, die kaum gefordert werden, weil sie bei diesem Meeting von der Sache her überflüssig gewesen wären.

Ist Ihr Team klein (< 12 Personen), dann können Sie die ganze Gruppe zusammenbitten. Andernfalls wäre es günstiger, wichtige Besprechungen in Teilthemen aufzusplitten bzw. statt einer Konferenz (einem Meeting) eine „Tagung" auszurichten. Denn die Begriffe „Konferenz" und „Meeting" suggerieren eher einen kleineren Teilnehmerkreis, bei dem alle Anwesenden (mehrmals) zu Wort kommen können.

3. Führen oder moderieren?

Wir müssen unterscheiden zwischen einer Person, die eine Konferenz im klassischen Sinn des Wortes „führen" leitet, und einem Moderator. Sollen sich die einzelnen Konferenzteilnehmer möglichst frei äußern, dann darf der Leiter nur **moderieren**. Dabei muß er seine eigene Meinung vorher, während und nach dem Meeting „außen vor" lassen (was den wenigsten Führungskräften gelingt).

Ein „Führer", der die Konferenz als offizieller Leiter autoritär „leitet", kann und darf hingegen jederzeit klar sagen, was ihm wichtig ist. Es sollte dabei allerdings klar sein, **daß** er mögliche Reaktionen der Teilnehmer dadurch drastisch einschränkt. Aber dies kann ja bewußt gewünscht werden ...

4. Welche Sitzordnung sollen wir wählen?

Haben Sie schon einmal überlegt, warum so viele „runde Tische" genaugenommen eckig sind? Merke:

Wird die klassische Sitzordnung gewählt (LeiterIn nimmt eine gesonderte oder exponierte Stellung ein, z.B. am Kopfende eines langen Tisches), wird die „alte" innere Haltung (Chef befiehlt ...) körpersprachlich vorprogrammiert.

Der Grund hierfür liegt im sogenannten KÖRPERGEDÄCHTNIS. Unabhängig von den Inhalten in unserem Kopf gibt es ein separates Gedächtnis des Körpers, man vermutet es im Kleinhirn, auf alle Fälle können wir davon ausgehen, daß es sich dem bewußten Denken entzieht. Wenn ich z.B. ein Klavierstück beginne, das ich vor über drei Jahrzehnten gelernt und seither (fast) nie mehr gespielt habe, dann kann ich es nur im alten Tempo „blind" spielen, weil meine Finger „wissen", welche Tasten sie greifen müssen, ich als Gehirn-Besitzer habe keine Ahnung. Daher kann ich nicht langsamer oder gar BEWUSST spielen, nur als AUTOMAT, bis ich das Stück neu lerne. So ähnlich ist es auch hier. Wenn Menschen sich körperlich in ALTEN Situationen wiederfinden, reagieren sie wie einst, z.B. als Befehlsempfänger ... Übrigens wurde die „alte" Form des Meetings bewußt gewählt (seit dem Altertum!), denn sie verhindert u.a., daß die Leute sich frei miteinander unterhalten können, wenn sie an einem (eher langen, schmalen) **rechteckigen** Tisch **nebeneinander** (wie die Hühner auf der Stange) sitzen müssen. Bei dieser Tischordnung kann man einigermaßen mit den beiden unmittelbaren Nachbarn rechts und links, wirklich bequem mit zwei bis drei Personen gegenüber reden. Personen auf derselben Tischseite können kaum direkt angesprochen werden. Wenn man das versucht, dann müssen TeilnerhmerInnen, die dazwischen sitzen, sich ständig vor- oder zurücklehnen.

Preisfrage: Warum sitzen unsere Abgeordneten wie in der Schule, so daß sie sich gegenseitig nicht (kaum) sehen können, während man in der UN einen großen Kreis gewählt hat? Natürlich sitzen auch dort die „Hinterbänkler" hinter ihren Vorgesetzten, aber die derzeit aktiven Mitglieder können einander alle sehen und zumindest ihre Reaktionen beobachten. Spannend, gell?

Im GEGENSATZ zu einem runden (ovalen) Tisch (oder einem offenen „U" bzw. einem großen Kreis oder Oval), an dem **jeder jeden gleichermaßen gut sehen und direkt ansprechen** kann.

5. Warum dauern manche Meetings so lange?

Hierfür gibt es mehr Gründe, als ich hier aufzählen kann. Von der Inkompetenz vieler Anwesender, die lieber „ewig" herumschwafeln, als zuzugeben, daß sie (noch) nicht genug wissen, über die Macht-Spielchen einiger, die per MONOLOG andere rigoros „niedermachen", wie man in vielen Talkshows beobachten kann, bis zu den Leuten, die sich profilieren wollen.* Die häufigsten Gründe aber sind:

- **Weil klare Ziele fehlen.**
- **Weil die Eingeladenen vorab meist nicht erfahren ...**
  a. worum es **heute** gehen soll,
  b. welche vorbereitenden Gedanken sie sich bereits vorab machen könnten,
  c. was sie an unterstützenden Unterlagen mitbringen können und
  d. wer in ihrer Abteilung sicherheitshalber telefonisch „Gewehr bei Fuß" stehen sollte, falls sich während des Meetings Fragen ergeben.
- **Weil gruppendynamische Prozesse unerkannt ablaufen** (und somit viele firmenintern wichtige Verfahrensfragen auf dem Altar der Statuskämpfe geopfert werden).
- **Weil Menschen, denen man allgemein zu wenig Anerkennung für ihre Arbeit zollt, sich lieber negative Anerkennung holen** (z.B. durch lange Co-Referate in Meetings oder durch routinemäßiges Zuspätkommen).

Im Klartext: Wenn Sie Ihre Leute regelmäßig positiv anerkennen, haben Sie vollautomatisch (als Nebeneffekt) weit effizientere Meetings. (Vgl. auch die nächste Frage!)

---

*Vgl. hierzu auch das Buch von SCHWANITZ: *Männer, eine Spezies wird besichtigt,* insbesondere die Abschnitte *Der Monolog* und *Die Männerhorde.*

6. Warum kommen immer dieselben zu Wort?

- Weil nur ein Führer, der wirklich **moderieren** kann, dies verhindern würde (und weil nur wenige Führungskräfte dazu fähig sind)!
- Weil Leute, die sich **zuwenig anerkannt** fühlen (s. Frage 5, links), Meetings gerne zur Selbstdarstellung mißbrauchen.
- Weil Konferenzteilnehmer, die **rhetorisch NICHT geschult** sind, lieber die Schwätzer reden lassen, als ihre eigenen (vielleicht sogar brillanten) Gedanken stammelnd oder unsicher vorzutragen ...
- Weil Konferenzteilnehmer, die sich mit den **Zielen der Firma oder Abteilung nicht identifizieren**, gar keine Lust haben, sich zu äußern. Sie sind also froh um jeden anderen, der engagiert redet und damit die Aufmerksamkeit von ihnen ablenkt. Dadurch senden sie (unbewußte) positive körpersprachliche Unterstützungs-Signale an die Vielredner, womit deren Tendenz, sich regelmäßig (oder langatmig) zu äußern, verstärkt wird.

7. Wie kann man pünktlich anfangen?

Es gibt zwei Ursachen für den regelmäßigen verspäteten Beginn von Meetings.

URSACHE Nr. 1: Ein/e TeilnehmerIn kommt regelmäßig zu spät ...

Häufiger Grund: Negative Aufmerksamkeit. Herr oder Frau Immerspät signalisieren durch ihr Zuspätkommen, daß Dinge außerhalb dieses Raums höhere Priorität haben als das Meeting.

GEGENMASSNAHME: Hecken Sie mit der Gruppe **gemeinsam** Maßnahmen gegen Herrn oder Frau Immerspät aus. Das macht allen Betroffenen Spaß und ist psychologisch weit klüger, weil hier der **Gruppendruck** zur **Erziehungsmaßnahme** wird. Teilnehmer beugen sich weitaus lieber dem Gruppendruck, als irgendwelchen „erzieherischen" Maßnahmen des offiziellen Leiters nachgeben zu müssen. Gruppen können ihre Mitglieder aus zwei Gründen weit besser maßregeln, als Führungskräfte dies je könnten:

1. Wenn der offizielle Leiter (die offizielle Leiterin) einer Gruppe (ob LehrerIn oder Führungskraft) ein Mitglied der Gruppe vor allen anderen maßregelt, besteht immer die Gefahr, daß die Gruppe sich solidarisiert und nun „aus Prinzip" gegen die Leitung „anstinkt". Hier geht es nicht um die Sache, sondern um einen (weiteren) gruppendynamischen Prozeß: Egal wie rauh die Umgangsformen der Mitglieder untereinander sein mögen, es darf kein Außenseiter ein Gruppenmitglied verletzen, angreifen etc. Ausnahme: Die offizielle Leitung ist **gruppendynamisch immer Außenseiter** (was die meisten Führungskräfte nicht ahnen!) und kann daher, ohne dies zu wollen, den **gruppeninternen Schutz-Mechanismus** auslösen. Deshalb empfehle ich meinen Klienten den strategischen Ansatz, **die Gruppe zur Selbsterziehung „einzuladen"**! Er ist weit sicherer für Sie: Erstens lösen Sie das Problem so (fast immer) am besten, und zweitens wird Ihre Position als offizielle Leitung keinesfalls angegriffen!

   Ausnahme sind Gruppen, in denen starkes Mobbing stattfindet, hier haben in der Vergangenheit große Verletzungen in der Gruppe zu selbstzerfleischendem Verhalten geführt. Hier werden schwächere Mitglieder zu Sündenböcken gemacht ...

2. Wie Judith HARRIS in ihrem Buch *The Nurture Assumption* (dessen irreführender deutscher Titel seinen Erfolg in Deutschland verhindert* ausführt, **werden Menschen in weit höherem Maß von den PEERS, also** den sozial gleichgestellten Nachbarskindern, SchulkameradInnen, KollegInnen etc. **ge-FORMT** (erzogen), als man früher angenommen hatte. (Dies ist ein weiterer Indikator für unsere Fähigkeit, zeit unseres Lebens weiterzulernen.) Deshalb können die **KollegInnen einander hervorragend erziehen**, wir müssen ihnen nur die Gelegenheit dazu bieten.

---

*Der deutsche Titel *Ist Erziehung sinnlos?* hält leider nicht nur Eltern, sondern auch Führungskräfte davon ab, dieses wichtige Werk zu lesen. Da HARRIS flott schreibt und ausgezeichnete Argumente vorbringt, ist dies ein großer Verlust ...

Einige **Fallbeispiele** sollen dieses Prinzip illustrieren:

1. In einer Gruppe wurde der **Stuhl** des Immerspät **vor die Türe gestellt** (im Wortsinn), so daß er sich **nicht** beiläufig hinsetzen konnte, wenn er zu spät erschien ... Dies konnte er jedoch verhindern, indem er seinen Platz rechtzeitig einnahm.
2. Eine Gruppe entschied sich, das Meeting auf englisch zu halten, da der Säumige diese Sprache als einziger nicht beherrschte (als Bewohner der sogenannten „neuen Bundesländer" hatte er in der Schule Russisch, später freiwillig Polnisch und Tschechisch gelernt und nun, vor kurzem, erst mit Englisch angefangen). Dieser Mann berichtete mir später in einer Seminarpause davon und sagte: „Erstens kam ich nie wieder zu spät, und zweitens hat mich dies ungemein motiviert, mit Englisch weiterzukommen." Dann stellte er auf die Birkenbihl-Methode um und reiste bereits ein dreiviertel Jahr später erstmals für die Firma nach Pakistan, wo man ohne Englisch nicht klarkommt.
3. In einem anderen Team beschlossen die Teilnehmer, Frau Immerspät mit einem **lauten Beifall** von mindestens 20 Sekunden Länge zu begrüßen.
4. Eine Gruppe traf die Entscheidung, jedes Meeting in Zukunft **mit der Besprechung der Abteilung des säumigen Gruppenleiters zu beginnen**; er lernte sehr schnell, vor der Zeit zu allen Meetings zu erscheinen ...
5. Eine weitere Gruppe hängte dem säumigen Kollegen ein **Schild an den Rücken**. Darauf stand: „Ich bin derjenige, der bei jedem Meeting zu spät kommt." Damit lief er den ganzen Nachmittag durch die Firma. Auf seinem PC fand er den Hinweis als firmeninterne e-mail: „Das war heute nur der 1. Akt, weitere gewünscht? Wenn nicht, bitte ab jetzt WIE ALLE ANDEREN pünktlich erscheinen, dann ist die Sache abgehakt." Er erzählte mir später, daß über diesen Vorfall niemals gesprochen wurde. Er kam ab jetzt pünktlich ...
6. Ein Coaching-Klient erzählte mir, seine Kollegen (lauter Männer) hätten ihn einen Nachmittag lang **wie Luft behandelt**. Wenn er etwas

sagen wollte, sprach man lautstark „über ihn hinweg" (als sei er nicht da), was ihn bald zu völlig verdutztem Schweigen brachte. Auch direkte Versuche, Kontakt aufzunehmen („Hey, was soll das?" etc.) wurden „übertönt". **Man verhielt sich, als sei er nicht da.** Die Kollegen rechts und links von ihm breiteten ihre Unterlagen auf seinem Platz aus (seine Sachen begrabend), der Kollege von gegenüber nahm seine Kaffeetasse, ehe er einen Schluck getrunken hatte etc. Er meinte, das sei eine heilsame Lektion gewesen und hätte ihn an den **CODE RED** (der amerikanischen Navy) erinnert. Dabei handelt es sich um **Bestrafungen der Gruppe**, die ein Gruppen-Mitglied zwingt, den Gruppenstandard einzuhalten! Darüber wurde übrigens ein berühmter Film gedreht: *A few good men* (deutscher Titel: *Eine Frage der Ehre*). Auf dieser DVD kann man u.a. die großartigen **Gerichtsszenen** (des Militärgerichts) in drei verschiedenen Sprachen verfolgen: Englisch (original), Deutsch und Französisch, zusätzlich gibt es noch jede Menge Untertitel!*

URSACHE Nr. 2: ChefIn erscheint „auf den letzten Drücker"

In vielen Fällen erscheint der Leiter (die Leiterin) des Meetings selbst prinzipiell erst im letzten Moment. Damit signalisiert er/sie jedoch eine unterschwellige „Botschaft" an die Gruppe, die ihm/ihr in der Regel gar nicht bewußt ist, nämlich: „Ich bin (mir selbst) die wichtigste Person! Sollen doch alle anderen Leute vor mir dasein, damit **ich** keine Sekunde **meiner** wertvollen Zeit damit vergeuden muß, diese Menschen einzeln zu begrüßen oder sogar einige Worte mit ihnen zu wechseln bzw. sogar auf irgendwelche Teilnehmer zu warten."

GEGENMASSNAHME: Seien sie **immer unter den ersten, die eintreffen.** Nicht nur, weil Sie damit eine andere Botschaft (vgl. oben) „senden", sondern weil Sie durch Ihr frühes Erscheinen bewußt die Möglichkeit schaffen, mit einzelnen **einige freundliche Worte** zu wechseln!

---

*Wer die Birkenbihl-Methode, Frendsprachen zu lernen, kennt, weiß, daß wir sehr viel mit mehrsprachigen DVD.s lernen ...

Auf der einen Seite reden wir laufend davon, wir wollen die Mitarbeiter-**Beziehungen** verbessern, auf der anderen „vergessen" wir diese guten Vorsätze im „ganz normalen Alltag" nur allzu häufig. Eigentlich schade, oder?

8. Wie wird man mit Killerargumenten fertig?

Erstens wird die kompetente Leitung eines Meetings die berühmt-berüchtigten Killerphrasen drastisch reduzieren.

Zweitens müssen wir unterscheiden, ob die Abwehrphrasen immer von derselben Person (chronischer Pessimist) kommen oder von verschiedenen Leuten vorgetragen werden. Im letzteren Fall müssen Sie selbstverständlich inhaltlich qualifiziert auf die Einwände eingehen.

Es ist wichtig, daß Sie **keinesfalls** versuchen, eine Aussage, die Ihnen nicht „schmeckt", mit einer Gegenaussage zu entkräften. Dann wird der Angreifer nämlich erfahrungsgemäß nochmals widersprechen, daraufhin sind Sie wieder dran, dann folgt seine nächste Gegenaussage usw. Das gibt eine „Ja, aber ..."-Argumentationskette, die so lange weitergeht, bis alle gelangweilt sind und das Thema gründlich totgeredet wurde. Gehen Sie lieber so vor, wie im Kasten auf der folgenden Seite beschrieben.

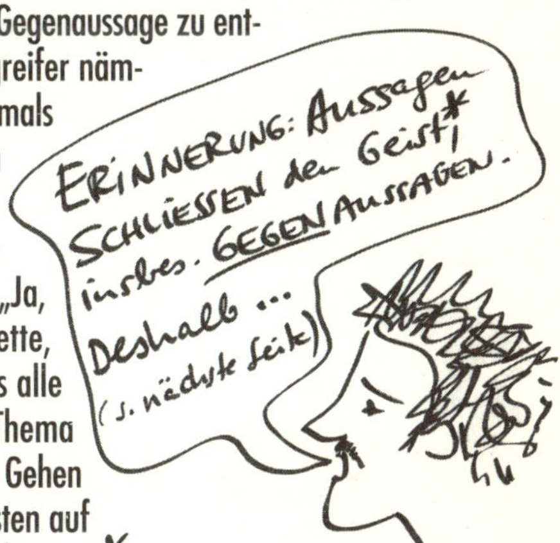

*vgl. auch Seite 36

Zwei Zusatztips gegen Killerphrasen:

1. **Operieren Sie mit Fragen**, das heißt, Sie befragen den „Killer" zu Details seiner Kritik. Wenn diese Kritik nur ein oberflächliches Meckern darstellt, kann er jetzt nichts Gescheites sagen und hat sich selbst entwaffnet. (Wenn Sie das mit chronischen Nörglern öfter machen, hören die bald damit auf.)
2. **Oder aber der Kritiker hat Differenziertes beizutragen**. In diesem Fall stellt sich jetzt heraus, daß sein Argument genaugenommen keine Killerphrase, sondern ein ernstzunehmender Einwand war. Auch das ist hilfreich.

   Lieber erfahren Sie echte Einwände heute als erst in vier Wochen oder gar Monaten. Falls die Killerphrase von jemand kam, bei dem Sie (derzeit) Grund zu der Annahme haben, daß er nur „stänkern" will, „stänkern" Sie zurück. Aber lenken Sie den Gegenangriff auf seine PERSON. Zum Beispiel: „Daß gerade Sie das sagen müssen ...!?" Wenn der Nörgler den anderen auf den Wecker geht, wird der Gruppendruck ihn schnell mundtot machen. So nutzen Sie Ihre gruppendynamischen Kenntnisse wieder zum Vorteil aller Beteiligten.

9. Wie kann man sich elegant vor einem Meeting drücken bzw., wenn man schon dort ist, vorzeitig ausklinken?

Zunächst müssen wir unterscheiden, ob Sie die Frage aus Sicht des Gruppenleiters stellen oder aus dem Blickwinkel eines Opfers (Pardon: als KonferenzteilnehmerIn). Da beide Fragen ungefähr gleich häufig auftauchen, werde ich beide beantworten:

1. **Sie als GruppenleiterIn:** Sie selbst können und sollten sich weder drücken noch vorzeitig ausklinken. Wenn Sie öfter das Bedürfnis haben, dann ist Ihr Meetingstil falsch (vgl. Frage Nr. 11 zu „Standardmeetings", rechts).

   Wenn Ihre Leute regelmäßig mit fadenscheinigen Ausreden im wahrsten Sinne des Wortes die Flucht ergreifen, dann sollten Sie dies als ernsten **Anlaß zum Nachdenken** nehmen.
2. **Sie als KonferenzteilnehmerIn:** Wichtig ist, ob Sie sich vor Meetings mit Ihren Chefs ab und zu oder immer drücken wollen. Wenn ab

und zu, dann benutzen Sie eine Ausrede. Passiert dies übrigens regelmäßig, zum Beispiel weil Ihre Chefs Standardmeetings lieben, dann sorgen Sie dafür, daß **Sie** zum selben Zeitpunkt leider (Gott sei Dank) woanders sein **müssen**. Bei typischen Standardmeetings wissen Ihre Chefs natürlich im tiefsten Inneren, daß Sie fehlen dürfen ...

Merke: Diese Parallel-Aktivität muß etwas sein, worauf Ihre Chefs großen Wert legen (z.B. der Besuch eines besonders guten Kunden, der nach dem Terminkalender jenes Kunden geplant werden muß).

10. Kann ich herausbekommen, was die einzelnen denken, ohne daß sie gruppendynamische Spielchen spielen können?

Ja. Teilen Sie allen Gruppenmitgliedern mit, daß Sie vor dem nächsten Meeting ihre Meinung zum Thema XY erfahren möchten. („Ich hätte gerne kurz Ihren Input dazu. Wie sehen Sie das, bitte?") Ob wie früher auf Papier oder per e-mail: Sammeln Sie die Aussagen, und **nutzen** Sie sie. Es gibt sehr verschiedene Weisen, wie man solche Äußerungen nutzen kann, z.B.:

1. Erstellen Sie eine Art Gruppen-Bild: Wie sehen die meisten die Sache? Sind mehr dafür oder dagegen? Gibt es originelle (neue) Ideen aus der Gruppe?
2. Konsolidieren Sie die Schüsselgedanken in einer ABC-Liste, die als Gesprächseröffnung zu Anfang des Meetings an alle verteilt wird.
3. Betonen Sie die Anonymität der Aussagen, und verlesen Sie im Meeting einige (oder alle) Kommentare, die anschließend debattiert werden können.

11. Wie kann man Standardmeetings interessanter gestalten?

Wie hoch schätzen Sie die Aufmerksamkeit Ihrer Meeting-TeilnehmerInnen ein? Denken Sie an eine Art von Meeting, das **Sie** öfter **einberu-**

fen müssen. Oder von dem Sie glauben, es regelmäßig halten zu müssen. Vielleicht wollen Sie das noch einmal überdenken?

Stellen Sie sich die typischen TeilnehmerInnen vor, und fragen Sie sich, wie **aufmerksam** sie wieviel Prozent der Zeit wohl sind?

PERSON (Name)	**Aufmerksamkeitsgrad**	**Zeitanteil** (in Prozent)

Es folgen einige Kommentare über Meetings, die wir Leuten unmittelbar im Anschluß „entnommen" haben (per Fragebogen):

- Ich fand es sehr spannend.
- Es war echt interessant!
- Ich hätte nicht gedacht, daß es so interessant werden würde.
- Toll!
- Sehr kurzweilig, hätte nicht gedacht, daß es so interessant wird.

Wie viele Ihrer Leute würden sich wohl **nach** dem Meeting (z.B. gegenüber Dritten) so oder ähnlich äußern?

Es geht um zwei Aspekte, um diese Frage hilfreich zu beantworten:

1. **Wie verhindern wir, daß den Leuten vor Langeweile die Füße einschlafen?** (Insbesondere wenn weniger begnadete RednerInnen ohne Ahnung oder Training bezüglich gehirn-gerechte Maßnahmen beim Informieren (= lehren!) ewig „labern" dürfen.)

2. Wie können wir die Menge an Infos erhöhen, die TROTZDEM bewußt registriert (gehört bzw. bei Memos, Briefen etc. gelesen) **werden**, so daß die Betroffenen **nachdenken** und sich möglichst viel **merken** können*?

Die Harvard-Professorin Ellen J. LANGER wies in einem faszinierenden Experiment nach, daß **Menschen**, die beim **Lesen** auf gewisse Aspekte achten, anders lesen als solche, die „nur" (normal) lesen. Es gab drei Gruppen:

1. Diese Gruppe (A) sollte auf 3 Aspekte achten.
2. Diese Gruppe (B) sollte auf 6 Aspekte achten.
3. Die Kontrollgruppe (C) achtete auf nichts (las also „normal").

Übrigens hatte man **Pendler**, die täglich im selben Zug saßen, gebeten, bei dem Experiment, das sich über fünf Wochen hinzog, mitzumachen. Man hatte die Menschen in einer alltäglichen Situation um Mitarbeit gebeten, in der sie immer wieder durch die Umgebung abgelenkt wurden (Bahnhof, Aussteigende, Einsteigende etc.). Das ist **einer** der Aspekte, welche die Experimente von LANGER auszeichnen: Sie sind immens praktisch (im Vergleich zu vielen „Labor-Versuchen" aus den Elfenbeintürmen der Wissenschaftler).

Preisfrage: Wenn ich Ihnen vorab verrate, daß Gruppe C (die normalen LeserInnen) am schlechtesten abschnitt, stellt sich die Frage nach den **Gruppen A und B:** Wer las erfolgreicher (effizienter)**, das heißt:

- Wer begriff mehr?
- Wer konnte differenzierter über das Gelesene nachdenken?
- Wer merkte sich mehr? (Im Klartext: Wer hatte mehr gelernt?)

---

*Für Details zu Punkt 2 s. mein Buch *Das innere Archiv* (in dem ein Modul über die Ergebnisse einiger der brillanten Experimente von Ellen J. LANGER berichtet; sowie *Trotzdem LEHREN*, wobei uns klar sein muß, daß jeder, der **informieren** will, in diesem Moment als „Lehrer" fungiert.

Wir haben inzwischen parallele Experimente durchgeführt und konnten zeigen, daß dies beim **Hören genauso gilt.

Was nehmen Sie an?

☐ **Gruppe A** (Personen, die auf **3 Aspekte** achten sollten)

☐ **Gruppe B** (Personen, die auf **6 Aspekte** achten sollten)

Dabei ist es gleichgültig, worauf die Leute achten sollen. Ob wir sie bitten, auf bestimmte **Fakten** zu achten (Hat der Krieg noch im letzten Jahrhundert oder erst in diesem begonnen?) oder auf **„kleine" Aspekte**, wie z.B. **Farben** (selbst wenn in dem Text nur einmal eine Farbe erwähnt wird) oder **Namen** (von denen weniger oder viele auftauchen mögen), sogar **Eigenschaften** (Ist jemand „aggressiv", „höflich", „fleißig" etc.?) oder **Verhaltensweisen** (Gibt es Leute in den Geschichten, die diese oder jene Tätigkeiten ausführen?) ...

Selbst wenn das, worauf wir **warten**, **nicht** auftaucht, wird die Aufmerksamkeit verbessert!

Es ist uns klar, daß alle, die in einem Meeting das Wort ergreifen, theoretisch „lehrend" tätig sind, wenn sie nicht nur „schwafeln", sondern Informationen „rüberbringen" wollen, also hoffen, daß man begreift und merkt, was sie sagen. Deshalb helfen gehirn-gerechte Maßnahmen natürlich, wenn wir echte Inhalte transportieren wollen. Je weniger gehirngerecht, denken Sie an viele Schulstunden oder PowerPoint-Präsentationen (das ist der Frontal-Unterricht für Erwachsene, genauso ineffektiv!), desto langweiliger wird es und desto mehr schweift die Aufmerksamkeit. Insbesondere bei Monologen hat der Monologisierer keine Kontrolle darüber, was seine (angeblichen) ZuhörerInnen denken ...

Wiewohl ich in diesem Buch **nicht** auf die **zahlreichen** Techniken, die ich in über drei Jahrzehnten für erfolgreiches **LEHREN** entwickelt habe, eingehen kann, möchte ich Ihnen doch **eine** Möglichkeit vorstellen, den Aspekt zu testen. Überzeugen Sie sich, wie gut er funktioniert.

Auch wissen Sie inzwischen vielleicht, daß vorab oder im Meeting ausgefüllte ABC-Listen zu unserem Thema die Aufmerksamkeit schärfen.

Sie testen die folgende Idee in einem höchst spannenden SPIEL. Ich fand es im Internet, und es gefiel mir so gut, weil es beide Aspekte oben (Langeweile vermeiden und Aufmerksamkeit erhöhen) auf höchst vergnügliche Weise verbindet.

Ausgedacht haben sich dieses Spiel anscheinend **Lehrer** (es wird leider keine Quelle und auch kein Autor genannt). Ich meine, daß man es mit minimalen Änderungen durchaus **in der Management-Meeting-Praxis spielen** kann! Aber zuerst die Lehrer-Variante:

Lehrer-Bingo für Manager*?

Kreuzen Sie im Kasten unten ein Kästchen an, wenn Sie das entsprechende Wort während einer Konferenz oder einer Dienstbesprechung hören. Wenn Sie horizontal, vertikal oder diagonal fünf Kästchen in einer Reihe haben, stehen Sie auf und rufen laut: **„Bingo!"****

Fallbeispiel Lehrer-Liste:

Steuergruppe	Projekt	Trainingsraum	Problematik	Evaluation
Differenzierung	Qualitätssicherung	Fortbildung	Handlungsorientierung	ASCHO
Selbstständige Schule	Fachkonferenz	Pisa	Unterricht	Sonderschulverfahren
Schulentwicklung	Fehlzeiten	Budgetierung	Schulprogramm	Rückmeldung
Versetzungsordnung	Vertretungsplan/Stunden	Kompetenz	Pausenregelung	Informelle Überprüfung

*Quelle: http://www.mcs-rheda.de/bullshit_bingo.htm

**Genaugenommen sollen die LehrerInnen „Bullshit" rufen, aber „BINGO" reicht meines Erachtens vollkommen aus, um die Vorteile des Spieles zu nutzen: Wir hören mehr, wenn wir auf etwas „lauschen".

Einige LehrerInnen haben sich bereits BEGEISTERT GEÄUSSERT:
(Zitat aus dem Internet)

- Ich war gerade mal fünf Minuten in der Lehrerkonferenz, da hatte ich schon gewonnen. (Claus C., Paderborn)
- Meine Aufmerksamkeit während der Besprechung ist dramatisch gestiegen. (Sabine E., Bielefeld)
- Was für ein Spiel! Nach meinem ersten Sieg sind Konferenzen nicht mehr dasselbe für mich. (Rolf D., Lemgo)
- Die Atmosphäre während der letzten Dienstbesprechung war zum Zerreißen gespannt, als sechs von uns auf das letzte Kästchen warteten. (Pit P., Detmold)
- Der Schulleiter war sprachlos, als fünf Kollegen zum dritten Mal während der Lehrerkonferenz „Bullshit" riefen. (Eva K., Rheda-Wiedenbrück)
- Seitdem ich das Spiel in meiner Schule eingeführt habe, kann ich mich vor Einladungen zu Konferenzen und Dienstbesprechungen nicht mehr retten. (Bernd M., Gütersloh)

Ich schlage vor, daß Sie **das Spiel für Ihre Zwecke abwandeln**. Als erstes gilt es, diejenigen **Schlüsselwörter** zu ermitteln, mit denen **Sie** spielen wollen. Dies kann z.B. wieder einmal mit Hilfe von ABC-Listen geschehen (Sie sehen, wie universal deren Funktion als Denk-Tool ist). So kann beispielsweise jedes Mitglied vorab eine ABC-Liste anlegen und einreichen, diese werden vor dem Meeting zusammengefügt (konsolidiert) – mit **Strichlisten** bei **Mehrfachnennungen**.

Es ist klar, daß Wörter mit vielen Strichen höchste Priorität für erste Spiele in Ihrer Runde haben sollten, damit alle TeilnehnmerInnen realistische Chancen auf ein baldiges BINGO erhalten. Anfangs-Erfolge machen bereiter, eine der nachfolgenden Varianten zu spielen, die wir inzwischen entwickelt haben.

vfb-Varianten des Bingo-Spiels

- **Legen Sie das Raster zum Bingo-Spiel** (s. Seite 159) **alphabetisch an**, was fast automatisch geschieht, wenn man von vorherigen ABC-Listen weg arbeitet. Dies erleichtert das Auffinden beim Spielen!
- **Teilen Sie vor dem Meeting einige wenige Begriffe mit**, auf die es heute zu achten gilt. Nach einer Weile brauchen Sie kein Raster mehr und auch nicht mehr BINGO zu rufen. Jetzt hat jede/r gelernt, auf einige Begriffe zu achten. Die vorherige Ankündigung einiger Schlüsselwörter zum heutigen Thema wirkt wie ein Bingo-Spiel: Es ist gutes PRIMING, vergleichbar mit der Ansage vor dem Werbeblock, warum Sie unbedingt „dranbleiben" sollen; es macht neugierig, was da wohl kommt. PRIMING ist eine Vor-Bahnung (vgl. PRIMUS, der erste) und ist einer der Tricks für gute Info-Aufnahme.
- **Lassen Sie ein Meeting transkribieren** und anschließend den Computer **die Wörter nach Häufigkeit sortieren.** Natürlich fragen Sie Ihre Leute, ob jemand etwas dagegen hat, aber erst **nach** dem Meeting.

> Ich empfehle meinen Kunden, Transkriptionen von Meetings (die sich auch aus anderen Gründen manchmal anbieten) prinzipiell an einen Schreibservice in einer anderen Stadt (oder Kontinent) zu geben. Auf diese Weise bleibt es anonym (im Gegensatz zur Texterfassung im eigenen Haus).

Bitte bedenken Sie, daß wir ja in diesem Fall lediglich einzelne **Wörter** nach Häufigkeit sortieren, aber in anderen Fällen könnte es sein, daß man **Aussagen** auflisten und nach diversen Kriterien sortieren möchte. Dabei stellen Sie unter Umständen mit Erstaunen fest, welche Wörter in Ihrer Gruppe sehr häufig gesagt werden. Eine Gruppe von Führungskräften stellte voller Entsetzen fest, wie viele ordinäre Begriffe in ihren Meetings an der Tagesordnung (im Wortsinn!) waren. Zurück zu unserem Fall: Die Ergebnisse können verblüffend sein! Bei einem meiner Kunden stellten die TeilnehmerInnen mit großer Überraschung fest, daß die meisten von ihnen bereits „wir" sagten, wiewohl sie sich **scheinbar** noch gegen die Neuen (nach einer Fusion) zu wehren meinten. Diese Fusion

erwies sich also als geglückter, als man bis dato angenommen hatte. Umgekehrt zeigte die Analyse in einer anderen Firma, daß **jede** der Teilgruppen (jeweils KollegInnen aus einer der drei Firmen, die erzwungenermaßen fusioniert worden waren) noch nach fast zwei Jahren permament „wir" und „die" sagten, wiewohl man offiziell die Einigung schon „freundschaftlich" vollzogen hatte.
Es folgt eine letzte Frage, die zwar nicht oft gestellt wird, deren Beantwortung aber für alle Führungskräfte von großem Nutzen sein kann:

Vorbemerkung des Fragestellers: Je unterschiedlicher die Team-Mitglieder „gelagert" sind, desto schwieriger wird es, gemeinsam zu kommunizieren. Meine Truppe ist bunt zusammengewürfelt, die Leute kommen aus den verschiedensten (früheren) Berufen.

12. Kennen Sie einen Trick, wie man die Vielfalt der Team-Mitglieder positiv nutzen kann?

Ja, ich möchte Ihnen ein **Gruppenentscheidungs-Spiel** (aus Amerika) vorschlagen. Sie müssen es zweimal spielen, also an zwei Abenden oder Nachmittagen (bzw. eine Runde vormittags, die andere nachmittags). So ist gewährleistet, daß alle in jeder der beiden Rollen einmal „dran" waren.

Vorbereitung: Jede/r bereitet ein Problem, eine Frage, eine Situation vor, über die er/sie gerne einige Meinungen hören möchte. Es können berufliche wie private Schwierigkeiten sein, also von der drohenden Familienfeier anläßlich des 10. Hochzeitstages von Freunden bis zum Problem mit einem Kunden. Es ist erlaubt, mit Diktiergerät zu spielen und die Aussagen der KollegInnen aufzuzeichnen. Da bei diesem Spiel teilweise absolut brillante Ideen auftauchen, ist es gut, diese festzuhalten ...

Nehmen wir an, die Gruppe besteht aus 14 Personen, dann bilden sie zwei Kreise, einen INNEREN und einen ÄUßEREN. Also **blicken** sieben Personen im inneren Kreis **nach außen**, die anderen sieben KollegInnen im äußeren Kreis **blicken nach innen**. Auf diese Weise findet jede/r eine/n PartnerIn für ein kleines Zwiegespräch.

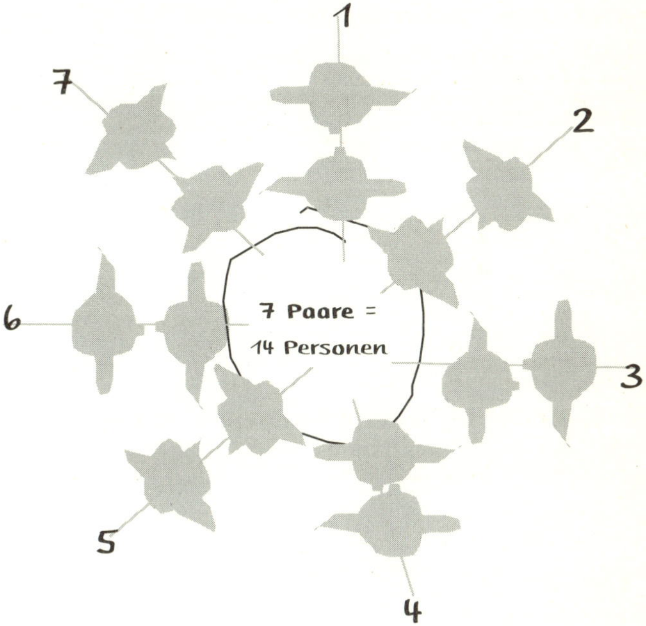

Die Leute im inneren Kreis stellen die Frage, die im äußeren spielen „Experten". Sie werden schnell und spontan ihre allerersten Assoziationen mitteilen, nachdem die Frage gestellt wurde. Dabei darf die Schilderung maximal eine Minute dauern. Bei manchen Gruppen sollte man dies vorher einmal sicherheitshalber üben. Natürlich darf man die Frage vom Blatt ablesen, aber **man lernt mehr**, wenn man sie jedesmal neu formuliert. Merke: Schon das mehrmalige FORM-ulieren der Frage ist ein enorm hilfreicher Lernprozeß, nach enigen Malen hat man das Problem bereits besser begriffen, selbst wenn keine der Antworten großartig war.

Nach einer Minute klingelt eine Glocke, jetzt haben die „Experten" ebenfalls eine Minute Zeit, um ihre ersten Assoziationen (also was gerade ein- oder zufällt) zu äußern. Es ist wichtig, zu wissen:

Deshalb sollten es mindestens 5, maximal 10 Paare sein (ab 11 Paaren, das heißt 22 Personen, lieber zwei Doppelkreise (à fünf und sechs Paare) bilden.

Der große Vorteil der Übung liegt darin, daß man das Ganze mehrmals (s. **Hinweis**) durchspielt. Das bedeutet, daß die FragestellerInnen (je nach Anzahl der Paare) mindestens 5 bis 10 Assoziationen gewinnen, unabhängig davon, wie gut einzelne Antworten sein mögen.

Selbst eine Reihe von unspektakulären Einzel-Assoziationen können, **durch die Aufeinanderfolge**, zu völlig neuen Ideen im Kopf der FragestellerInnen führen!

Nach einer Minute gehen die SpielerInnen im Inneren einen Schritt (das heißt eine Person) weiter. Jetzt haben sie eine/n neue/n SpielpartnerIn. Und nun wiederholen wir das Ganze, bis jeder mit jedem einmal „dran war".

Beispiel: Sie sprachen vorhin von (...), ich finde das sehr interessant, können Sie mir Näheres dazu erzählen?

Anschließend sollte man eine Pause einlegen, damit die FragestellerInnen die Möglichkeit haben, die 5 bis 10 Minuten Aufzeichnungen (oder ihre Notizen) durchzugehen. Nun kann es sein, daß man den einen oder anderen Mitspieler noch etwas fragen möchte.

Zukunfts-Tauglichkeit muß erworben werden

Beginnen wir wieder mit einem Mini-WQS*:

Frage 1: In wie viele Phasen teilen Sie die Menschheitsgeschichte ein (Sie erhalten zwei Minuten Bedenkzeit)? Bitte auf ein separates Blatt eintragen, damit Sie später vergleichen können, ohne ständig hin und her zu blättern.

☐ **Ja**, ich habe meine Antwort aufgeschrieben.

☐ **Nein**, ich will nicht selber denken.

Frage 2: Haben Sie schon einmal von YANKELOVICHs 3 Phasen (für das letzte halbe Jahrhundert) *gehört/gelesen*?

☐ **Ja**, sicher, sehr interessantes Konzept!

☐ **Nein**, aber langsam werde ich neugierig ...

Frage 3: Wieviel Science-Fiction-Bücher/-Stories haben Sie bisher gelesen?

☐ **sehr viele**, seit vielen Jahren ...

☐ **ziemlich viele**, mindestens 100

☐ **doch einige**, mindestens 30

☐ **ab und zu**, mindestens 5

☐ **nein**, so etwas würde ich nie lesen!

Dieses Modul bietet Ihnen **drei Denk-Ansätze**:

1. eine Minimal-Version der **gesamten Menschheitsgeschichte** (in 10 Seiten, inklusive einiger Abbildungen),
2. einen faszinierenden **Blick auf unsere Zeit** (mit den 1950er Jahren beginnend) und
3. drittens einige Denk-Anstöße zum Thema **Zukunfts-Literatur.**

---

*Mit WQS bezeichne ich ein Wissens-Quiz-Spiel, das sowohl spielerisch vorgeht (Quiz-Charakter), als auch Wissen vermittelt (im Gegensatz zu den meisten Quiz-Spielen, die Sie sonst kennen). Mehr darüber auf meiner Homepage **www.birkenbihl.de**.

Teil 1: Die Menschheitsgeschichte (die vfb-Minimal-Version)

Es folgt eine stark vereinfachte Menschheitsgeschichte, weil ich immer wieder feststellen muß, daß Manager oft im zeitlichen Rückblick so wenig „Überblick" haben, daß sie deshalb auch keinerlei „Gefühl" für die Zukunft entwickeln können. Dieses aber ist Voraussetzung für Zukunfts-Fähigkeit. Wie will man denn die Zukunft angehen, wenn man weder weiß, woher man kommt, noch, wo man derzeit steht?

Phase 1: Frühmensch – ???

Irgendwann begann sich der Frühmensch von den Lebewesen um ihn herum abzuheben; über ihn ist wenig bekannt, da er so gut wie keine Spuren hinterlassen hat. Wir nehmen an, daß er in Gruppen lebte (wie die Wölfe) im Gegensatz zu allein lebenden Säugern, die nur zur Paarungszeit Kontakte unterhalten (z.B. Bären).

Phase 2: Sammler und Jäger – Feuer und Sprache

Nun beginnen unsere Artgenossen, Spuren zu hinterlassen. Sie stellten erste Werkzeuge her, hatten das Feuer gezähmt und begruben ihre Toten (für viele Wissenschaftler die Grenze zwischen Vormensch und Mensch). Wahrscheinlich haben die Macht über das Feuer und die Möglichkeit, die abendliche Dunkelheit und Kälte zu beleuchten und erwärmen, unsere

Entwicklung geradezu dramatisch beschleunigt. Denn nun wurde es möglich, abends ein wenig „herumzusitzen" und „sich zu unterhalten" – eine Gewohnheit, die wir heute noch beobachten können. Damit geht zwangsläufig ein Ausbau der Fähigkeiten einher, Sprache differenzierter zu nutzen. Bald kann man sich über Dinge austauschen, die im Augenblick gar nicht vorhanden sind. Damit aber beginnt, wie man annimmt, unsere Kultur: mit dem Feuer. Man geht davon aus, daß der Beginn von Todes-Ritualen (in einer von Geistern und Göttern beseelten HEILIGEN Welt) der Anfang des SPIRITUELLEN Menschen war.

In dem Maß, in dem die Möglichkeiten der Verständigung wachsen, können einige Gruppenmitglieder dem Rest der Sippe klarmachen, daß sie in einigen Tagen wiederkehren werden. Davor hatte man nie gewußt, ob die davonschreitenden Männer sich nicht von der Gruppe trennen wollten.

Außerdem können die Menschen inzwischen Beeren und Fleisch (durch Trockung) haltbar machen, deshalb sehen viele Forscher in diesem Stadium eine dreifache Er-WEIT-erung:

1. Der Aktionsradius er-WEIT-ert sich (man kann viel weiter weggehen und wieder zurückkommen).
2. Die Gruppe wird Tage oder Wochen zu essen haben, auch wenn die Jagd gerade nicht erfolgreich ist.
3. Die Anzahl von Menschen, mit denen eine Person Kontakte unterhalten kann, wächst.

Hier ziehen manche Forscher die Grenze zwischen Familienverbänden (Sippe) und Clans (später Dorfgemeinschaften), in denen jeder einzelne ca. 40 bis 60 Menschen gut, viele weitere „vom Sehen" kennt.

Phase 3: Nomadische Hirten – das Nutztier

Durch eine Erfindung, deren Folgen wir bis heute nicht begriffen haben, vergrößerte der Hirte den menschlichen Aktionsbereich erneut, indem er das Nutztier erfand. Davor hatte jedes Lebewesen gleiche Chancen zu leben. Zwar ging mit dem Leben immer auch die Gefahr einher, gejagt und gefressen zu werden, aber das galt für alle Lebewesen, inklusive des Menschen.

Indem der Hirte jedoch einen Teil der Tierwelt als Nutztiere abspaltet, **erhebt er sich über den abgespaltenen Teil**. Ab jetzt bestimmt er, wer leben und sich fortpflanzen darf. Nützt ein Tier, das der Jäger jagt und das von ihm und den Seinen verspeist wird, der Gruppe im Tod, so muß ein Nutztier **sein ganzes Leben lang anderen nützen**. Damit wird der kurzzeitige Vorteil der erfolgreichen Jagd aufs ganze Jahr ausgeweitet. Es sind immer Tiere vorhanden, die geschlachtet werden können, und so geht der Mensch einen weiteren Schritt auf seinem Weg, sich den ganzen Planeten untertan zu machen. (Später wird er solche Worte in seine heiligen Bücher schreiben und einen göttlichen Auftrag für diesen Siegeszug ableiten ...)

Natürlich hatte der Hirte mit der Idee des Nutztiers eine bestimmte Art, die Welt zu sehen, erfunden. Bald mochte ein nomadisches Hirtenvolk

Schaf- oder Rinderherden halten, lebte aber auch mit einer Anzahl von Hunden zusammen. Manche Menschen lebten auch mit Katzen oder Geflügel oder hielten Grillen oder Singvögel in Käfigen. Bald werden Tiere auch zur Arbeit eingesetzt, sie tragen geduldig Lasten und Menschen oder ziehen tagein, tagaus an einer Apparatur, die es dem Menschen z.B. erlaubt, Getreide zu mahlen, Wasser aus tieferliegenden Brunnen zu pumpen etc. Das heißt, auch der Bau von Werkzeugen und Gerätschaften (wie das Rad) hatte große Fortschritte gemacht. Mit jeder Erfindung er-WEIT-ert der Mensch seine Möglichkeiten, die Welt in Besitz zu nehmen. Schritt für Schritt versucht er, die Macht, die die Umwelt über ihn hat, zu verringern. Gleichzeitig dehnt er die Möglichkeiten, sein Leben und das Schicksal seiner Gruppe in die eigenen Hände zu nehmen, aus.

Während so gut wie alle Menschen dieser Erde sich bis zu diesem Punkt entwickelt haben, gehen einige den nächsten (entscheidenden) Schritt, der sowohl den modernen Menschen als auch den weltweiten gnadenlosen Raubbau dieser Erde ermöglicht hat.

Phase 4: Der Bauer – Land und Besitz

Hier beginnt meines Erachtens die erste große MATERIELLE Wachstumsphase der Menschheit. Während Gartenbau-Gesellschaften mit dem Grabstock arbeiten (deshalb könnnte man sie auch als Grabstock-Gesellschaften bezeichnen), beginnt der Bauer den Boden zu pflügen. Übrigens wird der Landbau hier erstmals zur Männersache: Das Pflügen kostet eine Menge Kraft, ob ein Mann es tut oder ob er große, starke Tiere (be-) zwingt, die den Pflug für ihn ziehen.

Wieder hat der Mensch seinen Aktionsbereich dramatisch vergrößert. Sein Einfluß auf die Welt wächst ständig. Indem er Unkraut und Ungeziefer definiert, genügt es ihm nicht, die Lebewesen zu töten, die er essen will. Nun müssen jede Menge anderer Lebewesen sterben. Ein Teil der Natur scheint nur zu seinem persönlichen Nutzen zu existieren, der Rest wird zum Feind erklärt (und Feinde müssen ermordet werden). Zudem erfindet der Bauer den Grundbesitz; er zieht einen Zaun und sagt: Das gehört mir. Eigentlich ein völlig absurder Gedanke, den viele Stämme und Völker dieser Erde nie nachvollziehen konnten, von den Eskimos bis zu den amerikanischen Indianern. Statt zu denken: „Uns gehört die Erde", gehen sie davon aus, daß wir zur Erde gehören und Teil von ihr sind. Daher käme ihnen niemals die Idee, daß Menschen sich die Erde untertan machen könnten oder daß sie ein Stück der großen Erdmutter, aus deren Schoß man entsprang, besitzen und verkaufen könnten.*

Der Mensch, der modernen Ackerbau und (systematische) Viehzucht betreibt, gewinnt zwar ständig Macht über seine Umwelt, aber er zahlt einen Preis: Denn er wird durch Seßhaftigkeit zu einer Person, die BESITZ anhäuft (vom Land zum Haus und den Dingen, die darin sind). Und er wird durch diesen Besitz (Haus und Land), den er im Zweifelsfall verteidigen muß, angreifbar und daher von jenen, die sich verpflichten, ihn zu schützen, auch regierbar.

Nomaden kann man nicht kontrollieren, wie die Regierungen immer wieder verärgert feststellen; deshalb bemühen sie sich ja weltweit darum, die letzten „Wanderer", von den nomadisierenden Stämmen in Afrika, Asien oder im Regenwald bis zu den umherziehenden Roma, zu „zivilisieren".

*Auch ist für sie unvorstellbar, Tunnel ins Erdreich zu graben, um sie auszubeuten (im Wortsinn), das wäre vergleichbar mit der Vergewaltigung einer Gottheit ...

Er ließ sich auf diesen Handel ein, der sich teilweise zur Sklaverei oder ähnlichen Beziehungen entwickelte (Leibeigenschaft). Trotzdem war es der Bauer, der wichtige Grundlagen für unsere heutige moderne Zivilisation schuf, denn er produzierte – erstmals in der gesamten Menschheitsgeschichte – mehr Nahrung, als er und die Seinen zum Überleben benötigten. Damit schuf er die Vorbedingung der Zivilisation (Dorfgemeinden, Städte, Länder, Staaten). Und Überschüsse wiederum erzwangen den Bau von **Silos**, um sie sicher zu lagern. Dies wiederum führte zur Erfindung der **Schrift**, damit man festhalten konnte, wem was gehörte.

So führte die Entwicklung der Agrikultur im Laufe der Zeit zu regionalen und überregionalen Herrschern, Herrscherhäusern, Königen und Kaisern mit ihren Regierungsapparaten (administrativ, legislativ). Etwas überspitzt könnte man festhalten, daß der Bauer die Beamten hervorbrachte ...

Phase 5: Das industrielle Zeitalter (ein Zwischenspiel)

Es folgt ein **extrem kurzes „Industrie-Zeitalter"** von ca. 300 Jahren, das seinen Zenit in den 1950er Jahren erlebte. (Nur begriff das damals niemand.) Man dachte, die Industriewelle würde wachsen und wachsen und wachsen – wohin eigentlich?

Ein halbes Jahrhundert zieht die MATERIALISTISCHE Entwicklung der Menschheit nach und erreicht den höchsten Punkt ihrer Entwicklung (was ebenfalls noch kaum jemand begreifen möchte). Das Wesentliche dieser Entwicklung ist dies:

> Jetzt können, erstmals in der Menschheitsgeschichte, Abertausende besitzen, was früher nur einigen wenigen (Superreichen) vorbehalten war.

Heute leben „arme" Menschen in den modernen Staaten, die wir fälschlicherweise immer noch als Industriegesellschaften bezeichnen, luxuriöser als vor 200 Jahren Könige und Kaiser. Auch die Ärmsten besitzen in der Regel einen Walkman. (Könige und Kaiser mußten sich das ganze Jahr über ein Orchester halten, damit es ihnen aufspielen konnte, wenn ihnen nach Musik war.) Ebenso besitzen die Leute auf niedriger Einkommens-Stufe, wenn sie ein Dach über dem Kopf haben, fließend Wasser, meist sogar heißes. Sie haben ein luxuriöses Klo, in dem sie wertvollstes Trinkwasser literweise hinunterspülen. Ebenso benutzen sie diesen kostbaren „Rohstoff", der eigentlich als „Nahrung" eingestuft werden müßte, für das Waschen von Kleidung, Geschirr und ihren Körpern (ein Vollbad kostet 80 Liter!). Außerdem besitzen sie sicher einige Möbel und zahllose DINGE, die im Wohnbereich herumliegen.

Aber dies bedeutet auch: Kennt der Kunde im vorindustriellen, handwerklichen Zeitalter (wie auch noch im frühen Industrie-Zeitalter) den Hersteller (man kaufte seine Kutsche beim lokalen Kutschenmacher), schuf man bald immer **anonymere Massenprodukte für anonyme Massenkunden** – man kauft seine Kutsche in einem Autohaus. Dort kennt man den Verkäufer nicht (kaum), den Hersteller gar nicht mehr.

Hinzu kommt, daß ein stetig größerer Teil der Produktion auf unpersönliche Maschinen verlagert wurde.

Deshalb mußte man ja Marketing erfinden. Nachdem der einzelne Kunde völlig unwesentlich geworden war und es kein Gespräch mehr zwischen Produzenten und Käufern gab, erfand man Marktforschung und Werbung. Man schor die Kunden über einen Kamm, wie der Begriff MASSE ja impliziert.

Leider griff diese Entwicklung auch auf die Massen-Erziehung unserer Kinder und Jugendlichen über, die in Massen-Schulen ebenso über einen Kamm geschoren werden. Da sollen alle zum selben Zeitpunkt das gleiche, möglichst im selben Tempo, lernen. Wehe jenen, die nicht mitkommen, weil ihre Entwicklung anders verläuft: Sie werden entweder in Sonderschulen ausgesondert oder mit der chemischen Keule ruhiggestellt. Im Klartext: Wir behandeln unsere Kinder inzwischen wie Massenprodukte, wenn sie im Massenbetrieb nicht klarkommen.

Von den anderen 90 Prozent der SchülerInnen schafft es knapp ein Drittel, ein gutes Drittel hat große Probleme und ca. ein Drittel verläßt die

Schule entweder unfähig richtig zu lesen, zu schreiben und zu denken, oder erhält gar keinen Schulabschluß. Viele junge Leute sind nicht einmal fähig, eine Lehre zu durchlaufen ...

Phase 6: Die erste große IMMATERIELLE PHASE

Dieses (erste) postindustrielle Zeitalter wird von **drei** Aspekten geprägt. Deswegen sagen manche „Wir leben im Informationszeitalter“ (siehe Internet), andere: „Nein, wir leben im Kommunikationszeitalter.“ Wieder andere sagen: „Nein, wir leben im Servicezeitalter.“ Und alle haben recht.

1. **INFORMATION und WISSEN** (sprich: Immaterielles). Hier sehe ich die intensivere Auseinandersetzung mit Info und Wissen, also mein Kernthemengebiet seit Jahrzehnten. Hier geht es um die Art, wie wir Info aufnehmen (lernen), Info weitergeben (lehren), denken, um zu begreifen, und darum, wie wir Aufgaben angehen, Probleme lösen etc. (rational und kreativ). Es geht also um die sogenannte Kopf-Arbeit, das heißt, die Menschen in der Zukunft müssen im Geist fit sein wie nie zuvor, während gleichzeitig noch nie so viele junge Leute ins Arbeitsleben wechseln wollen, die vollkommen unfähig sind, differenzierte Kopf-Arbeit zu leisten ...

2. **KOMMUNIKATION**. Hier geht es um **Beziehungen** (zu KundInnen, MitarbeiterInnen, KollegInnen, s. unten).
3. **SERVICE**. Erstmals in der Menschheitsgeschichte sind (in den modernen Staaten) mehr Menschen damit beschäftigt, Service-Leistungen für andere zu erbringen, als je zuvor.

PS zu 2. Kommunikation und zu 3. Service: Diese Service-Leistungen können intern wie extern sein. Zu den ersten internen Service-Leistern können wir jene zählen, die für das Top-Management die Zahlen „aufbereiteten". Später bekam das mittlere Management Assistenten, Schreibpersonal, Boten etc. Heute leisten mehr Menschen in Unternehmen „Dienst" an Kollegen als direkten Dienst am Kunden.

Solange wir nicht begreifen, daß die internen KollegInnen, die unsere Ergebnisse erhalten, unsere Kunden sind, so lange haben wir nicht begriffen, worum es geht. Es gehört zum Aufbau guter Beziehungen, jene, mit denen wir zusammenarbeiten, als „KundInnen" zu sehen und zu behandeln. Derzeit rächt sich unser großes Desinteresse am einzelnen Kunden „draußen", der MENSCH hat uns jahrzehntelang überhaupt nicht interessiert. Daher müssen viele jetzt erst einmal lernen, gute Beziehungen aufzubauen.

Phase 7: Wohin wird es gehen?

Inzwischen haben einige Denker die nächste große Phase ausgemacht; sie sprechen vom Bewußtseins-Zeitalter (z.B. Peter RUSSELL). Er postuliert, daß ca. ab dem Jahr 2000 (plus/minus einige Jahre) sich die Zahl derer, die sich mit Bewußtsein, Bewußtseinsentwicklung etc. befassen (die z.B. Entspannungstraining, Yoga oder Meditation betreiben oder sich intellektuell/spirituell mit dem Geist befassen), alle vier Jahre verdoppeln wird – global gesehen. Zwar beginnt die Bewegung in den modernen Zentren, aber die geistige Entwicklung schließt den Kreis zu einfacheren Gesellschaften, die teilweise ein weitaus reicheres Geistesleben hatten. Und so kann der moderne Mensch einen Dialog auf gleicher Ebene mit Schamanen, Gurus, Geistheilern und Adepten geistiger

„Künste" weltweit beginnen, so er diese Leute nicht von Haus aus als unwissend, ungebildet etc. verurteilt ...

Ausblick

Es hat Milliarden Jahre gedauert, bis Leben entstanden war, sich in sogenannte höhere Lebensformen entwickelt hat, von denen wir uns (vielleicht fälschlicherweise) für die höchstentwickelte halten. Dann folgen die beschriebenen Phasen, wobei wir auch hier eine exponentielle Entwicklung beobachten können. Es dauerte **viele** Millionen Jahre, bis der Frühmensch sich vom Rest der Lebewesen absonderte und zum Menschenvorläufer wurde. Aber es dauerte nur ein bis zwei Millionen Jahre, bis sich die diversen Frühmenschen-Arten, die die ganze Erde bevölkerten, weiterentwickelten. Es folgten einige hunderttausend Jahre Homo sapiens als Jäger und Sammler, bis die ersten Hirten Tiere domestizierten und Zucht, Gartenbau sowie wahrscheinlich das Rad entwickelten.

Vor einigen zehntausend Jahren erfand der Mensch den Ackerbau mit seiner Überschuß-Produktion, woraufhin sich die Menschheit hemmungslos fortzupflanzen begann. Jäger und Sammler haben wenige Kinder, denn in Zeiten der Not und Kargheit werden wenige Kinder geboren (keine Zeugung, natürliche Aborte) bzw. überleben nur wenige der Babys und Kleinkinder. Bei Hirtenvölkern überleben mehr, aber auch hier ist Schmalhans oft Küchenmeister. Erst mit dem Ackerbau können viele der Kinder überleben, die früher nie geboren worden wären bzw. das 5. Lebensjahr nicht erreicht hätten; daher der Boom, die sogenannte Bevölkerungs-Explosion, die eine regelrechte Panik auslöste. Da wußte man noch nicht, daß mit wachsender Alphabetisierung die Kinderzahl ganz von alleine zurückgeht (weshalb wir in den am weitesten entwickelten Ländern derzeit das Problem der auf den Kopf gestellten Alters-Pyramide erleben.

Von Turbulenzen & Siedlern

Sicher fragen Sie sich fast täglich, was passiert, wenn ein Flugzeug sich in den Überschallbereich bewegt. Spaß beiseite; aber **einmal** könnte man sich die Frage stellen, nämlich jetzt. Versuchen Sie, sich das vorzustellen: Das Flugzeug zieht ruhig seine Bahn, der Pilot beginnt den„ascent", und kurz darauf durchbricht er die Schallmauer. Anschließend zieht das Flugzeug wieder ruhig seine Bahn, aber der Übergang seiner „Reise" kann uns helfen, etwas WESEN-tliches zu begreifen. Die Metapher dieses Fluges stammt von Peter MOLZBERGER*:

> „Mein Lieblingsbild für das, was zur Zeit vor sich geht, ist ein Flugzeug, das auf Überschallflug beschleunigt. Unterhalb der Schallgrenze fliegt es ziemlich stabil, auch wenn es eine Menge Wirbel produziert. Oberhalb der Schallgrenze ist sein Flug wirbel-frei, elegant und stabil. Aber um dorthin zu gelangen, muß es zunächst die Schallmauer durchstoßen. Eine Übergangsphase, in der es rüttelt und schüttelt, wo früher die Gefahr bestand, daß das Flugzeug zerbrach."

Wenn Sie in der Maschine sitzen, dann erleben Sie diesen Übergang anders als ein Betrachter von außen. Und das ist typisch für alle Situationen, in denen Grenzen überwunden werden, in denen ein Stadium in das andere übergeht, in denen ein WANDEL stattfindet. Zwar äußern sich die Turbulenzen von **Übergangsphasen in der Gesellschaft** ähnlich dramatisch wie im Flugzeug, nur rüttelt und schüttelt hier nicht die Seitenwand, es sind keine Schrauben, die sich lockern, sondern ... Davon handelt der nächste Abschnitt. Es geht um die drei Phasen des amerikanischen Soziologen David YANKELOVICH. Diese verbinde ich (an einer Stelle) mit einer sehr hilfreichen Metapher von Joel BARKER: Er vergleicht

*Quelle: Ich fand das Zitat von Peter MOLZBERGER bei Hennig van der OSTEN (in: *Über die Welt und über Gott*).

Menschen an der vordersten Front der Menschheits-Entwicklung mit jenen, die Amerika besiedelten, und unterscheidet drei Menschen-Typen, die das Geschehen bestimmen (der Rest wurstelt sich irgendwie durch):

1. **PARADIGMEN-VERÄNDERER** – das sind die, die wirklich Neues denken können. Wenn ein Land (wie Deutschland) weit mehr junge Leute hat, die lieber Beamte als Unternehmer werden wollen, wenn potentielle PARADIGMEN-VERÄNDERER im Ausland studieren und dann gleich dort bleiben und weitere, die hier (kostenlos) studiert haben, auch überwechseln, weil sie dort forschen und neue Ideen entwickeln können, dann steht es nicht gut um ein Land.

2. **PARADIGMEN-PIONIERE** – das sind die ersten, die das Neue umsetzen, z.B. indem sie neue Ideen in praktischen Produkten realisieren. Sie gehen das höchste Risiko ein; sie finanzieren ohne jede Sicherheit. Denn wiewohl der Markt ständig nach Neuem zu schreien scheint, sind wir Menschen doch sehr resistent, wenn wir unser Verhalten ändern sollen. Das heißt, neue MATERIALIEN setzen sich weit schneller durch als Produkte, die uns zwingen, uns umzustellen oder neues Verhalten zu erlernen. Jedenfalls sind die PARADIGMEN-PIONIERE unverzichtbar. Ohne sie nützen die besten Ideen nichts, weil es nie weitergehen würde ...

3. **SIEDLER** – das sind jene, die erst abwarten, bis PARADIGMEN-VERÄNDERER neue Ideen entwickeln und PARADIGMEN-PIONIERE einige davon aufgreifen, ehe sie selbst sich durch Me-too-Produkte auf den fahrenden Wagen schwingen (einige Berater beschreiben Joel BARKERs Siedler weniger höflich als Trittbrettfahrer).

So, jetzt können wir uns YANKELOVICH zuwenden.

Teil 2: Die „Yankelovich-Phasen" (gestern und heute)

PHASE 1: Beginnender Wohlstand/alte Werte

Die erste Yankelovich-Phase begann nach dem zweiten Weltkrieg.

Die Industrie-Revolution hatte den Punkt erreicht, an dem wir erstmalig in der gesamten Menschheitsgeschichte unerhört viele Produkte sehr preiswert in großen Massen herstellen konnten. Daher konnten sich alle möglichen Leute Dinge leisten, die früher einigen wenigen Auserwählten vorbehalten gewesen waren. Bei uns besitzen Menschen, die als unter der Armutsgrenze* lebend eingestuft werden, einen Großteil dieser Objekte.

Diese Bequemlichkeit, die wir heute haben, rollte in den 50er Jahren heran. Das heißt, die Menschen wurden immer „wohlständiger", aber sie trauten diesem neuen Wohlstand noch nicht, er war ja auch erst- und einmalig in der gesamten Menschheitsgeschichte. Deshalb hatten die Menschen noch Angst, daß dieser neue Wohlstand über Nacht verschwinden könnte. Daher blieben die Menschen den **alten Werten** noch treu: Man war und blieb **fleißig, bescheiden, sparsam**. Also **erst sparen, dann kaufen**. Das war Ende der 50er, Anfang der 60er Jahre. Zurückblickend sprechen wir gerne von der guten alten Zeit. Diese Zeit erscheint uns heute sehr ruhig, in Wirklichkeit war sie turbulent. **Jede Phase des Übergangs ist immer turbulent. Übergänge** liegen **immer am Rand des Chaos**. Und diese **erste YANKELOVICH-Phase** beschreibt so einen **Übergang**. Das war eine turbulente Zeit. Je turbulenter eine

*Wissen Sie eigentlich, wie „Armut" in Deutschland definiert wird? Antwort: Wer weniger als die Hälfte des durchschnittlichen Einkommens im Lande verdient, gilt als „arm". Das heißt, egal wie reich die Deutschen werden, es gibt durch diese Definition immer Arme. Aber viele von ihnen leben luxuriöser als jeder König/Kaiser noch vor 200 Jahren (s. Seite 172 f.).

Phase ist, desto weniger ist für die **Siedler** zu holen, und desto erfolgreicher sind die Außergewöhnlichen. Jene Mitmenschen also, die als **Paradigmen-Veränderer** oder als **Paradigmen-Pioniere** etwas Neues machen und die nicht warten, bis jemand sie von außen motiviert. In dieser Phase war es für Innovatoren und für Menschen mit Unternehmergeist relativ leicht, erfolgreich zu sein, **weil Zeiten der Turbulenzen immer auch phänomenale Chancen bieten**.

PHASE 2: Stabiler Wohlstand und NEUE Werte

Wir erlebten zum erstenmal in der Menschheitsgeschichte wirtschaftlichen Überfluß (sogenannte Wirtschaftswunder-Jahre). Langsam glauben die Leute, es würde ab jetzt (für immer!) so bleiben. Damals stabilisierte sich das System auf dieser neuen Ebene. In dieser ruhigeren Phase beginnen die Siedler abzusahnen. Innovatoren investieren Energie, Zeit und Geld in neue Ideen, und die Siedler sahnen ein, zwei Jahre später (oft jahrzehntelang!) mit einem vergleichbaren Produkt ab. Diese zweite Phase begann in den USA in den frühen 70er Jahren, in Deutschland teilweise Ende der 70er und Anfang der 80er Jahre und in Japan Mitte/Ende der 90er.

In dieser Phase wachsen NEUE Werte heran. Nun geht es erstmals in der Menschheitsgeschichte um **Werte der Individualisierung.** Das heißt, jeder Mensch „hat" plötzlich ein **Recht auf Persönlichkeit** (Persönlichkeitsentwicklung, die Persönlichkeit auszudrücken usw.). Das sind völlig neue Werte in der Menschheitsgeschichte! Davor hatte das breite Volk, die breite Masse, niemals auch nur das geringste Recht auf so etwas wie Persönlichkeit, war sie doch (in Europa) zwei Jahrhunderte zuvor gerade erst aus der Leibeigenschaft befreit worden ... Eine „Persönlichkeit" hatten früher nur ganz, ganz wenige Menschen, denen sie in die (meist adlige!) Wiege gelegt worden war. Alle anderen Menschen hatten nichts dergleichen zu haben oder zu wollen.

Es handelt sich also derzeit um eine dramatische Entwicklung in der Menschheitsgeschichte, die wir kaum wahrnehmen können, **solange**

wir uns mittendrin befinden. Erst später, wenn man einen gewissen Abstand gewonnen hat, kann man zurückblicken und sagen: „Jawohl, so war es." Mit der Distanz kommt auch der klarere Blick. Solange wir „drinstecken", können wir nicht viel von dem sehen, was rechts und links um uns herum brodelt. Darum sind Einsichten wie die des Daniel YANKELOVICH so hilfreich, denn sie helfen uns, Aspekte an unserer derzeitigen Entwicklung wahrzunehmen.

PHASE 3: Die Party ist vorbei (nach dem Fest)

Nun folgt der Übergang zur nächsten (dritten) Phase. Wir erleben ein doppeltes Leitmotiv, denn in dieser dritten Phase nach YANKELOVICH sahen wir wirtschaftlichen Optimismus gekoppelt mit moralischem Pessimismus. Plötzlich hörten (lasen) wir häufiger Aussagen wie: „Diese furchtbare Individualisierung von Otto und Ottilie Normalverbraucher, das ist doch der pure Egoismus." oder „Wo kämen wir denn hin, wenn jede/r auf seine/ihre individuelle Persönlichkeit mehr Wert legt, als auf das, was für die Gesamtheit (Staat, Firma, Gruppe, Familie) wichtig ist?!" und ähnlich. In diesen Jahren wurde viel vom Egoismus geredet, z.B. von dem der Jungen, die im „Hotel Mama" verweilen, von dem der Sozial-Schmarotzer oder von dem der Hochleistungs-Sportler und anderen Stars, die im Ausland weniger oder gar keine Steuern zahlten.

Aber auch diese dritte Phase ist eine Übergangsphase, und in Zeiten des Übergangs kommen immer Ängste auf. Diese Angst ist nicht ganz unberechtigt, denn in turbulenten Zeiten wissen wir nie, an welcher Stelle wir aussteigen und ob wir im Abwärts- oder im Aufwärtstrend auf die nächste Ebene kommen. Heute machen sich viele Sorgen um den großen Zusammenbruch. YANKELOVICH hat einen wesentlichen Teil der zukünftigen Entwicklung vorgezeichnet. Er stellt fest, daß uns eine Synthese zwischen den alten Werten der Phase eins (Bescheidenheit) und den neuen Werten der zweiten Phase (Individualismus, Egoismus) fehlt. Die Synthese bedeutet, daß wir uns auf Gegenseitigkeit etwas Gutes tun (offizieller Begriff: REZIPROZITÄT). Es geht um Geben und Nehmen. Es geht um sowohl (z.B. Kinder, Familie) als auch (Ausbildung, beruflicher Erfolg, Karriere). Also verbinden wir jetzt viele „Ent-oder-Weders" zu einem „Sowohl-als-auch". Das ist im Grunde eine unerhört gesunde und notwendige Entwicklung, die die meisten Menschen (die Siedler) sich überhaupt noch nicht vorzustellen vermögen. So wie die Siedler am Ende des Agrarzeitalters sich keine rauchenden Schlote und Massenprodukte für jedermann und jederfrau ausmalen konnten, so können die Siedler des Industriezeitalters sich die post-industriellen Entwicklungen noch nicht vorstellen. Denn: In die jeweils vor uns liegende Zukunft kann sich immer nur hineinversetzen, wer sich bereits in der Vergangenheit in seiner Vorstellung hineingewagt hat.

Je früher Sie damit beginnen, desto eher werden Sie die sich bereits ziemlich klar abzeichnenden Entwicklungen „sehen" können.

Wo stehen wir derzeit?

Ich meine, wir entwachsen derzeit der dritten YANKELOVICH-Phase und beginnen, in eine vierte einzutreten. Ich möchte die neue Phase bezeichnen: **Aufwachen – das Schicksal in die eigene Hände nehmen!**

Wir sehen zwar einige zarte Signale für einen möglichen neuen Aufschwung, andererseits aber auch noch jede Menge Zeichen für einen weiteren Abstieg. Um nur zwei Beispiele zu nennen: Erstens hat der Versuch zu entbürokratisieren zu weit mehr neuen Gesetzen, Reglementierungen etc. geführt, als abgeschafft wurden. Auf eine abgeschaffte Regelung kommen im Schnitt 3 bis 5 neue! Dies gilt im Bereich Häuslebauen genauso wie im Steuerrecht oder für Leute, die den Mut haben, eine Firma zu gründen. Hier hinken wir hoffnungslos nicht nur anderen europäischen Ländern hinterher, sondern dem Rest der Welt. Nur fundamentalistische islamische Länder haben vergleichbar verkrustete Bürokratien wie wir!

Zweitens scheint der physische Verfall vieler Schulen, die nicht einmal das Geld haben, um die nötigsten Erhaltungs-Arbeiten durchführen zu lassen, unseren geistigen Verfall zu symbolisieren. Wir lassen nicht ab von Mechanismen, die den weiteren stetigen Verfall der Geisteskraft unserer Nation garantieren – zu frühe Trennung nach vier Schuljahren, „Sitzenbleiben" wegen ein/ig/er schlechten/r Note/n, auch wenn man andere Fächer brillant beherrscht. Wir beharren auf Notensystemen schon für die Kleinsten, die jeden Fehler bestrafen, was erfolgreich verhindert, daß man aus ihnen lernen kann (vgl. das Modul *Appell an alle lehrenden Personen* in meinem Buch *Trotzdem LEHREN*; dieses Modul befindet sich auch in der TEXT-Schublade auf www.birkenbihl.de). Weiter beharren wir auf starrsten Lehrplänen mit Unmengen an Kreuzworträtsel-Wissen, das den Blick für die großen Zusammenhänge und Folgen von Entwicklungen weiterhin erfolgreich verstellt. Die absurde Idee, daß alle zum selben Zeitpunkt dasselbe im selben Tempo lernen müssen, das heißt die Fortführung dessen, was Alvin TOFFLER als SCHULFABRIK bezeichnete, ist hirnrissig. Es handelt sich um die „Schul-Technolgie", die wir für das Industrie-Zeitalter erfunden haben. Warum bestehen wir darauf, sie angesichts einer werdenden Wissens-Gesellschaft stur weiterzuführen, wiewohl viele Verantwortliche inzwischen genau wissen, daß der Zug auf den Abgrund zurast?

Unsere Regierung gibt derzeit 4 Millionen funktionale Analphabeten – unter DEUTSCHEN Bürgern wohlgemerkt – zu (etwaige Analphabeten ausländischer Herkunft nicht mitgerechnet). Mehr und mehr SchülerInnen schaffen den „Quali" nicht (den qualifizierten Hauptschulabschluß). Mehr und mehr SchülerInnen können trotz „Quali" kaum lesen, rechnen, schreiben und vor allem DENKEN, so daß sie keine Chance auf eine Lehrstelle haben. Die Politiker reden laut und häufig von jungen Menschen, die keine Lehrstelle finden, aber sie geben nicht zu, daß Firmen inzwischen händeringend nach Auszubildenden suchen, weil zu viele Jugendliche nicht ausbildbar sind. Hinzu kommt, daß Auszubildende einst einen Tag pro Woche in die Berufsschule gingen, heute aber bis zu 50 % ihrer Ausbildungszeit mit dem Lernen von theoretischem „Zeug" verbringen. Dadurch können immer mehr junge Leute nicht einmal mehr in „einfache" Berufe hineinwachsen, weil wir diese durch tausend neue Re-

> Warum kehren wir den Trend nicht um? Antwort: Weil zu wenige Leute bereit sind, zu DENKEN.

gelungen seit den Wirtschaftswunder-Jahren so kompliziert gemacht haben, daß es keine einfachen Lehrberufe mehr gibt. Und so weiter.

Es wäre ehrlicher, offiziell ein Elite-System zu haben, bei dem alle BürgerInnen begreifen, daß man im staatlichen Schulsystem kaum Dinge lernen wird, die zu Hause nicht vorgelebt, unterstützt und notfalls durch bezahlte Nachhilfe ermöglicht werden.

Wir erleben derzeit ein eigenartiges Paradox

BISMARCK sorgte dafür, daß die Kinder einfacher Arbeiter im Schulwesen keine Chancen erhalten, das zu lernen, was sie zu Hause nicht erfahren. Dies ist auch heute noch so. Das zeigten die PISA-Studie 2000 und die OECD-Studie 2003: Deutschland ist einsame Spitze, wenn es um den Aspekt der „sozio-ökonomischen Distanz" geht, das heißt, die ständig versprochenen Bildungschancen existieren für Kinder sogenannter bildungs-FERNER Familien NICHT. Gleichzeitig aber wurden Wissen und Bildung in einem nie dagewesenen Maße DEMOKRATISIERT, das heißt, von (fast) kostenlosen öffentlichen Büchereien bis zum Internet gab es noch nie so viel Wissen, aber nur für Menschen, die gelernt haben, wonach und wie man sucht. Damit meinen wir ein Bündel an Denk-Fähigkeiten, die unser Schulsystem der staatlichen Regelschulen nachweislich gar nicht oder frühestens am Gymnasium in der Oberstufe (und auch da oft nur rudimentär) lehrt. Womit die meisten Kinder ausgeschlossen bleiben, wie früher. Das Perfide ist, dass wir seit zwei bis drei Generationen zunehmend von Bildungschancen REDEN und damit allen, die scheitern, das Gefühl geben, extrem dumm zu sein.

Die Lösung: Menschen zum Denken erziehen?

Deshalb entwickle ich ja seit Jahren Denk- und Lern-Tools, die schrittweise eben jene Fähigkeiten vermitteln, die staatliche Schulen uns vorenthalten. Die Zahl der LeserInnen, die lange genug dabei sind und AKTIV mitmachen, der Seminar-TeilnehmerInnen und der TV-SeherInnen, die

die teilweise dramatischen Auswirkungen SPÜREN, wächst ständig. Immer wieder höre ich in meiner monatlichen Telefon-Hotline oder in Gesprächen in Seminarpausen, um wie viel differenzierter Menschen inzwischen denken können, wenn sie sich auf die KOPF-SPIELE einlassen.

Zum Einstieg besonders geeignet: Die Bücher *Intelligente Wissens-Spiele und Mehr intelligente Kopf-Spiele* sowie die TV-Serie *KOPF-SPIELE* (auf 2 DVD.s erhältlich).

Teil 3: Die Zukunft (heute und morgen)

Mini-Quiz: Wer?/Wann? – Wissen Sie Bescheid?

1. Wer besaß wann die **erste Armbanduhr**, die als Telefon (Handy) genutzt werden konnte und auf deren Display das Bild dessen erschien, mit dem er sprach (Videophonie)?

   Wer? ______________________________

   Wann? ______________________________

2. Wer erfand wann die **individuelle Zeitung**, die, nach unseren Wünschen zusammengestellt, aus dem PC kommt und die wir am Monitor lesen oder ausdrucken können?

   Wer? ______________________________

   Wann? ______________________________

3. Wer erfand wann die **persönliche Telefon-Nummer**, die man überallhin „mitnehmen" und sowohl für Faxe als auch Telefonate einsetzen kann?

   Wer? ______________________________

   Wann? ______________________________

Frage: Wieviel **Science-Fiction-Bücher/Stories** haben Sie bereits gelesen? (Vgl. Ihre Antwort im Eingangs-Quiz, Seite 166.)

Nun möchte ich Ihnen zwei Wege in die Zukunft zeigen.

Zwei Annäherungen: NON-FICTION + FICTION

Es gibt grundsätzlich zwei Möglichkeiten, sich mit der Zukunft zu befassen. Zum einen können wir über sie nachdenken. Dabei helfen uns Gespräche mit Menschen, die sich seit langem mit Zukunft befaßt haben (davon gibt es wenige). Das zweitbeste sind Autoren, die dies für uns tun; ein kurze Literatur-Liste mit der Überschrift ZUKUNFTS-TAUGLICHKEITS-BÜCHER finden Sie als KASTEN im Literatur-Verzeichnis; eine kleine Service-Leistung für Sie, liebe LeserInnen. Es dauert viele Jahre, bis man genügend Zukunftsbücher gelesen hat, um die besten auszusuchen und zu empfehlen. Diese wenigen Titel sind so hervorragend, daß ich Ihnen rate, sie in Bibliotheken auszuleihen (man darf vergriffene Bücher fotokopieren!) oder sie antiquarisch zu suchen. Dabei unterscheiden wir nun zwischen dem Bereich **non-fiction** und **fiction**. Ich finde diese angelsächsische Unterteilung weit hilfreicher als die bei uns übliche.

1. NON-FICTION

Als „non-fiction" werden Werke bezeichnet, die „nicht fiktiv" sind, also vom Artikel über das Sach-, Fach- und Lehrbuch bis zu Filmen, Kassetten, DVD.s, PC-Programmen etc. Wiewohl es in der Zukunfts-Literatur wenig NON-FICTION gibt, da ja Prognosen zwangsläufig in die Zukunft zielen und daher teilweise eben doch die ERFINDUNG (fiction) des Autors sind, wollen wir die Grenze ziehen und diese Autoren als Sachbuchautoren betrachten.

2. FICTION, genauer: sf (= science fiction)

Eigentlich bietet es sich an, an den Ideen von Menschen teilzuhaben, deren Beruf sich damit befaßt, diverse Zukünfte zu erfinden. Leider steht sf (wie vieles, das viel Freude machen kann) bei uns eher im Verruf, nicht „ernsthaft" genug zu sein, während z.B. amerikanische Forscher in bestimmten Fachgebieten diesen Literaturzweig geradezu „ernsthaft" verfolgen. Des weiteren sagen viele (die heute aus Zeitgründen nicht mehr dazukommen), diese Literaturgattung hätte ihre Phantasie in Kindheit und Jugend „gezündet" und sie in die Richtung ihrer heutigen Forschungsarbeit gebracht. Ebenso habe ich festgestellt, daß Führungskräfte, die sich regelmäßig anderen (virtuellen) Welten aussetzen, einen offeneren Geist entwickeln als jene, die lautstark ihre Empörung bekunden und sich darüber erregen, wie man sf in einem „seriösen Führungs-Seminar" überhaupt zur Debatte stellen kann. Tja. Man kann, und man sollte. Und man könnte versuchen, prinzipiell zweimal zu denken, wenn man merkt, daß eine vorschnelle Ablehnung uns aus dem Mund schießt, ohne daß unser Geist überhaupt Zeit hatte, die Idee sorgfältig zu prüfen ...

Natürlich sind viele Werke, die als sf angeboten werden, nicht unbedingt wirklich **science fiction** (was einen der Gründe für ihre Ablehnung darstellt, die ich nachvollziehen kann). Viel sogenannte sf hat mit „Science" gar nichts zu tun, es handelt sich dabei um „Fantasy" (also moderne Märchen, die auf anderen Planeten, in Parallelwelten etc. spielen): von Weltraumcowboys (Laserpistolen im Weltraum), Weltraum-Krimis (die auf fernen Planeten oder in Raumschiffen spielen) bis zu Drachen- und Prinzessinen-Stories.* Aber es gibt auch sf, die uns als Menschen, die Visionen entwickeln wollen, helfen. Bücher, die uns helfen, besser vorbereitet zu sein auf unsere eigene Zukunft. Stories, die uns zeigen, wie unterschiedlich diverse mögliche Zukünfte sein könnten. Diese Art von sf kommt der Szenario-Technik sehr nahe, mit ähnlichen Vorteilen für uns.

Wir sprechen also ab jetzt von Werken, die, bei Science (das heißt dem Wissensstand zur Zeit, als der Autor schrieb) beginnend, verschiedene Wege einschlagen können. Da die Zeit des Schreibens so wichtig ist, finde ich stets zuerst das Original-Erscheinungsjahr heraus und schreibe es vorne aufs Buch, damit ich immer mit einem schnellen Blick daran erinnert werde: Das schrieb der Mensch im Jahre 1980, als noch niemand die **spätere** Entwicklung für **realistisch** gehalten hätte. Das beeindruckt mich immer wieder. Dabei unterscheide ich zwischen folgenden Hauptströmungen (für mich):

---

*Es spricht nichts gegen diese Bücher, nur will ich klarstellen, daß sie absolut nichts zu unserer Zukunfts-Tauglichkeit beitragen (wiewohl sie uns ein paar schöne Stunden schenken mögen).

1. **Bücher, die**, von der heutigen Wissenschaft ausgehend, **in die Zukunft extrapolieren**, was passieren **könnte**. Hier liefert die Story die eigentliche „**Handlung**", dabei gibt es unglaublich spannende Zukünfte zu entdecken. Diese Art von Geschichten fordert oft sehr viel Phantasie, ist also gleichzeitig als Vorstellungs-Training hilfreich. Sie „dehnen" unseren geistigen Horizont – manchmal so sehr, daß wir ihn anschließend nie mehr auf die ursprüngliche Größe (oder Kleinheit) zurückschrumpfen können. Tja, einmal er-WEIT-erte Grenzen im Geist können nicht zurückgenommen werden. Diese Geschichten mit Handlung trenne ich von Kategorie zwei:
2. **Bücher**, **die** uns einen **sf-Hintergrund bieten**. Angenommen, ein sf-Autor schreibt „keinen Stil" oder er erzählt eine langweilige Story, dann greifen Sie zu einem Leuchtstift und **schalten um**: Suchen Sie Aspekte, die für ihn **Hintergrund** darstellen, z.B.:
   - Wie bewegen sich die Leute von A nach B?
   - Wie kommunizieren sie miteinander?
   - Welche technischen Hilfsmittel nutzen sie?

Einige sf-Autoren schreiben meines Erachtens vor allem, weil sie sich zukünftige Welten hervorragend ausmalen können, wiewohl sie vielleicht weder wirklich „schreiben" können (im Sinn von Sprachstil, Charakterisierung von Personen etc.) noch fähig sind, wirklich starke Stories zu erzählen. Trotzdem finden sie ihre LeserInnen, denn man kann sich durch ihr Werk in Zeiträumen potentieller Zukünfte „aufhalten"! Das ist eine **wunderbare Übung**, so können auch wir zukünftige Welten „basteln". Dies hilft insbesondere jenen, die sich **in der Vergangenheit zu wenig (noch nie) um die Zukunft gekümmert haben.** Zwei Zukunftsforscher (HAMEL & PRAHALAD) stellten z.B. fest, daß Führungskräfte sich viel zu oft ausgiebig mit der Vergangenheit beschäftigen, ansonsten viel in der Gegenwart leben (oder gelebt werden, möchte ich hinzufügen), aber in der Regel weniger als 6 Prozent ihrer Zeit in der Zukunft verbringen. Das erscheint den Managern zunächst logisch, da die Zukunft ja noch nicht da ist. Da wir aber den Rest unseres Lebens in der Zukunft verbringen werden, sollte es sich doch anbieten, mehr über sie nachzudenken, oder?

Ich will nicht behaupten, daß sf-Leser jeden Trend akkurat vorhersagen können, aber ich behaupte, daß sie weit offener für mögliche Zukünfte sind, daß sie diese relativ klar beschreiben können und daß sie daher erste Anzeichen erkennen, die zeigen, daß ein Weg sich zu realisieren scheint.

Heute gibt es sogar sf-Literatur als Hörbücher (gut für lange Reisen). Zwar kann man nichts anstreichen, aber wenn man ab und zu eine ABC-Liste anlegt, kann man die WESEN-tlichen Schlüsselbegriffe trotzdem erfassen. Wer neu einsteigt, wird regelmäßig überrascht, was Autoren Jahrzehnte vorher „vorwegnahmen", wie man rückblickend gerne sagt, so als sei das nichts. Ich finde es bahnbrechend, wie die Antworten auf unser kleines Quiz oben zeigen:

Wer?/Wann?-Quiz – Auflösung

1. Wer besaß wann die **erste Armbanduhr**, die als Telefon (Handy) genutzt werden konnte und auf deren Display das Bild dessen erschien, mit dem er sprach (Videophonie)?

Wer? Dick Tracy, ein Comic-Held (Autor Chester GOULD)
Wann? In den 1930er Jahren

2. Wer erfand wann die **individuelle Zeitung**, die, nach unseren Wünschen zusammengestellt, aus dem PC kommt und die wir am Monitor lesen oder ausdrucken können?

Wer? Robert HEINLEIN
Wann? 1951 (s. Hinweis)

3. Wer erfand wann die **persönliche Telefon-Nummer**, die man überallhin „mitnehmen" und sowohl für Faxe als auch Telefonate einsetzen kann?

Wer? Robert HEINLEIN
Wann? 1951 (s. Hinweis)

Beide Dinge gehören zum HINTERGRUND eines HEINLEIN-Romans. (Dieser Autor liefert viel BACKGROUND! Ich lese ihn vor allem deshalb immer wieder gerne. Seine Stories können recht banal sein, aber er war seiner Zeit um Jahrhunderte voraus!

In HEINLEINs **frühen** Büchern (1950er und 1960er Jahre) finden wir eine Reihe von Entwicklungen „vorweggenommen", die heute bereits **existie-**

ren oder demnächst zu erwarten sind. Aus einer meiner ABC-Listen zum Thema (Auszug):

- **automatisch funktionierende Gegenstände**, die ihr Besitzer vorher selbst programmieren kann; so kommt man z.B. von der Arbeit heim und findet die gefüllte Badewanne, welche das Haus startete, als man sich der Garage näherte (in den frühen 1950ern waren Bäder extrem modern!)
- **Ehevertrag**
- **Flugtaxis** (eine Art „Light-Helikopter")
- **geländegängige Allzweckfahrzeuge**
- **Gleichberechtigung** für Frauen
- **hauchdünnne Handschuhe** (sehr stabil, sie bieten viel Schutz, vgl. moderne Handschuhe für Chirurgen heute)
- **individuell ausgedruckte Zeitung** (nach Ihren Wünschen zusammengestellt) am Bildschirm oder zum Ausdrucken
- **Integration** der „afrikanischen" Amerikaner (zu einem Zeitpunkt, als noch eine sehr offensichtliche Apartheid in den USA bestand)
- **Internet** (das neben der Schnell-Recherche für Erwachsene auch virtuelle Klassenräume für Kinder bietet, s. unten)
- **Kopiergeräte**
- **PDA** mit schnurloser Intranet-Verbindung in ein großes Gebäude plus globaler Internet-Verbindung (die Dinge heißen natürlich anders, aber sie funktionieren wie die heutigen Varianten)
- **persönliche Telefonnummer** für alle Kontakte (inklusive Fax), egal, wo auf der Welt man sich befindet
- **virtuelle Klassenräume für Kinder**, die ihren Unterricht weitgehend selbst (aus einem von Lehrbeauftragen erarbeiteten Angebot) zusammenstellen, das heißt, daß sie den Zeitpunkt und das Tempo der Themen frei wählen können

Ich hoffe, Sie werden mal (wieder) sf zur Hand nehmen ...

Erinnerung: Zukunfts-Tauglichkeit muß erworben werden

Wenn wir Zukunfts-Tauglichkeit erwerben wollen, was können wir tun? Hier je ein Vorschlag pro Thema (dies sind die **Top-Favoriten meiner Coaching-Klienten**):

1. GESCHICHTE am Beispiel von (TV-)Dokus

Sehen Sie Dokus über gewisse geschichtliche Vorgänge oder Epochen (z.B. über das Mongolenreich, das 100 Jahre weltumspannend war, und in knapp 300 Jahre vollkommen unterging).

- **Ziehen Sie regelmäßig LEHREN aus dem Gesehenen**. Z.B: Wenn die Söhne von Gengis Khan nicht völlig zerstritten gewesen wären und das damals gigantische Reich aufgeteilt hätten ... Hier haben die Söhne die eigene Geschichte torpediert.
- **Fragen Sie nach Gründen.** Z.B.: Weil Gengis Khan ihnen seinen Traum eines Weltreiches nicht hatte kommunizieren können. (Was nützt also die größte Vision einer Führungskraft, wenn man niemanden damit „infizieren" kann?)
- **Fragen Sie sich, ob es Parallelen in Ihrem eigenen Leben gibt.** Z.B.: Haben Sie eine Vision? Teilen andere diese? Wären in Ihrer Abteilung, in Ihrer Firma ähnliche Eigentore möglich?
- **Formulieren Sie Konsequenzen aus Ihren Überlegungen.** Denn auch starke Eindrücke eines Freitagabends verblassen bis zum nächsten Meeting am Dienstag, wenn Sie nicht konkret formulieren, was Sie aufgrund Ihrer Einsicht unternehmen wollen.

So lernen Sie ein wenig (mehr) über das HEUTE, das MORGEN und die GESCHICHTE und trainieren gleichzeitig analoges Denken ...

2. BLICK AUF UNSERE ZEIT

Ob Sie Zeitung (Magazine, Bücher) lesen oder Talkshows in Radio/TV hören (z.B. Journalisten-Runden oder Auslandsberichte sehen), legen Sie regelmäßig beim Lesen, Sehen, Hören ABC-Listen an, und versuchen Sie, das WESEN-tliche zu notieren. Falls Sie dabei öfter feststellen, daß Sie kaum etwas aufschreiben können, heißt das nicht, daß Sie „doof" wären, sondern bedeutet in 99 Prozent aller Fälle, daß der Bericht (die Talkrunde) so gut wie nichts wirklich WESEN-tliches zu bieten hat. Diese Erkenntnis hilft enorm, wenn es gilt, Info-Müll zu erkennen (vgl. *INFO-Flut?*, Seite 226 ff.).

3. ZUKUNFTS-LITERATUR

S. Abschnitt *Zwei Annäherungen: non-fiction und fiction* (Seite 186 ff.) sowie die dort angesprochene Literaturliste.

Ameisen, Menschen, Vants + Vogelschwärme

* Schwarm-Denken: ein Ergebnis von Selbst-Organisation

Einige der Ideen und Beispiele in diesem Abschnitt verdanke ich dem faszinierenden Buch *Das Ende der Kontrolle** von Kevin KELLY. Es führt in brillanter Art in das Schwarmdenken ein, wobei KELLY Studien aus unterschiedlichsten Forschungsrichtungen heranzieht (und seine Quellen sauber angibt, so daß man weiter forschen kann). Sehr empfehlenswert!

Ameisen

Stellen Sie sich eine kleine Lichtung in einem Wald vor. Wir sehen einige Ameisen, eine Futterquelle und etwas entfernt den Bau. Zwischen Futter und Zuhause gibt es eine Barriere, die sie nicht gut überqueren können (sagen wir, eine leere Konservendose). Nun sind die Ameisen am erfolgreichsten, die außen herumgehen, um an das Futter zu gelangen. Man hat solche Vorgänge gefilmt und in den Computer eingespeist. Später blendete man alle Ameisen, die woanders hinliefen, aus. Dabei konnte man feststellen: Eingangs ist die Wahrscheinlichkeit, daß sie rechts oder links an dem Hindernis vorbeilaufen, gleich groß. 50 Prozent laufen rechts und 50 Prozent laufen links herum. Nehmen wir an, der Weg links herum ist etwas kürzer. Sehr bald schon laufen immer mehr Ameisen den kürzeren Weg, und am Ende sind es sogar 95 Prozent. Nun stellt sich die Frage: Wie machen diese „dummen Insekten" das eigentlich? Sie besitzen keinerlei Gehirn, und sie können obendrein nicht einmal sehen! Sie können also nicht denken: „Ah, die Kollegen laufen da lang ...!", weil sie das nicht sehen können. Aha, denken wir, vielleicht hören sie ja etwas? Fehlanzeige. Sie können auch nicht hören! Sie können nur tasten, riechen, greifen und laufen.

Aber wenn sie laufen, dann produzieren sie kleinste Duft-Tröpfchen. Dieser Duft ist so extrem intensiv, daß wir uns davon keine Vorstellung ma-

*Interessanterweise machte der Originaltitel der Zielgruppe (Führungskräften) so viel Angst, daß man ihn in der zweiten Auflage änderte. Jetzt heißt das Buch *Der zweite Akt der Schöpfung,* damit sie es wagen, es zu lesen.

chen können. Wenn wir nur ein Gramm davon hätten und unseren kleinen Weg um die Konservendose damit markieren würden, dann könnten Ameisen das noch über eine Distanz riechen, die dem **dreieinhalbfachen Erdumfang** entspricht. Die Mengen sind also infinitesimal! Aber diese Mikro-Mengen lassen sie mit jedem Schritt fallen. Dieser Duft **verfliegt sehr schnell**. Und damit wird er zur Botschaft: Duft vorhanden sagt: Achtung, Ameisenweg. Duft nicht vorhanden sagt „nichts". Da der Duft schnell verfliegt, ist der Geruch auf dem kürzeren Weg intensiver, weil dort mehr Ameisen gleichzeitig „duften" als auf dem längeren Weg, den ja weniger gehen. Also lockt der Duft immer mehr Ameisen auf den kürzeren Weg, was die Duft-Intensität dort verstärkt, was wiederum die Tendenz der Ameisen, hier entlangzugehen, verstärkt etc. Das Ergebnis: Am Ende gehen 95 Prozent der Ameisen den kurzen Weg. Und die Lehre lautet:

Wiewohl keine einzige Ameise ein Hirn und Denk-Fähigkeit besitzt, entwickeln die Ameisen zusammen doch eine Art Gruppen-Intelligenz. Das ist ein emergentes Phänomen. Mit EMERGENT bezeichnet man in der Komplexitätsforschung Phänomene, Eigenschaften oder Prozesse, die einen Level darunter noch nicht zu ahnen gewesen waren. So ist z.B. die Temperatur ein emergentes Phänomen, weil keines der einzelnen Moleküle Wärme enthält. Reiben sich aber viele Moleküle aneinander, dann entsteht durch diese Reibung als EMERGENTES Phänomen etwas vollkommen Neues, nämlich Wärme!

So auch hier: Keine einzelne Ameise ist zu einer Art von „Denkleistung" fähig (kann also nicht sagen: Wenn viele dort entlanggehen, so muß dies der bessere Weg sein). Aber die Ameisengruppe kann eine Methode entwickeln, den besten Weg herauszufinden. Als Gruppe ist ihr möglich, was keine als Individuum gekonnt hätte.

Was glauben Sie: Schaffen Menschen so etwas auch? Viele Führungskräfte neigen ja eher dazu, ihre Leute für ziemlich blöd zu halten. Sie behaupten im Seminar gerne, daß man ihnen sehr detaillierte und genaue Anweisungen geben müsse (sprich: ein klassisches Computerprogramm schreiben muß). Deshalb liegen in manchen Firmen dicke Bücher auf, welche die Richtlinien enthalten, die man befolgen soll. Viele dieser Führungskräfte nehmen des weiteren oft an, sie müßten immer hinterhersein und alles kontrollieren. Sie halten die MitarbeiterInnen eher für demotiviert, gehen davon aus, diese würden sowieso blaumachen, wann immer es geht, etc. (s. *McGREGORs Theorie X und Y*, Seite 82 f.).

Man glaubt, es sei sehr schwer in einer Firma, die Leute in Schwung zu bringen. Und **man schaut sehnsüchtig auf die fleißigen Ameisen**: Sie sind hochmotiviert, sie braucht niemand zu motivieren. Gehen wir als nächstes nach Las Vegas.

Menschen

Ein Raum mit 5000 Leuten. Jeder hat ein „paddle" erhalten aus Pappe, länglich, höher als ein Tischtennisschläger. Es hat zwei unterschiedlich eingefärbte Seiten – eine grüne und eine rote. Eine Kamera erfaßt diese Paddles. Vorne auf der Bühne steht ein Moderator und sagt: „Wollen wir doch einmal sehen, ob ihr **Pong** spielen könnt!" Ich weiß nicht, ob Sie sich erinnern, es war eines der ersten Computerspiele. Sie hatten am Bildschirm rechts und links je eine senkrechte Linie. Es gab einen Ball, und es gab ein (elektronisches) **Paddle**. Dieses bewegten Sie auf und ab, in der Hoffnung, daß Sie mit dem Paddle den Ball träfen.

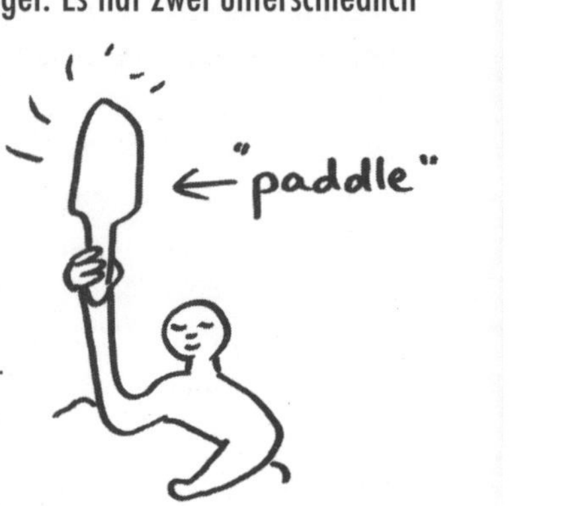

In diesem Raum in Las Vegal sitzen nun 5000 Leute, die **keinerlei** Anweisungen bekommen, es werden auch **keine** Gruppenleiter gewählt, die Anweisungen geben könnten. Es gibt keine Chefs, keine Untergebenen, und nun erscheint vorne auf der großen Leinwand Pong.

Eine Kamera erfaßt die Paddles, und einige zusammengeschaltete Computer berechnen deren Werte. Daraus leitet sich die Steuerung für die Paddles im Raum ab. Die Menschen sind fasziniert, wenn sie bemerken, daß ihre Aktionen mit den Paddles klare Reaktionen auslösen. Sie beginnen ganz langsam, aber schon nach einigen Minuten spielen **diese 5000 Leute Pong – wie eine einzige Person. Was wir bei den Ameisen gesehen haben, eine Art Gruppen-Intelligenz, kommt auch hier zum Vorschein**. In kürzester Zeit beginnt das Tempo zu steigen, und bald spielen die Menschen schneller, und schon nach einigen Minuten spielen sie **schneller, als die meisten einzelnen Pongspieler spielen können**. Und das, wiewohl viele dieser jungen Leute PONG früher niemals gekannt hatten!

Als nächstes ließ der Spielleiter die Menschen im Saal Zahlen bilden: Sie hielten ihre Paddles in die Luft, völlig willkürlich mal Rot, mal Grün nach vorne. Dann sahen sie das FEEDBACK (s. Abschnitt *Mitarbeiter-Beurteilung*, Seite 115 f.) und begannen, ihre Paddles dem Bild auf der großen Leinwand gemäß auszurichten – wieder ohne ein einziges Kommando, ohne Anweisungen, ohne Kontrolle, und in Null Komma nichts bildeten sie die gewünschten Ziffern:1, 2, 3 usw. Das ging ganz leicht.

Als nächstes meinte der Moderator: „Also Leute, ihr seid zu gut für diese Kinderspielchen. Jetzt setzen wir euch was echt Spannendes vor!" Was, glauben Sie, kam jetzt? Dreimal dürfen Sie raten. Aber wenn Sie den Versuch nicht kennen, werden Sie niemals darauf kommen. Denn jetzt erschien auf der großen Leinwand ein PC-Flugsimulator. Haben Sie schon einmal einen gesehen? Vielleicht kennen Sie ja den Anblick eines Cockpits – vielleicht aus dem Fernsehen? Da gibt es wahnsinnig viele Instrumente und Knöpfe, die ganze Front und Decke sind voll davon, ebenso die Konsole in der Mitte.

Jetzt stellen Sie sich vor, Sie sehen eine Art von Zeichentrick: da unten eine Landebahn und eine Info darüber, wo Sie (das heißt Ihr Flugzeug) sich derzeit befinden. Und Sie stellen fest: Sie fliegen bereits und befinden sich im Landeanflug – das Schwierigste, was es überhaupt gibt. Im

Seminar frage ich gern die Anwesenden, wer schon einmal geflogen ist, real oder virtuell – ganz wenige melden sich. Dann stellen wir fest, daß sie alle in der Vergangenheit mindestens einige Stunden gebraucht haben, um einigermaßen zu „fliegen" bzw. um die erste Bruchlandung anzugehen. Und hier in Las Vegas sollen die Leute es im ersten Ansatz probieren: 5000 von ihnen!

Sie erhielten wiederum keine Anweisungen außer der nackten Information, welche Gruppe von ihnen welches Ruder kontrolliert.

Die Leute begannen, vorsichtig und langsam mit ihren Paddles zu hantieren, während sie gebannt auf ihr sofort erscheinendes visuelles FEEDBACK (vgl. Seite 115 f.) starrten. Das Flugzeug stand kurz vor der Landung. Allen war klar, es muß einen Crash geben. Aber dann passierte etwas, das niemand vorausahnen konnte (Sie erinnern sich an EMERGENZ?): Diese 5000 Leute, wir wissen nicht, wie sie es getan haben, aber diese 5000 Leute beschlossen irgendwie, das Flugzeug **hochzureißen**, einen weiten Bogen zu fliegen, um es **noch einmal zu probieren**. Es ist vollkommen schleierhaft, wie 5000 Leute (oder die meisten von ihnen) so eine „Entscheidung treffen" konnten, aber irgendwie taten sie es. Und sie schafften ein weiteres Wunder, denn im zweiten oder dritten Anflug landeten sie das Flugzeug nach ca. 12 Minuten Flugzeit, das heißt Trainingszeit, in toto. Teilweise kreischten sie wie wild, teilweise herrschte Totenstille im Raum. Können Sie sich das vorstellen? Das muß ein monumentales Er-LEB-nis sein, bei so etwas mitgewirkt zu haben!

Übrigens gilt dasselbe für MitarbeiterInnen in Firmen, in denen ähnliche Prozesse ausgelöst werden, indem man extrem wenig einfache Regeln und ein großes Ziel vorgibt und dann wartet, wie sich diese Wesen verhalten werden!

Und diese Leute berichten davon, wie gut sie sich fühlen, wie gerne sie arbeiten gehen, wieviel Freude die Arbeit macht etc. Wer dies für Unsinn hält, sollte sich die Zahlen solcher Firmen ansehen: Die Fluktuation ist nahe null, Krankheitsstand dito, es gibt keinerlei Mobbing. Alle haben sich auf das große Ziel (das beim Kunden liegen muß) ausgerichtet, und alle „landen" gemeinsam die Aufträge, von denen die Firma lebt ... Das widerspricht vollkommen den angeblichen Erfahrungen vieler Manager. Wenn man näher nachfragt, stellt sich oft heraus, daß es weniger echte Erfahrungen sind als vielmehr Vorurteile plus Erfahrungen. Das ist ein großer Unterschied. Denn wenn wir Leute für unfähig halten, werden wir sie bald so machen, unbewußt. Dieser Mechanismus heißt Pygmalion-Effekt (nach ROSENTHAL, s. Seite 62 ff.) und kann in der Musical-Variante von SHAWs Theaterstück PYGMALION unter dem neuen Namen *My Fair Lady* begutachtet werden. An einer Stelle sagt das Blumenmädchen zu dem Freund des Professors in etwa: „Ja, Sie haben mich vom ersten Tag an wie eine Dame behandelt, er wie ein Mädchen aus der Gosse ..."

Wieso ist der Glaube, die Leute seien (besonders in Gruppen) besonders dumm, bei uns so weit verbreitet? Das hat **historische Wurzeln** (vgl. *Die Menschheitsgeschichte*, Seite 167 ff.). Wir haben früher gearbeitet, was sinnvoll war. Tiere wurden gemolken, wenn das Euter voll war, usw. Die Arbeit hatte einen Sinn, und wir waren eingebettet in die Welt und in die Arbeit. Sicherlich gab es ein paar Leute, die keine Lust auf Arbeit hatten, aber nicht das allgemeine Problem, daß alle Leute demotiviert oder blöde sind. Dann kam die industrielle Phase, der wir inzwischen entwachsen sind. Wir sind ja in der postindustriellen Phase. In der industriellen Phase haben wir Fabriken gebaut und haben alles auf seine Elemente reduziert. Kleinste Arbeitsschritte, dann darf jeder eine Schraube drehen, wie es im Film von Charlie CHAPLIN *Moderne Zeiten* gezeigt wird. Sie sitzen da, und man erfährt nur, was man für diesen einen Schritt wissen muß, völlig losgelöst – die Information wurde damals nach dem Motto „need to know" weitergegeben. Damit begannen die großen Motivationsprobleme (vgl. *TAYLORismus*, Seite 73 ff.).

Ab den 20er Jahren des vergangenen Jahrhunderts hat man dagegen Maßnahmen ergriffen. Dann kamen die großen psychologischen Theorien, wie man Menschen motivieren und bei der Stange halten kann. Es war alles flaches Zeug, das sich nie sehr lange gehalten hat, darum löst eine Management-Theorie die andere ab. Jede funktioniert nur, solange sie neu ist, weil dann noch ein wenig Faszination davon ausgeht. Diese hält jedoch nicht lange an; wir brauchen eine neue Theorie. So kann das eine ganze Weile gehen. Inzwischen aber haben wir festgestellt, daß Roboter solch monotone Arbeiten besser machen können als wir, so daß wir möglicherweise unseren Grips für etwas anderes verwenden könnten (Stichwort: lebenslanges Lernen). Wir können also hoffen.

Wer es wagt, wahrlich demokratische Strukturen in seiner Firma (Organisation) auszuprobieren, könnte ähnliche Effekte wie bei den 5000 Leuten in Las Vegas erleben. Das entspräche auch einem intelligenten Umgehen mit Komplexität. Nennen wir es demzufolge den **Las-Vegas-Effekt**

Allerdings wird diese Entwicklung behindert: Ähnlich wie Lehrkräfte, AusbilderInnen und TrainerInnen (im Seminarwesen), die seit Jahrzehnten Frontal-Unterricht (heute PowerPoint-Präsentationen) halten, wollen auch Führungskräfte die Zügel nicht aus der Hand gben. Sie ahnen im tiefsten Inneren, daß sie die Leute infantilisieren, aber solange man behauptet, die Leute seien alle unfähig, mit demokratischen Strukturen umzugehen, so lange scheinen sie recht zu behalten. Dank Pygmalion-Effekt! Es werden immer wieder Bücher geschrieben nach dem Motto: „Laßt die Leute ja nicht alleine handeln, das wird nichts!" Ein solches Buch hieß z.B. *Wenn die Affen den Zoo regieren.* Darin wurden Manager regelrecht davor gewarnt, den MitarbeiterInnen zu viele Freiheiten zu geben. Das löst zwar im Seminar immer **Gelächter** aus, wenn ich es erwähne, aber es ist das Lachen der Betroffenen – wie im Kabarett.

Wenn wir es schon nicht den Psychologen und Soziologen glauben, dann sollten wir uns die Ergebnisse der Komplexitätsforschung näher ansehen, z.B. indem wir das Buch von Kevin KELLY lesen. Es macht immens Mut. Denn sein ursprünglicher Titel *Das Ende der Kontrolle* meint ja nur, daß wir viel mehr schaffen können, wenn wir es wagen, die Kontrolle an die Handelnden abzugeben. Dazu brauchen wir **ein großes Ziel und wenige Regeln.** Alles, was Sie früher über MISSION-STATEMENTS und VISIONEN gehört haben, ist ein erster Schritt in diese Richtung. Aus ihnen kann man die großen, einfach formulierten Ziele herauslösen; oft enthalten sie auch wertvolle Hinweise auf die wenigen einfachen Regeln, die wir brauchen. Lassen Sie uns ein vorletztes Beispiel (über das KELLY ebenfalls berichtet) heranziehen, um den Kreis zu den Ameisen am Anfang zu schließen, aber auf einer anderen Ebene.

Vants (= VIRTUAL ANTS)

Diesmal simulieren wir Ameisen am Computer. Diese virtuellen Ameisen (Kunstbegriff VANTS) sollen, wie ihre realen „Artgenossen", Futter in den Bau schaffen. Vielleicht wissen Sie, daß klassische Computerprogramme Abertausende von **Programmzeilen** enthielten. Deshalb spricht man von 60 Jahren Manpower, das heißt, eine Person hätte 60 Jahre programmieren müssen, 100 Programmierer schaffen es in 6 Jahren.

Ein Autopilot in einem echten Flugzeug benötigt zwischen zwei und vier Millionen Programmzeilen. Das war der Grund, warum alle Hoffnungen auf schnelle „KI" (Künstliche Intelligenz, englisch AI) aufgegeben wurden. Die Leistung eines dreijährigen Kindes, wenn es schaut und etwas vom Tisch nimmt, ist so gut wie nicht zu programmieren, schon gar nicht als minimales Unterprogramm zu einer Art von künstlichem (Menschen-) Leben. Erste Versuche, so etwas wie Ameisen, die Futter in ihr Zuhause schleppen, hätten mindestens 10000 Programmzeilen benötigt. Aber aufgrund der neuen Forschung ging man ganz anders vor. Jetzt lautete das Ziel nicht, Tausende von Ameisen zu programmieren, Futter ins Nest zu holen, sondern wir fragen: Wie erzeugen wir die Schwarm-Intelligenz, damit sie es von alleine tun? Und das geht, wie man heute weiß, ganz anders. Was meinen Sie, wie viele **Programmzeilen** diese Fachleute tatsächlich gebraucht haben? Wollen Sie schätzen, dann muß es gleich sein.

Ich schätze ca. ______ Programmzeilen.

Nun, die Antwort wird kaum je erraten und ist nicht zu fassen: Es sind drei! Die Forscher mußten den gedachten (virtuellen) Ameisen lediglich „sagen":

Darüber hinaus gibt es einige „Abmachungen", was unter „zu Hause" zu verstehen ist, unter „aufnehmen" etc. Aber das ist sozusagen das Grundvokabular, in dem dann die drei Programmzeilen geschrieben werden.

1. **Wenn Futter** (vorhanden) – **dann** laufe in Richtung Futter.
2. Nimm **Futter auf und** lasse es erst **los, wenn** „zu Hause".
3. **Wenn Spur** (farbige Linie als Ersatz für die Duftspur) – **dann** folge ihr.

Daraufhin entwickelten die virtuellen Ameisen (VANTS) dasselbe Verhalten wie reale Tiere. Mit diesen drei Regeln taten die Bildschirm-Ameisen dasselbe wie die echten draußen.

Das ist es, was Komplexität uns lehrt. Einfachste Regeln führen zu komplexestem Verhalten.

Das nennen wir **selbstorganisierendes Verhalten von Systemen**. Wie es genau funktioniert, hat man noch nicht durchschaut, aber wir wissen inzwischen, **daß** es stattfindet, sofern der Organismus oder das System einen gewissen Grad der Komplexität erreicht. Wenn wir aufhören zu glauben, wir müßten jedes Detail durchschaut haben, ehe wir damit umgehen können, dann können wir von diesem Wissen profitieren. Ein letztes Beispiel soll Mut machen:

Vogelschwärme

Ein Computerfachmann studierte das **Flugverhalten von Vogelschwärmen**. Er wollte „Schwarmverhalten" programmieren. Er benutzte virtuelle Stare, die in großen Schwärmen durch eine Gegend fliegen, in der ein paar Säulen stehen, an denen sie theoretisch anstoßen könnten. Er programmierte lange mit der herkömmlichen Methode, und es kam nichts dabei heraus, das einem Vogelschwarm (im Verhalten) ähnelte. Dann hatte er eines jener großen Aha-Erlebnisse, nach denen wir nie wieder die alten sind, und wählte einen neuen Ansatz. Er gab nur noch die Richtung vor plus den Befehl, nahe am Nachbarvogel zu bleiben und ggf. seitlich an einer Säule vorbeizufliegen. **Mit diesen drei Regeln entwickelten die virtuellen Stare das typische Star-Schwarmverhalten!**

Auch ein historisches Beispiel kann uns ermutigen: John F. Kennedy entschied den Wettlauf im Weltraum in den 1960er Jahren zugunsten der Amerikaner durch seinen berühmten Ausspruch: „Wir werden innerhalb von zehn Jahren einen Amerikaner auf dem Mond landen und gesund wieder nach Hause holen!" Das war das große Ziel. **Mehr gab er nicht vor.** Den Rest haben die Leute, die bei der NASA waren, getan. KELLY berichtet von Interviews, in denen NASA-Führungskräfte schwärmten, sie hätten noch nie so motivierte Mitarbeiter gehabt wie damals bis 1969. Alle waren über Jahre voll Feuer für das Projekt. Jeder einzelne wußte, was wichtig ist an diesem Projekt.

Wenn Sie eine **Gruppe** leiten, dann finden Sie ein **großes Ziel**. Legen Sie **einige wenige Spielregeln** fest, und beobachten Sie dann, was passiert. Es gibt Firmen, die das schon getan haben. Eine davon ist Harley-Davidson (ja, die berühmte Motorradfirma). Sie war in den 70er Jahren der Pleite nahe. Die Qualität der Motorräder war damals (zeitweise) äußerst schlecht, es gab ständig Reklamationen, Lieferzeiten wurden nicht eingehalten. Die Firma war durch zahlreiche Kontrollmaßnahmen so richtig heruntergewirtschaftet worden. Man hatte mehrmals das Top-Management ausgetauscht, aber es hat nichts gebracht. Die Firma stand Zentimeter vor dem Ruin. Dann rief einer der letzten Manager die 1000 Arbeiter in der großen Halle zusammen und sagte: „Leute, wir Führungskräfte haben Fehler gemacht, wir haben keine Ahnung, was wir jetzt machen können. Die einzigen, die das wissen könnten, seid ihr. **Wenn** diese Firma gerettet werden kann, dann nur durch euch. Ihr wißt, wie die fehlerhafte Ware zustande kommt, ihr wißt, wo welche Fehler gemacht werden. Wenn wir eine Chance haben sollen, dann nur, wenn ihr das Problem lösen könnt!" Dann hinterließ er seine private Telefonnummer und sagte: „Ruft mich an, Tag oder Nacht, ich komme sofort, aber ich kann nicht hier im Büro sitzen und Däumchen drehen. Mal sehen, ob ihr es schafft! Und wenn irgendwer euch zwingen will, schlechtere Qualität abzuliefern (in irgendeinem Detail), als ihr gut findet, weigert euch." Dann ging er.

Zwei Tage später rief ihn eine junge Dame an - da testeten die 1000, ob er kommt. Und er kam auch sofort und half, wo er konnte, aber immer nur, wenn man ihn um Hilfe bat.

Nun, Sie kennen das Ergebnis: HARLEY ist heute stark wie eh und je, aber nur, weil die Arbeiter damals so etwas wie den Las-Vegas-Effekt produzierten! Innerhalb eines halben Jahres war die Firma Harley-Davidson wieder aus den roten Zahlen. Die MitarbeiterInnen haben es ganz alleine geschafft. Wer waren diese MitarbeiterInnen? Irgendwelche Genies, die man kurz vor dem Zusammenbruch angeheuert hatte? Natürlich nicht. Es waren angeblich „blöde Fabrikarbeiter", denen man ja eigentlich nichts zutraut ... Wir haben Phänomenales in uns – wir brauchen nur Führungskräfte, Eltern und LehrerInnen, die uns helfen, es zu ent-wickeln (das heißt herauszuwickeln, was sich bereits im Inneren befindet!).

Und Sie? Wirken Sie eher hemmend, oder wollen auch Sie ein/e EntwicklerIn sein/werden? Ich wünsche es allen Ihnen Anvertrauten!

Selbst-Management

Dieses Kapitel möchte Ihnen zwei Ansätze zum Selbst-Management näherbringen (aus meinem gleichnamigen Seminar), die sich in der Praxis als besonders hilfreich erwiesen haben. Es könnte sein, daß Sie Menschen kennen (Familie, Freunde, MitarbeiterInnen), mit denen Sie diese beiden Techniken durchsprechen wollen? Im ersten Teil geht es darum herauszufinden, wo unser Potential eigentlich liegt und ob wir vor allem Tätigkeiten ausführen, die unseren Fähigleiten entsprechen. Andernfalls könnte man sich ja neu erfinden. Im zweiten Teil geht es um Aspekte, die m. E. jede Führungskraft zumindest einmal ausprobieren sollte ... Mehr wird hier noch nicht verraten.

TEIL I: Sich (neu) erfinden

Inventur

Beginnen wir mit einem Tätigkeiten-ABC. Man kann Übungen natürlich immer überblättern, aber wenn Sie dieses Buch-Seminar als solches nutzen wollen, dann nehmen Sie sich einige Minuten Zeit für diese kleine Übung. Das 4-Schritt-Prozedere am Ende dieses Kapitels führen Sie durch, wann immer Sie wollen, aber die Vorübung bitte VOR DEM WEITERLESEN. Sie wissen ja: es gibt nur ein einziges erstes Mal ...

Vorbereitung: Sie benötigen **Schreibzeug** und einen **Timer.**

Aufgabe: Erstellen Sie ein ABC* Ihrer täglichen Tätigkeiten (gern mit Zeitlimit, z. B. zwei Minuten).

*ABC als Denktool s. Merkblatt Nr. 2, Seite 263 ff.

A Telefonate 50 x 100 60%
B e-mails abrufen x 50%
C Meetings abhalten x 60%
D Planungen x 70%
E Kontrollen x 50%
F Kunden bedienen x 70%
G Seminare planen x 60%
H Vorträge vorbereiten x 60%
I Termine vereinbaren x 50%
J Mitarbeiterbesprechungen x 60%
K Krankenkassen KVAs x besprechen 65%
L Briefe diktieren x 55%
M mails schreiben x 40%
N Verträge bearbeiten x 50%
O klinikfahrten x 60%
P Auswärtstermine wahrnehmen x 60%
Q Führungsbesprechungen x 50%
R Werkstatt kontrollieren x 50%
S Projekte abarbeiten x 50%
T Marketingplanungen x 60%
U Messe besuchen x 50%
V Vorträge halten x 70%
W Autofahrten zu Kunden x 60%
X
Y
Z

Wählen Sie willkürlich sechs Tätigkeiten aus der Liste aus. Es gilt festzuhalten, **wie GUT Sie diese Tätigkeiten ausführen können**. Nehmen wir an, Sie würden ankreuzen wollen, wie gut Sie im Internet surfen können. Wenn Sie ein/e ganz große/r SurferIn vor dem Herrn sind, machen Sie Ihr Kreuzchen in der Nähe von 100 Prozent. Wenn Sie überhaupt nicht surfen können, dann machen Sie es in der Nähe von 0 Prozent. Wenn Sie hingegen einigermaßen surfen können, dann drückt Ihr Kreuz dies ebenfalls anlog aus. Denken Sie an einen **Schieberegler**. Durchschnittliche Leistung läge bei 50 Prozent, besser als Durchschnitt z.B. bei 65 oder 70 Prozent, unterdurchschnittlich vielleicht bei 35 oder bei 40 Prozent ... So entscheiden Sie, wo Sie Ihr Kreuzchen machen.*

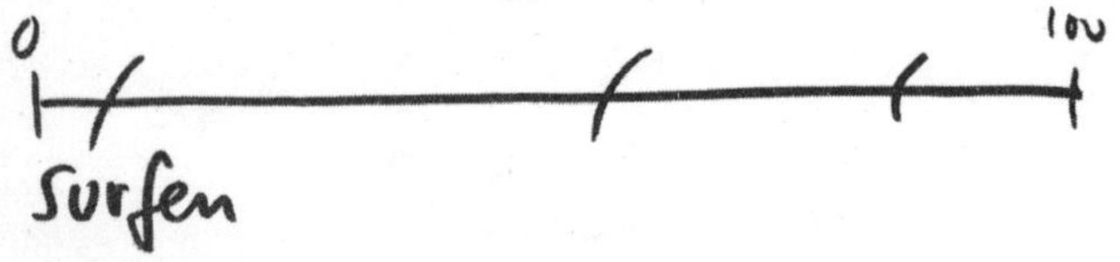

Varianten pro Linie

- **einige** Tätigkeiten (Übersichtlichkeit entscheidet, wieviel pro Linie)
- eine Tätigkeit, aber **verschiedene Menschen**, die verglichen werden

*Manche zeichnen die Gerade lieber senkrecht, weil das Gute ja „oben" ist. Dann liegen die 100 % „on top", die Null am Fuß der Linie und die anderen Werte dazwischen.

Es geht **nicht** um die Darstellungsform, sondern um die Information im Sinne einer **Inventur**. Es muß weder schön aussehen noch fehlerfrei geschrieben sein. Sagen Sie das insbesondere (jüngeren) Menschen, die sich über ihre Rechtschreibung Sorgen machen. Sie müssen ihre Liste ja niemandem zeigen. Merke: Wenn wir uns **selber einschätzen**, wollen wir vielleicht noch Freunde fragen, um eine Fremd-Einschätzung **zum Vergleich** zu erhalten. Dies ist jedoch etwas ganz anderes, als wenn andere Menschen uns beurteilen (zu Zeiten und bezüglich Fertigkeiten, bei denen wir derzeit auf eine Beurteilung nicht scharf sind).

Wir kommen am Ende dieses Abschnittes darauf zurück. Sollten Sie vorher einige Ihrer wichtigsten (am häufigsten durchgeführten) Tätigkeiten einschätzen können, würde Ihnen dieser Abschnitt (besonders dessen Ende) mehr „bringen". Ich kann momentan nicht mehr verraten, weil Sie sonst Ihre „Unschuld" (bezüglich dieser Übung) verlieren und mit einem Auge schon auf das schielen würden, was Sie erst später erfahren sollen. Sie entscheiden ...

Wann haben Sie sich zuletzt „neu erfunden"?

Haben Sie diesen Begriff zur Frage Ihrer Zukunftstauglichkeit schon gehört? Er klingt im ersten Ansatz eigenartig, aber er ist treffend gewählt. Worum geht es?*

Früher ging man davon aus, daß wir **einmal** geboren werden und aufgrund unseres **genetischen** Erbes in eine gewisse Klasse „fallen", der wir **zeit unseres Lebens** angehören. Dies waren soziale Klassen. So wurde man einmal pro Leben für einen einzigen Beruf ausgebildet, und das war es dann. Man blieb General (vielleicht a.D., aber immer noch General), Arzt, Lehrer, Schreiner oder was immer. Das war früher Ihr einzig denkbarer Werdegang.

---

*Zu den **deutschen** Autoren, die schon vor Jahren auf die Notwendigkeit, sich zu erfinden, hinwiesen, gehören m. E. Gerd GERKEN und Mathias HORX, zu den amerikanischen: Alvin TOFFLER und Tom PETERS.

Als das Industriezeitalter in seinem Zenit stand, gab es zwar mehr Möglichkeiten, seiner „Klasse" (ein wenig) zu entkommen, aber immer noch wurde man (fast immer von der Umwelt!) **nur einmal „erfunden"**. Früher gelang es nur extrem wenigen Menschen, sich selbst zu „erfinden" (z.B. Menschen, die gegen den Willen ihrer Umwelt Schauspieler wurden, zum Militär gingen o.ä.). Früher lernten wir in der Regel **einen Beruf**, der uns für den **Rest unseres Lebens** „definierte". Hatte man ausgelernt, dann „war" man „das". Auf die Frage: „Was sind Sie?" antworteten wir mit der Berufsbezeichnung: „Schreiner." Das war unsere Definition.

Übrigens warnte Alan W. WATTS bereits vor Jahrzehnten davor, sich mit der Definition zu verwechseln, die andere uns gegeben haben. Eine Warnung, die vor fast einem halben Jahrhundert wenige einordnen konnten. Aber heute können wir sie wesentlich besser verstehen – eine der Auswirkungen des Paradigmenwechsels (s. Seite 257). Dieser gibt uns auch, **erstmals in der Menschheitsgeschichte, die Chance, unsere eigene Persönlichkeit zu entwickeln, das heißt, uns selbst zu erfinden, sogar mehrmals in einem Leben**.

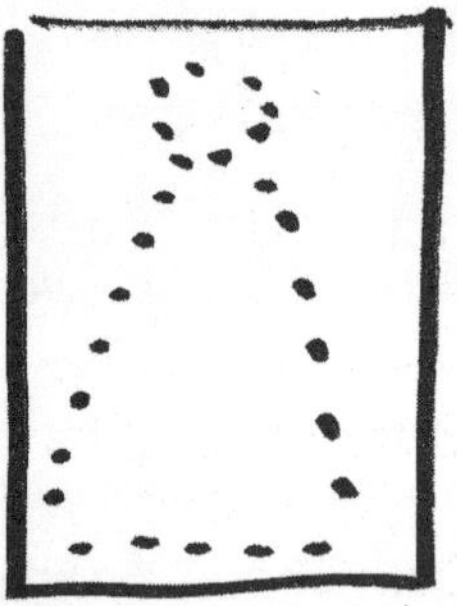

Vielleicht kennen Sie mein Grundmodell vom menschlichen POTENZ-ial. Links sehen Sie die Anlage eines Menschen zum Zeitpunkt seiner Geburt. Sie enthält neben dem genetischen Erbe auch das, was durch die Entwicklung im Mutterleib bereits „angedacht" wurde, u.a. wie männlich/weiblich die Architektur Ihres Hirns bezüglich bestimmter Aspekte ist, z.B. 3-D (= räumliche) – Wahrnehmung, Empathie, rationales Schlußfolgern etc.

Nun wird dieses kleine Wesen also geboren. Wenn es sich optimal entwickeln dürfte, dann würde es zu einem intelligenten, kreativen, lernfähigen und humorvollen Homo sapiens heranreifen und glücklich, zufrieden, erfolgreich etc. etc. werden.

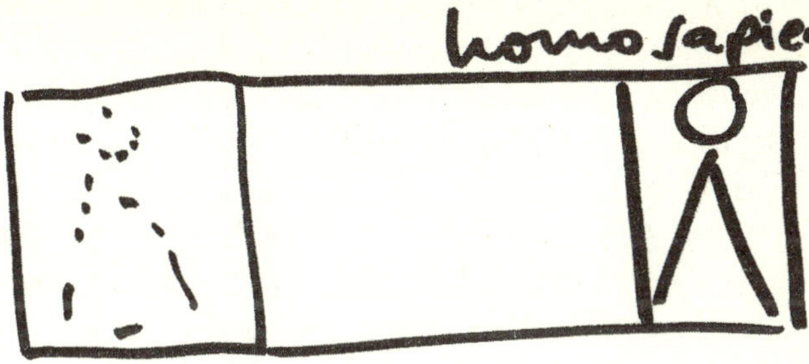

Leider aber verläuft auch hier die Entwicklung meist nicht optimal. Da ist uns auf dem Weg zum Erwachsenen etwas „dazwischengekommen“, und das nennen wir ERZIEHUNG. So hat man uns **normal**gemacht.

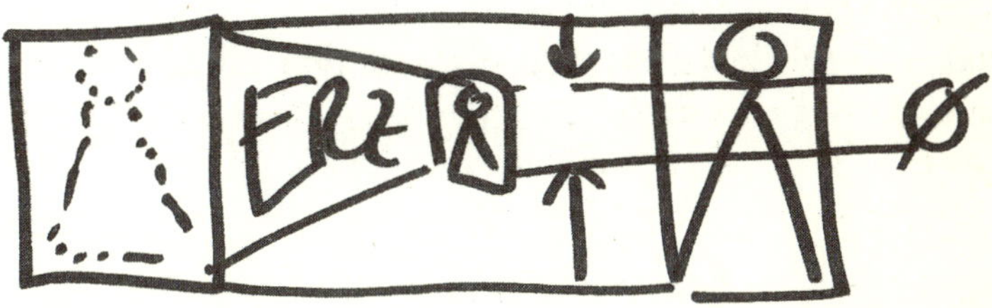

Und nun haben wir (Menschen der sogenannten „ersten Welt“) **erstmals** in der gesamten **Menschheitsgeschichte** die Chance, **das in der Erziehung Fehlende** selbst zu entwickeln. Wir können uns erstmals trotz Erziehung besser denn je entwickeln! Erstmals in der Menschheitsgeschichte hat jede/r Bürger/in einer modernen, industrialisierten Gesellschaft **eine gewisse Chance, sich selbst neu zu erfinden** und sich aus etwaigen **Limitierungen der Erziehung** (zumindest teilweise) zu **befreien**. Auf diese Weise können wir heute einen weitaus größeren Teil unseres POTENZ-ials entfalten, das heißt herausfalten (bzw. ent-wickeln = herauswickeln), was sich bereits in uns befindet!

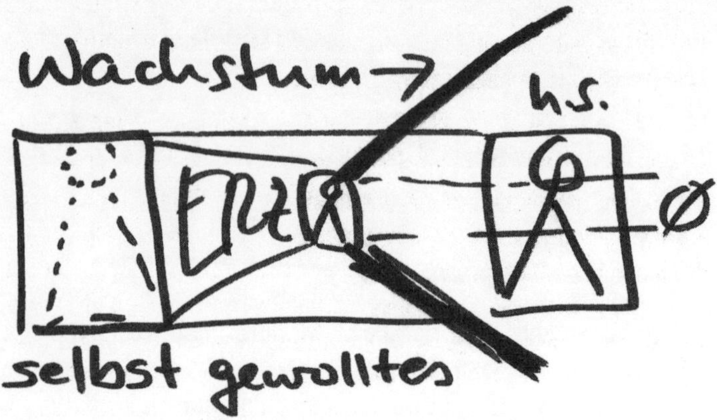

In diesem Zusammenhang kann uns ein Gedanke einleuchten, den Christian LUTZ (früherer Direktor des Gottlieb-Duttweiler-Instituts in der Schweiz) vorstellte: Wir sollten **Lebensunternehmer** werden. Wenn Sie **Ihr Leben als Unternehmen sehen**, könnte dies hochinteressante Bedeutungen erhalten, um nur einige Beispiele zu nennen:

Niemand hat Sie angestellt, Sie sind Ihr/e eigene/r LebensunternehmerIn. Darauf entgegnen Seminar-TeilnehmerInnen (unterhalb der Führungsebenen) gern: Ja, aber was, wenn ich nur angestellt bin? Nun, das hindert uns nicht daran, Lebens-Unternehmer zu werden. Es geht darum, daß wir unser Leben mit Unternehmergeist führen. Also kann auch ein Angestellter oder Arbeiter sich klarmachen, daß er oder sie als UnternehmerIn seine (ihre) Arbeitskraft an jene Firma (für einen gewissen Zeitraum) zu Konditionen, die er/sie akzeptiert hat, vermietet. Trotzdem bleibt es unser Leben. Wir sind UnternehmerInnen (unseres eigenen Lebens). Also sollten Sie, wie jede/r kluge Geschäftsmann oder Geschäftsfrau, regelmäßig Inventur machen und feststellen: Wo liegen Ihre Stärken?!

Wenn wir das tun, dann werden wir feststellen: Wir verändern uns im Laufe unserer Entwicklung. Wir haben **nicht einmal** Schreiner gelernt und bleiben den Rest unseres Lebens identisch mit unserem damaligen

„Ich", sondern wir entwickeln uns permanent weiter! Ich erkläre z.B. meinen TeilnehmerInnen, was Sie vielleicht Ihren MitarbeiterInnen ebenfalls klarmachen wollen:

Unsere physiologische Gehirnentwicklung ist bis zum Alter von ca. 26 Jahren noch nicht abgeschlossen, weswegen viele Leute den falschen Beruf gelernt haben (was heute kein Problem mehr darstellt). Heute kann man umpolen und einen Neu-Anfang machen, früher ging das nicht. Heute können wir unseren jungen Leuten raten, irgendeinen Ausbildungsplatz anzunehmen, weil uns die Ausbildung eben nicht (mehr) aufs ganze Leben festlegt. Jede Ausbildung, egal welche, beweist in der Zukunft vor allem, daß man **fähig** war, eine **Ausbildung** zu durchlaufen, und daß man **fähig** ist, **langfristig** konsequent auf ein Ziel hinzuarbeiten, daß man **fähig** war, einen **Abschluß** zu schaffen. Danach kann man eine völlig andere Tätigkeit übernehmen oder umlernen. Das war vor 30 Jahren nicht denkbar. Und das ist gemeint mit der Beschreibung, **sich zu erfinden, sooft wir wollen**.

So finden Sie Ihre Talente! (Ihr TALENTE-PORTFOLIO)

Jetzt kehren wir zu der Idee zurück, einige Tätigkeiten einzustufen als Vorübung für das, was jetzt folgt.

0% ________________________________ 100%
(null) (super)

Tätigkeiten-Portfolio©-Technik: 4 Schritte

(1)

Schritt 1: bewerten

Nehmen Sie Ihre Tätigkeiten-Liste zur Hand, und unterziehen Sie **alle** Tätigkeiten diesem Test. Machen Sie keine Ausnahme. Das Einschätzen, wie gut man etwas kann, ist übrigens eine Tätigkeit, die man gut NEBENBEI durchführen kann, z.B. in Werbeblöcken „zwischendurch", auf einer Reise (im Zug oder Flugzeug) oder auch an mehreren Abenden neben dem Fernsehen. Es gilt, jeweils die Tätigkeit zu lesen und spontan das

Kreuzchen zu machen oder es sich vorzustellen. Dann können Sie die Prozentzahl hinter die Tätigkeit schreiben. Wenn Sie damit fertig sind, folgt ein weiterer wichtiger Schritt.

Schritt 2: Das können wir gut (80 Prozent plus)

Alles, was Sie mit 80 Prozent oder mehr eingestuft haben, markieren! Sie können diese Tätigkeiten mit einem Textmarker „anmalen" oder unterstreichen, vorne ein rundes Bällchen hinmalen – Hauptsache, Sie können diese Tätigkeiten im nächsten Durchgang auf einen Blick erkennen!

Achtung: Da noch eine wichtigere Markierung folgen wird, nehmen Sie hier eine Farbe, die gut sichtbar, aber nicht extrem auffällig ist, z.B. Hellblau, damit Sie im dritten Durchgang so „laut" und deutlich (z.B. mit Gelb oder Rot) markieren können, daß die Tätigkeiten Ihnen förmlich entgegenspringen werden.

Schritt 3: Auch gerne?

Jetzt betrachten Sie nur noch die mit der ersten Farbe markierten Tätigkeiten. Fragen Sie sich bitte, welche dieser Tätigkeiten Sie sowohl gut als auch gerne tun. So hat z.B. jeder Militärabsolvent (zumindest in den USA) gelernt, die Decke auf seiner Schlafstatt so straff zu spannen, daß man darauf eine Münze hüpfen lassen kann (so testen die Unteroffiziere, ob die nötige Spannung vorhanden ist). Das heißt: Diese Leute KÖNNEN ihr Bett hervorragend machen und hatten dem Vorgang deshalb im zweiten Schritt mehr als 80 Prozent gegeben, aber möglicherweise tun sie es sehr **ungern**. Deshalb fragen wir uns jetzt bei allen 80-plus-Tätigkeiten: Tue ich das auch gerne? Gebe ich dem Lustfaktor auf einer gedachten Linie zwischen Unlust und Lust ebenfalls mindestens 80 Prozent? Wenn ja, markieren Sie diese Tätigkeit jetzt mit der zweiten, der „schreienden" Farbe.

Ab jetzt sind diese doppelt markierten Tätigkeiten die wichtigsten, über die Sie intensiv nachdenken wollen.

Schritt 4: Sowohl als auch?
Was haben Sie **sowohl** in Schritt 2 (80 Prozent plus) markiert **als auch** im nächsten Schritt angemalt, weil Sie es **gut und gerne** tun? Das ist Ihr **Geburtsrecht**, es ist Teil Ihres (genetischen) POTENZ-ials.

Achtung: Bisher konnten Sie **nebenher** arbeiten, aber ab jetzt gilt es, voll bewußt und so achtsam wie möglich vorzugehen (vgl. „Achtsamkeit", Seite 219 ff.). Denn jetzt könnten einige ungemein spannende Aha-Erlebnisse eintreten. Und die wollen Sie doch bewußt wahrnehmen, weil sie immens wichtig für Sie sein könnten. Zwei Beispiele:

1. Einer meiner Coaching-Klienten stellte hier voller Erstaunen fest, daß er zwar viel und gut, aber extrem ungern telefonierte. Er hatte das vorher noch nie registriert. Telefonieren schien ein integraler Bestandteil seiner Arbeit zu sein, zumindest vor der Möglichkeit zu e-mailen. Aber heute kann er weit über zwei Drittel aller Telefonate schriftlich „führen", wann es ihm paßt, und vor allem kann er in Ruhe nachdenken, was ihn beim Telefonieren am meisten stört. Er merkte nämlich durch diese Inventur, daß ihm oft hinterher noch irgend etwas einfällt und er die Leute dann erneut anruft, manchmal drei-, viermal hintereinander, und daß er sich schreibend doch viel wohler fühlt ... Das geht übrigens vielen **Männern** so. Es ist auch „normal": Frauen denken lieber gemeinsam nach als Männer, insbesondere bei persönlichen Fragen.

2. Die Lebenspartnerin eines Seminar-Teilnehmers stellte bei dieser Inventur fest, daß sie „wahnsinnig gerne" mit Leuten redete, ihr Job als Buchhalterin verhinderte dies jedoch, da sie oft stundenlang konzentriert über Bilanzen „schmorte". Interessant war, daß sie die Inventur mit zwei Kolleginnen gemeinsam durchführte: Das Ausfüllen der Listen, die Bewertungen und das „Anmalen" hatte jede einzeln gemacht, aber jetzt saßen sie zusammen, um die Ergebnisse miteinander zu besprechen.

Nun stellte sich heraus, daß ein Kollege, der andauernd und viel im ganzen Betrieb herumlief, neulich darüber „gemeckert" hatte. Er würde viel lieber an einem Platz sitzen und in Ruhe arbeiten können, ihm sei es wichtiger, ein eigenes Tempo zu entwickeln, als sich ständig auf andere Leute einzustellen.

Genau das aber liebte sie. Man führte ein Gespräch und einigte sich (gemeinsam mit dem Gruppenleiter) darauf, daß ab jetzt sie am Vormittag das „Herumlaufen" übernehmen würde. So wurde es für beide interessanter. Ihr Mann brachte sie im Folgejahr zu einem Seminar mit, und in der Kaffeepause erzählten die beiden mir davon.

Da wir in einer sich rasant verändernden Welt leben und da unser Gehirn weit plastischer ist, als man noch vor einer Generation angenommen hatte, lohnt es sich, diese Inventur alle fünf Jahre zu wiederholen. Falls Sie merken, daß Sie gewisse Veränderungen vornehmen wollen, bedenken Sie: Es ist heute und in Zukunft ok, sich mehrmals zu erfinden.

Wichtig ist, daß Sie jedesmal mit dem Auflisten der häufigsten Tätigkeiten beginnen und für eine neue Inventur keine alte Liste zur Grundlage machen! Dieses Auflisten ist quasi Schritt 0, dem Schritt 1 (s. oben) folgt.

Der britische Unternehmensberater, Zukunftsexperte und Autor Charles HANDY* erstellte vor Jahrzehnten ein Zukunfts-Szenario, das er mit lauter Lebens-Unternehmern bevölkerte, und schlug damals bereits vor, ein **Tätigkeiten-Portfolio** aufzubauen. Denken Sie an einen Künstler, z.B. einen Grafiker, der eine Mappe mit Zeichnungen anlegt, in der ein potentieller Auftraggeber blättern kann, um zu sehen, wie gut er Menschen, Tiere usw. zeichnen kann. Wenn Sie analog dazu ein **Tätigkeiten-Portfolio** aufbauen, dann weisen Sie sich als eine Person aus, die sich besser kennt als die meisten. Und falls Sie sich irgendwann für Sie irgendwo vorstellen möchten, wird ein solches Tätigkeiten-Portfolio mehr beeindrucken als ein super formuliertes Anschreiben. Das kann jemand

*Charles HANDY in seinem Buch *The Age of Unreason* (das leider nie ins Deutsche übersetzt wurde).

für Sie geschrieben haben, das Tätigkeiten-Portfolio aber **beweist** Ihre Bereitschaft, sich auseinanderzusetzen und herauszufinden, was Sie am besten können. Dies dient sowohl einem (potentiellen) Arbeitgeber als auch dessen Kunden später!

Vielleicht wollen Sie auch Familienmitglieder, Freunde, Nachbarn etc. **einladen, diese Inventur durchzuführen**. Natürlich nur **freiwillig**, sonst hat es keinen Sinn. Wenn Sie **Mitarbeiter** haben, dann ermutigen Sie diese ebenfalls, die Inventur vorzunehmen. Bieten Sie an, mit ihnen zusammen das Tätigkeiten-Portfolio durchzugehen, **wenn** (und das ist die Voraussetzung) **jemand das will.**

Nun kann es z.B. sein, daß jemand Tätigkeiten ausführen muß, die ihm/ihr absolut „nicht liegen". Dieser Arbeitsbereich ist GEGEN das eigene POTENZ-ial gerichtet und kann nie zu optimalen (überdurchschnittlichen) Leistungen führen, wobei die Betroffenen in der Regel unglücklich sind und sich unfähig „vorkommen". Wir hatten z. B. in einem unserer Büros eine Dame, die war „90 bis 100 Prozent", wenn sie allein vor sich hin arbeiten und sich die Arbeit einteilen konnte. Sie wurde jedoch hektisch und nervös, wenn das Telefon klingelte und sie aus der Arbeit riß. Wenn sie den Hörer abnehmen mußte, weil die andere Kollegin, deren Aufgabe es war, gerade nicht da war, dann hieß es immer: „Haben wir nicht!", „Geht nicht!", „Ist nicht möglich!" und ähnlich. Einfach weil **sie** nicht damit umgehen konnte. Die andere Mitarbeiterin hingegen blühte regelrecht auf, wenn das Telefon klingelte. Sie haßte es, irgendwelche anderen Dinge zu machen. Ein unbeteiligter Dritter hätte sie für faul halten können, Tatsache aber war, daß sie ausgesprochen gern und gut kommunizierte. Sie **lebte** quasi nur, wenn sie mit anderen Menschen sprach, auch telefonisch. Wir wußten das zunächst nicht, daher ließen wir die erste Dame viel zu häufig das Telefon abnehmen, während die, die dafür besonders geeignet war, im Archiv nach Dokumenten suchte oder zur Post ging etc. Wer unsere unwillige Kommunikatorin am Telefon erlebte, dachte sicher schlecht über sie, aber als sie endlich so arbeiten konnte, wie sie wollte, und die andere Dame endlich nach Herzenslust kommunizieren konnte, waren beide viel glücklicher im Job.

Als Lebens-UnternehmerIn entdecken wir selbst, bei welchen Arten von Tätigkeiten wir uns besonders wohl fühlen, wo wir uns am besten entfalten können usw.

Dieses Vorgehen entspricht einer Entwicklung, die ich meinen KundInnen seit Jahren als **Evolution des Individuums**© ans Herz lege und die jetzt (erstmals in der Menschheitsgeschichte) so vielen Menschen möglich ist. Nach der Evolution des Lebens folgte die Evolution besonderer Arten des Lebens, z.B. der Tiere, letztlich der Primaten und dann der Menschheit, der als Homo sapiens den Homo neandertalis überlebte. Im Industriezeitalter erlebten wir – auch neu – die **Evolution der Nationalstaaten** inklusive großer Organisationen (von der UNO über die UNESCO bis hin zu transnationalen Firmen, die sich manchmal wie ein Land benehmen und über vergleichbare Gelder verfügen). Heute folgt der nächste Schritt, die **Evolution des Individuums** für alle, die sich als Lebens-UnternehmerInnen verstehen wollen.

Übrigens: Es macht wirklich Spaß, wenn man es wagt, diesen Weg zu gehen. In einer Video-Dokumentation* hörte ich einen Satz, der mir sehr gefiel:

Arbeitszeit ist immer auch Lebenszeit.

Demzufolge gilt:

Ihre Arbeitsqualität entspricht immer auch Ihrer Lebensqualität.

Wenn Sie **Lebens-Unternehmer/in** sind und Ihr eigenes Leben selbstverantwortlich gestalten und es öfter wagen, sich wieder einmal (neu) zu erfinden (und das auch Ihren MitarbeiterInnen gestatten), **dann** werden Sie eine **wesentlich höhere Lebensqualität und Arbeitsqualität** schaffen als „normale" Menschen.

Dann entwickelt sich Ihr Beruf vielleicht sogar in Richtung **Berufung**, wenn Tätigkeiten gezielt ausgebaut werden, die Ihrem POTENZ-ial entsprechen (manche schaffen es sogar, ihr Hobby in den Beruf zu integrieren). Dann macht die Arbeit am meisten Freude. In diesem Sinne wünsche ich Ihnen nun:

Viel Lebens- und Arbeitsfreude!

TEIL II: Achtsamkeit für Manager?

Oder: Denken Führungskräfte manchmal nach?

Bitte suchen Sie eine Tätigkeit aus Ihrer Liste (Seite 93), bei der Sie **nachdenken** müssen, und tragen Sie diese hier ein:

Tätigkeit: Planungen

Mini-Quiz zu Unterbrechungen

Fragen Sie sich nun bitte, wie gut Sie mit Unterbrechungen klarkommen. Denken Sie an diese konkrete Tätigkeit:

- [ ] Ich kann jederzeit aufhören und weitermachen, Unterbrechungen sind für mich kein Thema.
- [x] Ich kann einige wenige und kurze Unterbrechungen gut verkraften, aber wenn jemand möchte, daß ich mich voll auf sein Thema einstelle (und meines dafür fallenlasse), muß ich mich hinterher erst wieder in meine Arbeit „hineinfinden". Das kostet Zeit und Nerven und ist ähnlich ineffektiv wie eine mehrfache Wiedervorlage für einen Vorgang, der besser bereits beim ersten Mal „abgearbeitet" worden wäre.
- [ ] Ich kann Unterbrechungen nicht gut vertragen. Man muß hinterher mühsam wieder den Anschluß finden und hat bestimmte Gedankengänge, die ursprünglich aufgetaucht waren, mit Sicherheit dabei verloren. Ich mag das nicht.

- [ ] Ich hasse Unterbrechungen. Je tiefer der Gedankengang, desto unangenehmer.

Übrigens kann es sehr spannend sein, die **fünf oder zehn Tätigkeiten**, die Sie am häufigsten ausführen (müssen), in dieser Weise durchzugehen. Dabei stellen Sie erstens fest, daß manche Tätigkeiten „unterbrechungs-freundlicher" sind als andere. Zweitens lernen Sie einiges über den **Grad an Achtsamkeit und Konzentration**, mit denen Sie arbeiten. Was heißt das?

Konzentration, Aufmerksamkeit + Achtsamkeit

Vielleicht möchten Sie einmal kurz nachdenken, wie Sie die drei Begriffe definieren würden? (Ein Vergleich mit anderen könnte ebenfalls spannend sein, zumindest später.)

Definition KONZENTRATION: ____________________

____

____

Definition AUFMERKSAMKEIT: ____________________

____

____

Definition ACHTSAMKEIT: ____________________

____

____

Nun eine Frage: Wie stehen Sie zu **WIEDERHOLUNGEN**?

- [ ] Ich lese gute Texte gerne noch einmal (zumindest teilweise).
- [ ] Ich höre gute Wort-Beiträge gerne mehrmals (Literatur, Vorträge, Diskussionen).
- [x] Ich befasse mich regelmäßig mit gewissen Themen, weil man nur so langsam in die Tiefe dringen kann.

Falls Sie keine der drei Aussagen ankreuzen konnten, möchten Sie darüber vielleicht bei Gelegenheit nachdenken, vielleicht mehrmals im Verlauf der nächsten vier Wochen? Dann MERKEN Sie, was es mit dem mehrmaligen Angehen eines Themas auf sich hat. Eine der Schwächen, die ich unserem Schulsystem ankreide, ist die Tatsache, daß die Dinge meist nur EINMAL (und oft auch nicht tief) angegangen werden. So haben die typischen Schulabgänger nie gelernt, wie man in die Tiefe dringt, wenn sie nicht das große Glück hatten, im Elternhaus beobachten zu können, wie man denkt.

Aber selbst wenn wir noch gar nicht tief nachdenken wollen, wenn wir „nur wahrnehmen" wollten (als ob das ohne Denkprozesse ginge), gilt: Seit Jahrzehnten wissen wir aus der **Wahrnehmungs-Forschung**, daß wir nur **Bruchteile** all dessen, was uns umgibt, **wahrnehmen** und bewußt registrieren können* (s. Hinweis).

Man spricht (wenn wir es auf eine Strecke übertragen) von 15 mm bewußtes Wahrnehmen und Denken kontra 11 km unbewußt Wahrgenommenes, über das man folglich nicht bewußt nachdenken kann.

Wenn man also eine Sache mehrmals liest oder hört, nimmt man im Laufe der Zeit andere Aspekte (von den vielen möglichen) wahr. Und wer eine Sache mehrmals reflektiert, wird bald feststellen, daß zu unterschiedlichen Zeiten andere Aspekte im Bewußtsein „auftauchen". Dies hat mit der Tatsache zu tun, daß wir assoziativ denken und daß unsere Assoziationen immer vom Tagesgeschehen beeinflußt werden. Angenommen, Sie spielen Stadt-Land-Fluß, und angenommen, Sie würden bei Stadt mit „M" normalerweise, ohne lange nachzudenken, München schreiben, weil Ihnen das assoziativ „zufällt" (Gewohnheitsdenken kann schon bei so einfachen Spielen aufgezeigt werden), aber an jenem Tag, als der Terroranschlag in Madrid geschah, hätten Sie wohl kaum München geschrieben, auch nicht an den nächsten Tagen. Erst eine Zeitlang später kehren

*Nach NØRRETRANDERS: *Spüre die Welt* – einem der besten Bücher über Bewußtsein, das Sie je lesen werden!

wir wieder zur alten Gewohnheit zurück. Diese Tagesbefindlichkeit „färbt" das heute Wahrgenommene, intellektuell wie emotional.

Deshalb kann es faszinierend sein, sich gewissen Ideen **wiederholt** auszusetzen (s. „Wiederholungs-Fragen", oben). Voraussetzung ist natürlich, daß das Material nicht von vornherein zu „flach" (oberflächlich, platt, öde, leer) ist. Viele typische TV-Sendungen z.B. könnte man wohl kaum mehrmals sehen (manche sind schon beim ersten Mal nicht zu ertragen), aber inzwischen findet man erstaunlich viele Dokus, gute Gespräche (z.B. mit Zeitzeugen) oder tiefergehende Diskussionen (ja, es gibt welche, wenn auch nur selten!). Diese kann man durchaus mehrmals sehen oder hören. (Ich ziehe mir gern den Ton auf Audio und kann ihn dann mitnehmen.)

Um TV-Sendungen mit Gehalt (aber ohne Werbung) zu finden, sind neben den Dritten Programmen Bayern-Alpha, Phoenix sowie die neueren Digital-Sender der Öffentlichen zu nennen, die in den meisten Kabel-Angeboten fehlen. Aber Satellitenschüsseln kosten heute kaum noch 10 Prozent dessen, was wir damals bei ihrer Einführung bezahlt haben.

Kommen wir auf unsere Definitionen zurück. Ich biete Ihnen meine an. Wenn Ihre abweichen, dann heißt das nicht, meine ist besser, aber sie stellt die Grundlage für das Folgende dar. Betrachten Sie sie also im Zweifelsfall als operante Definition (nur für dieses Textstück).

KONZENTRATION: Etymologisch wichtig ist die Vorsilbe „kon" (mit) und „zentr..." (Mitte), also wörtlich **Mit-Mittigen**. Wenn wir uns konzentrieren, **ziehen wir unsere Energien auf unser Inneres zusammen**; wir **gehen nach innen**. Wir wollen vom Außen möglichst wenig wahrnehmen.

Konzentration ist sinnvoll, wenn man **in Ruhe reflektieren** möchte, beim Entwickeln von Ideen und Konzepten, beim Lesen von tiefen oder komplexen Texten, beim Schreiben etc. Aber Konzentration hat auch Grenzen, die werden uns am besten bewußt, wenn wir das Gegenteil von Konzentration suchen (auch dies ist ein **Denk-Tool**, das Ihnen hilft, eine Sache besser zu verstehen).

Was sehen Sie als Gegenpol zu „Konzentration"?

Auch hier gilt: Erst denken, dann lesen – das bringt weit mehr (und macht mehr Spaß!).

Ich sehe nämlich zwei Gegenpole, so daß wir ein Dreieck aufspannen können: Der erste Gegenpol ist die **Auf-MERK-samkeit** (bei der wir uns **öffnen**, um möglichst viel AUF-zunehmen und zu MERKEN). Leider meinen viele Menschen, man sollte konzentriert lernen, aber das wäre ein Widerspruch, da wir uns bei KONZENTRATION einigeln, nach innen schauen und eben möglichst wenig vom Außen wahrnehmen wollen! Wir müssen uns öffnen (AUF) für das Neue, das vergrößert die Chance, daß wir erstens begreifen und zweitens merken (ohne Verständnis ist Merken im Wortsinn Un-Sinn). Dann lernen wir.

Konzentration hingegen nenne ich „Zu-Merksamkeit", weil wir uns „zumachen".

Der zweite Gegenpol ist die **ACHTSAMKEIT**. Zwar ist auch sie mit Wahrnehmungen verknüpft, aber anders. Im Gegensatz zur Aufmerksamkeit (Hereinlassen, was kommt; sich einlassen auf das, was man uns bietet, herumschweifende Blicke ...) wollen wir bei der ACHTSAMKEIT unsere Wahrnehmungskanäle auf bestimmte Aspekte der Wirklichkeit konzentrieren und diese besonders intensiv wahrnehmen. So mag man sich in der Meditation auf einen kleinen Fleck an der Wand konzentrieren, auf eine Blume, auf ein Insekt. Wir versinken in dem Gegenstand, wir versuchen, eins zu werden mit ihm, wir sind **„total im Hier und Jetzt"**. Dieser Begriff (aus der Gestalt-Psychologie) umschreibt den Zustand vortrefflich: Wir nehmen **Zeit** nicht mehr als vorüberziehend wahr; wir tauchen vielmehr in CHAIROS ein (Gegensatz ist CHRONOS, der sich stetig fortbewegende Zeitpfeil). Sind wir **ACHTSAM**, dann nehmen wir **mehr als die 15 Millimeter** (s. oben) wahr, vielleicht bis zu 20 Millimeter. Das mag nach wenig klingen, ist aber großartig! Sind wir hingegen **unachtsam** (= **normal**), dann nehmen **wir von den möglichen 15 Millimetern**

Neurophysiologisch geht die normale geschäftige halbe Aufmerksamkeit, mit der wir vieles angehen, mit BETA-Wellen (13 bis 20 Hertz) einher, große Konzentration mit ALPHA-Wellen (7 bis 13 Hertz). Bei hoher Achtsamkeit rutschen wenige (z.B. Zen-Meditations-Meister) auch mal in den Bereich sehr tiefer und langsamer Schwingungen der sogenannten DELTA-Wellen.

vielleicht nur 10 oder 11 wahr. Natürlich sind das metaphorische Werte, aber die EEG.s (Gehirnwellen-Messungen) zeigen eine sehr reale Komponente (s. **Hinweis**).

Wenn Sie sich noch nie in **Achtsamkeit** geübt haben, möchten Sie vielleicht das folgende Spiel ausprobieren. Ich habe es erstmals in *Trotzdem LEHREN* vorgestellt, aber ich möchte es auch Ihnen wärmstens empfehlen, deshalb hier eine **verkürzte** Version:

Das JOY-Wiederholungs-SPIEL

Wählen Sie ein **Musikstück**, das Sie noch nicht (oder maximal **einigermaßen**) zu kennen glauben. Und nun hören Sie dieses Stück mehrmals hintereinander an. Dabei tun Sie sonst nichts, **Sie lauschen nur!** Der Erfinder dieser Übung, ein amerikanischer Arzt namens W. Brough JOY* (hier ist nomen omen), veranstaltet Bewußtseins-Entfaltungs-Seminare. Er beschreibt diese Übung (ich paraphrasiere):

Beim ersten Hören finden die Teilnehmer es fesselnd und aufregend ... beim zweiten Mal hören sie zwar noch zu, aber sie beginnen bereits, einige Stellen geistig vorwegzunehmen und manche Passagen aus dem bewußten Hören auszuschließen, die Gedanken schweifen also bereits ab. Dieser Effekt verstärkt sich beim drittten Mal, jetzt sind die meisten akut gelangweilt, sie hören nur noch halb hin und nehmen weit weniger wirklich wahr. In der Psychologie nennt man diesen Prozeß Gewöhnung; ihn müssen wir bewußt überwinden, wenn wir unser Bewußtsein aktualisieren (oder gar erweitern) wollen. Denn der Gewöhnungs-Mechanismus hilft uns, alles herauszufiltern, was derzeit nicht wirklich wichtig

*Quelle: W. Brough JOY: *Joy's Way – a Map for the Transformational Journey.* J. P. Tarcher Inc., Los Angeles 1979.

zu sein scheint, und Bekanntes, das sich nicht als Gefahr erwiesen hat, wird zunächst weggefiltert. Wir müssen uns also bewußt darum bemühen, **trotzdem wieder (weiter) wahrzunehmen.** Nachdem ich das erklärt habe, lasse ich das Stück ein viertes Mal laufen, und jetzt vernehmen viele es „wie zum ersten Mal". **Sie entdecken Tausende von feinen Aspekten und Details, die sie bisher noch gar nicht wahrgenommen hatten**. Ab jetzt können sie das Stück jedesmal wieder „wie neu" hören, weil sie lernen, den Gewöhnungs-Mechanismus auszuschalten ...

Ich halte dies für ein hervorragendes Achtsamkeits-Training für Führungskräfte, die sich in Achtsamkeit üben wollen, ohne zu meditieren. Neurophysiologisch sind die Auswirkungen in bezug auf die Anti-Streß-Wirkung ähnlich (ansonsten besteht keine Parallele).

INFO-Flut?

Ich möchte Ihnen eine wichtige Unterscheidung anbieten, denn „nackte" INFORMATION ist etwas völlig anderes als eine WESEN-tliche Info (= WISSEN). Ersteres ist **vollkommen NICHTS-sagend, SINN-los und hat NULL Bedeutung.** Dies erstaunt (und erschreckt) viele im ersten Ansatz, aber denken Sie mit:

Angenommen, ein Freund ruft Sie Samstag nachmittag (im Sommer der Grilltag!) an, er möchte dringend mit Ihnen sprechen, und er meint: „Kannst du in 10 Minuten am Bahnhof sein?" Sie sagen „Klar", und Sie legen beide auf. Sie kommen an, Sie sehen ihn, er ist aber nicht alleine. Eine junge Dame steht auf, er stellt sie vor (Sie verstehen den Namen überhaupt nicht, er ist völlig fremd und ungewohnt) und sie sagt: **„O-genki-des.ka?"**

Wollen wir die Botschaften kurz analysieren:

„Kannst du ... sein?"

Sie beide wissen, was GEMEINT ist, nämlich: Ist es dir möglich, aufs Fahrrad zu steigen und dich an die Stelle zu begeben, wo wir uns treffen können? Er WEISS, daß Sie voraussichtlich mit dem Fahrrad kommen werden, denn er verfügt über WISSEN über Sie und Ihre Situation. Ein völlig Fremder müßte es erst herausfinden. Ihr Freund fragt genaugenommen **nicht**, ob Sie die **Distanz** vom Haus zum Bahnhof in 10 Minuten schaffen, sondern ob Sie **die Familie im Augenblick abrupt verlassen können, um mit ihm zu reden.** Das können Sie aber „erraten", das heißt, Sie können seine „nackte Info" mit Ihrem WISSEN an-REICH-ern, deshalb wird sie für Sie WESEN-tlich. Sie WISSEN ebenfalls, daß etwas nicht ok sein muß, weil er **normalerweise** zu Ihnen gekommen wäre; dementsprechend machen Sie sich also Sorgen auf dem Weg zum Treffen. Also „Kannst du ... sein" hat mit WESEN-tlichen Dingen zu tun, die Sie beide über sich und den anderen WISSEN. Es handelt sich nur für einen Fremden um „nackte" Info, denn Sie und Ihr Freund verstehen einander, weil Sie beide einiges voneinander WISSEN.

„in 10 Minuten"

Sie WISSEN, daß und wie wir Zeit messen, was eine Minute ist und wie lang die Zeiteinheit von 10 Minuten ist. Also können Sie auch hier mit Ihrem WISSEN an-REICH-ern und begreifen deshalb, was gemeint ist.

„am Bahnhof"

Sie WISSEN, was ein Bahnhof ist, wo er sich befindet, wie Sie hinfinden und welche Stelle er voraussichtlich aufsuchen wird, denn darüber haben Sie am Telefon gar nicht gesprochen. (Nehmen wir an, Sie hätten sich schon früher manchmal dort getroffen und Sie beide WISSEN, welches Eiscafé der Treffpunkt ist, ohne daß man es jedesmal dazusagen muß.)

„(Name/Begriff)"

Jeder Name einer Person (das gleiche gilt für jeden Begriff wie „Bahnhof", oben) steht für etwas. Wenn wir ihn kennen, können wir ihn ER-KENNEN, wenn er gesprochen wird (oder wir ihn lesen). Fremde Namen zeigen uns, daß „nackte Infos" NOCH KEINERLEI BEDEUTUNG haben und deshalb schon rein akustisch oft gar nicht verstanden werden können.

„o-genki-des.ka?"

Das ist für die meisten von Ihnen **nackte** Info. Sie verstehen „nur Bahnhof", wenn Sie den PUN verzeihen. (Am Kapitel-Ende, Seite 233, erfahren Sie die Lösung, wenn Sie wollen.)

Falls Sie nicht wüßten, was ein PUN ist, wäre der Begriff wieder eine „nackte Info" für Sie, andernfalls ergibt die Bemerkung sofort SINN (s. **Hinweis**). Inhaltlich ist die Redewendung (o-genki-des.ka) für die meisten meiner TeilnehmerInnen vollkommen NICHTS-Sagend, SINN-los und hat NULL Bedeutung (wie oben bereits erwähnt). Ich wiederhole:

> Wer hingegen WEISS, daß die Angelsachsen (und Araber) PUNS lieben und daß diese Art von Sprachspiel im Englischen und Arabischen weit leichter möglich ist, weshalb unsere deutschen Kalauer kein echter Vergleich sind, dann „verstehen" Sie sofort ...

Solange wir eine Info nicht durch eigenes WISSEN an-REICH-ern können, ist sie vollkommen NICHTS-sagend, SINN-los und hat NULL Bedeutung (für uns). Denn: Eine Info hat keinerlei „eingebaute" Bedeutung. Sie erhält ihren SINN also erst, wenn ein intelligenter Geist ihn ihr „verleiht", indem er sie (kraft seines WISSENS) an-REICH-ert.

Damit erhebt sich die Frage nach dem WERT einer Info:

Der WERT einer Info hängt davon ab, ob sie WESEN-tlich ist.

Dies wiederum ist abhängig von Ihrer **Definition** des Begriffes „wesentlich" (s. oben). Ich möchte Ihnen die **beste Definition** bieten, die ich (nach langem Suchen) fand:

Eine Info ist dann wesentlich, wenn sie uns etwas über das WESEN der Sache sagt, über die sie spricht.*

Seither schreibe ich „WESEN-tlich" nur noch wie hier. Damit bezwecke ich, daß ich nie wieder vergessen kann, daß ich immer nach dem WESEN einer Sache suchen muß. Und mit dieser Definition ist das Problem der sogenannten Info-Flut auch gleich gelöst. **Es gibt gar keine Info-Flut ...** Zumindest gibt es keine Info-Flut in dem Sinne, wie die Menschen den Begriff verstehen (das wäre nämlich dann eine Flut an Infos, die für uns nützlich sein könnten). Den Begriff „nützlich" **in bezug auf Infos** definieren wir gleich. Lassen Sie uns aber zuvor klarstellen:

Es gibt viel zu viele Infos, die für uns vollkommen un-WESEN-tlich sind (Info-Müll, Info-Schrott, Fast-Food für den Geist).

Wie kritische Denker (z.B. einer meiner Lieblings-Autoren, Neil POSTMAN) betonen, ist ein Großteil der Infos, die uns als „wesentlich" (wertvoll, wichtig etc.) verkauft werden sollen, überhaupt nicht WESEN-tlich. Denken Sie immer daran, daß man im Englischen vom News BUSINESS

*Winfried d'AVIS: *Der informierte Mensch* (s. Literaturverzeichnis).

spricht, es ist ein Business, und der Kunde sind nicht wir ZuseherInnen, sondern die Leute, die dort Werbung kaufen, Sendungen „bringen" etc. Das Ganze würde auch ganz ohne ZuschauerInnen laufen, wenn diese nicht dummerweise die EmpfängerInnen der Werbe-Botschaften wären. POSTMAN erwähnt die **brennende Lagerhalle** in den Abend-Nachrichten im Fernsehen. Er stellt fest, daß sie keinerlei Nachrichten-WERT besitzt, indem er fragt: Welchen WERT hat es für Sie, das anzuschauen? Antwort: „Null." Es könnte nur einen Wert für Sie persönlich erhalten, wenn es Ihre eigene Lagerhalle wäre, aber dann erführen Sie es auch ohne die Sendung ...

So ist es mit einem Großteil aller „Meldungen", die uns jemand atemlos „sendet", sei dies ein TV-Korrespondent, der vor dem umgekippten Lastwagen steht, um zu berichten, wie viele Leute verletzt wurden, oder ein anderer, der uns die brennende Lagerhalle näher beschreibt. Fragen Sie sich in Zukunft immer:

Welchen WERT hat das für mich?

Hier müssen Sie extrem „egoistisch" reagieren, denn:

Infos haben nur den Sinn, den wir ihnen geben.

Das heißt, wenn wir POSTMAN und d'AVIS zusammenlegen, dann können wir feststellen: Weder das Autobahnunglück noch die Lagerhalle **lehren** uns irgend etwas über das **WESEN** von Autobahn-Unglücken, Lagerhallen, Bränden, Bränden in Lagerhallen etc. Hier sehen Sie, daß unseren sogenannten „Nachrichten" fast immer genau das fehlt, was sie für uns **nützlich** und WERT-voll machen würde: eine Analyse über das WESEN der Sache. Wenn wir erfahren würden, daß der Lastwagenfahrer durch den **Sekundenschlaf** die Kontrolle über das Fahrzeug verloren hätte und wie dieser Sekundenschlaf zustandekommt (s. Hinweis auf nächster Seite), dann könnte das wertvoll für uns sein. Aber das erfahren wir ja genau **nicht**. Wir erfahren, wie lange es gebrannt hat, wie lange die Autobahn gesperrt war und ähnlichen Info-Müll, der mit dem WESEN der Sache nichts zu tun hat!

Totale Übermüdung: Normalerweise regeneriert unser System in Mikro-Pausen jedesmal, wenn wir mit den Augen blinzeln. Bei Übermüdung verlängert das System sowohl die Häufigkeit als auch die Dauer der (normalerweise nur Bruchteile von Sekunden anhaltenden) **Mini-Regeneration auf die doppelte oder dreifache Zeit. Deshalb blinzeln wir bei Müdigkeit öfter und länger, bis uns die Augen** (eine halbe oder ganze Sekunde lang) **„zufallen" (= SEKUNDENSCHLAF), ehe der Schlaf uns das Bewußtsein ganz raubt.**

Jetzt wurden Sie entweder an eine WESEN-tliche Info ERINNERT, oder Sie durften gerade erleben, wie spannend „Neuigkeiten" (wörtliche Bedeutung von „News") sein **könnten**. Meine TeilnehmerInnen finden es immens spannend, über das **WESEN des Augenblinzelns** zu lernen, den Grund, warum wir häufiger und länger „blinzeln", zu erfahren und endlich zu WISSEN, wie es zum Sekundenschlaf kommt. Das nächste Mal, wenn sie diesen Begriff hören oder lesen, können sie ihn mit eigenem WISSEN an-REICH-ern. Wer nämlich Bescheid weiß, wird weniger leichtsinnig stur durchfahren, wenn er zu müde ist ... Merke:

WESEN-tliche Infos sind spannend, faszinierend, interessant, aufregend etc. Nur Info-Müll ist langweilig, weil er dem Geist NULL zu bieten hat.

Im Klartext: Je mehr WISSEN der Geist, dem man Info-Müll bietet, besitzt, desto mehr wird er sich dagegen wehren und desto leichter kann er Info-Schrott erkennen – auch in Nachrichten-Sendungen, Dokus, Talkshows, Leitartikeln, Editorials und Meetings.

Denken Sie doch einmal darüber nach:

Wie WERT-voll, WESEN-tlich, NÜTZLICH etc. könnten Nachrichten-Sendungen, Dokus, Talkshows, Leitartikel, Editorials und nicht zuletzt Ihre Meetings sein ...???

Daher gilt, so schlimm es im ersten Ansatz (oben) auf Sie gewirkt haben mag:

- Die (angeblich „egoistische") Frage „Was nützt es mir?" ist die hilfreichste, die es gibt, um Info-Schrott von WESEN-tlichen Infos zu trennen!

Analog dazu können Sie fragen: „Was nützt es meiner Familie? Was nützt es meinem Team?" Vergessen Sie bitte Ihre KundInnen nicht: Angefangen bei Prospekt-Material bis zu den Handbüchern ... Wußten Sie übrigens, daß immer häufiger MÄNNER in Firmen entscheiden, diese auf billigste Manier herzustellen oder, noch besser, sie einfach ganz wegzulassen, weil sie glauben, das spare Geld? Tatsache aber ist, daß Männer und Frauen sehr unterschiedlich an die Welt herangehen, so probieren MÄNNER herum (ohne Manual), während FRAUEN Handbücher lesen. Wenn also Ihr Produkt (auch) von FRAUEN genutzt wird, **müssen** Sie ein anständiges Handbuch beilegen!!

Aber bei allen Infos, die wir unseren Kunden oft zumuten, inklusive der im Handbuch, wäre die Frage ebenfalls extrem nützlich: Was nützt diese Info unseren KundInnen?

o-genki-des.ka? (Auflösung zu Seite 228)
Dies ist japanisch, aber der Satz ist an der Stelle Un-SINN (was den PUN ja besonders „pun-nig" macht), denn eine Japanerin würde beim allerersten Kennenlernen niemals **o-genki-des.ka?** sagen. Bei einem späteren vielleicht, beim ersten nie. Wörtlich bedeutet der Satz:

genki = Gesundheit

o-genki = ehrenwerte Gesundheit

des. = man schreibt übrigens de-su (Japanisch ist eine Silbenschrift!), aber man spricht [des]. Bedeutung: vorhanden sein

ka? Dieser Partikel macht aus dem Satz, den man gerade gehört hat, eine Frage. Vergleichen Sie dies mit dem Spanischen, wo das umgekehrte Fragezeichen (¿) vorab bereits verkündet, daß eine Frage folgt. So ähnlich halten es die Araber mit einem vorangestellten [hal], das eine Ja-Nein-Frage einleitet. Aber die Japaner sprechen erst den ganzen Satz (der sehr lang sein kann) und fügen dann ein kleines „Fragezeichen" an, indem Sie bei [ka] mit der Stimme hochgehen.

o-genki-des.ka? Dies ist die Frage nach dem Befinden und entspricht in etwa unserem „Wie geht's?", nur daß sie sich konkret auf die Gesundheit bezieht.

Soo des.yo

Alles klar?

Der SEPPUKU-Effekt©

Teil I: SEPPUKU*

SEPPUKU ist ein japanisches Wort. Es beschreibt den rituellen Selbstmord, den ein Samurai beging, wenn er das Gesicht verloren hatte beziehungsweise wenn ein Gesichtsverlust drohte. Es war für jeden Samurai aufgrund seiner Erziehung evident, daß man alles durfte, nur nicht das Gesicht verlieren. Demzufolge akzeptierte der Samurai, daß nur der ehrenvolle Tod diese Schande auslöschen konnte.

Da die Samurais die Adeligen (= die höchste der vier sozialen Kasten Japans) waren, ist es nicht verwunderlich, daß es auch weibliche Samurais gab. Männer begingen hara-kiri (hara = Bauch), während die Damen sich die Halsschlagader aufschnitten.

Stellen Sie sich nun bitte einen Augenblick lang vor, auch wir hätten die Tradition des SEPPUKU? Welche Konsequenzen hätte das?

- SEPPUKU war nicht nur eine Pflicht, sondern auch ein **Recht**.
- Selbst der niedrigste Samurai hatte ein Recht auf SEPPUKU, wenn er das Gesicht verloren hatte beziehungsweise wenn ihm ein **Gesichtsverlust** drohte.

---

* Die Zeichnungen in diesem Kapitel entstammen einer der ersten kommerziellen Grafik-Disketten, die ich je gekauft habe. Leider kenne ich den Namen des Künstlers nicht, der damals mit allerersten Grafik-Programmen solche Kunst schuf, als der Monitor des Mac noch die Größe einer Postkarte hatte … o haimo gozaimas(u). Die Texte in Teil I und II stammen aus meinem Vortrag auf einem Kongreß in Darmstadt (1983 oder 1984), und bildeten später einen Abschnitt in meinem Taschenbuch *Erfolgs-Training*. Teil III war eine firmeninterne Seminarunterlage für einen holländischen Kunden (© 1999), und Teil IV erschien erstmals in meinem E-Book *Der SEPPUKU-Effekt* (© 2005).

- Wollte man einen Samurai „loswerden", so war dies einfach. Es genügten schon einige beleidigende Worte, welche sein **Selbstwertgefühl** angriffen, um SEPPUKU auszulösen.
- Die andere Seite der Medaille: Wollte man verhindern, daß man einen **fähigen, qualifizierten, in vielen Jahren trainierten Samurai** verlor, so durfte man nie eine „dumme" Bemerkung machen, denn diese könnte ja in einem SEPPUKU enden. Also mußte auch der Chef (der Daimyo) Selbstdisziplin besitzen.

Wer konnte SEPPUKU auslösen? Zwei Personenkreise. Erstens: Alle höher stehenden Samurais und Daimyos (also ein Chef). Zweitens: Jeder hierarchisch gleichgestellte Samurai (also ein Kollege). Fragen Sie sich bitte einmal:

- Wieviel **Ihrer Chefs** hätten schon längst SEPPUKU begehen müssen?
- Welche **Ihrer KollegInnen**?
- Welche **Ihrer MitarbeiterInnen** (Kinder)?
- Und **Sie selbst**, würden Sie noch leben!?

Teil II: Der SEPPUKU-Effekt©

Jedesmal, wenn ein Samurai SEPPUKU begangen hätte, passiert auch bei uns ein kleiner Tod:

- Bei jedem Angriff auf das **Selbstwertgefühl** (= auf das „Gesicht") stirbt ein wenig Arbeitsfreude.
- Bei jeder Kritik stirbt ein wenig **Selbstvertrauen**, die Basis für gute Leistungen und Erfolg, auch für den Erfolg des „Daimyos".
- Jedesmal, wenn wir rechthaberisch sind, stirbt ein wenig die **Bereitschaft**, sich für uns einzusetzen.
- Jedesmal, wenn wir wieder einmal unsere Unfähigkeit beweisen, dem anderen zuzuhören, stirbt ein wenig die Bereitschaft, auf uns (unsere Ideen, Probleme, Wünsche) einzugehen.
- Jedesmal, wenn ein Partner merkt, daß Sie nicht auf ihn eingehen, stirbt er ein wenig.

Je mehr solcher Momente er erleben muß, desto stärker wird der SEPPUKU-Effekt, und desto größere Probleme haben Sie, ihn zu motivieren.

1. Jeder Mensch, der einem anderen die Freude am Dasein ein wenig „vermiest", der Unlustgefühle, Selbstzweifel, Gesichtsverlust u.ä. bei ihm auslöst, löst auch den SEPPUKU-Effekt aus (beziehungsweise verstärkt ihn).

2. Jede SEPPUKU-Situation tötet ein wenig Arbeitsmoral, Freude am Lernen, die Fähigkeit zu denken und kreativ mitzuarbeiten.

Die größten Leistungen werden aber immer von Menschen erbracht, die Freude an (schwierigen) Aufgaben erleben können. Die Faszination (statt Angst vor Kritik) erleben dürfen. Diese Menschen „motivieren sich selbst", sie wollen nämlich die Anerkennung ihrer Umwelt erhalten beziehungsweise sie sich erarbeiten! Wenn dies aber nicht gelingt, dann fragen sie sich: Lohnt es sich überhaupt noch, sich einzusetzen?

„Aber so kann man das doch nicht sehen!“ höre ich bei Seminaren (für Top-Manager) oft. Kann man wirklich nicht? Ist es realistischer, davon auszugehen, die vielen angeblich demotivierten Menschen (MitarbeiterInnen, Auszubildende, SchülerInnen, VerkäuferInnen etc.) seien alle selbst „schuld“? Was heißt denn „schuld sein“ überhaupt? Ist es wirklich realistisch anzunehmen, unsere armen Führungskräfte (Eltern, Lehrer, Ausbilder, Chefs etc.) könnten wirklich alle gar nichts dafür?

Denken Sie doch einmal zurück. Auch Sie waren (sind) ja Untergebener. Auch Sie arbeiteten (arbeiten) unter Führungskräften. Gab oder gibt es nicht auch für Sie Tage, an denen Ihre Mundwinkel „hängen“? Tage, an denen Sie sich über „offensichtliche“ Fehlentscheidungen Ihres Daimyos ärgern? Tage, an denen Sie darunter leiden, daß man Ihre Meinung nicht hören will, daß man Sie nicht anerkennt?

Oder denken Sie an die Schulzeit zurück: Wieviel Faszination und Entdeckerfreude durften Sie dort erleben? In Ihrer Ausbildung? In Ihrem Studium? An Ihrem ersten Arbeitsplatz? Frage: Ist es nicht leichter, den SEPPUKU-Effekt zu verstehen, wenn man sich in der Rolle des Mitarbeiters sieht, dessen **Arbeitsfreude** und **Bereitschaft abgetötet** wurde (wird)?

Diese Gedanken sind ketzerisch! D.h., sie greifen die herrschende Meinung an (= die Meinung derer, die herrschen). Sie beziehen sich auf die vielen Menschen (Kinder, Schüler, Mitarbeiter), denen der SEPPUKU-Effekt bereits geschadet hat; nicht auf die wenigen, deren Eigen-Motivation und Selbstwertgefühl so gefestigt sind, daß ihnen dieser Mechanismus wenig anhaben kann. Das sind die Ausnahmen. Wichtig sind für uns die vielen, vielen Mitmenschen, die in unseren Augen ein „Motivations-Problem“ haben, deren innere Einstellung wir beklagen.

Bitte fragen Sie sich einmal, wie es um Ihre eigene Einstellung, zu sich selbst nämlich, bestellt ist:

1. Sind Sie **zufrieden** mit sich?
2. Ist Ihre eigene **Arbeitsmoral** wirklich in Ordnung?
3. Arbeiten Sie wirklich (noch) **gerne** und unter Entfaltung ihrer analytischen und kreativen Fähigkeiten?
4. Erleben Sie noch **Freude** und **Faszination** im Leben (und bei der Arbeit)?

Je entschiedener Sie diese Fragen bejahen können, desto weniger normal sind Sie. Das ist gut – ich gratuliere ihnen. Betreffs „normal" sagte Luke RHINEHART ja auch so treffend (in: *The Dice Man*):

> Die Konsequenzen einer Nation aus Normalen sind offenbar: Krankheit, Elend, Brutalität … und allgemeine Freudlosigkeit.

Das ist leider auch bei uns „normal" geworden …

Wenn Sie diese vier Fragen jedoch (zumindest teilweise) verneinen mußten, werden Sie feststellen: Es sind gerade die Unzufriedenen, die ewigen Nörgler unter den „Führenden" (Eltern, LehrerInnen, Führungskräfte), bei denen sich der SEPPUKU-Effekt besonders ausbreitet. Z.B.:

- **Eltern**, die dauernd an ihre Kinder hin-nörgeln.
- **Lebens-**(Abschnitts-)**PartnerInnen**, die alles besser wissen.
- **LehrerInnen**, die Angst vor ihren Schülern haben (von denen sie dann gerne behaupten, sie seien alle total des-interessiert)!
- **Führungskräfte**, die häufig mit Kritik arbeiten und sich dann darüber beklagen, daß ihre „Samurais" nicht freudig und engagiert bei der Sache sind!

Es ist ein Teufelskreis. Denn früher wagten die Kinder, SchülerInnen, StudentInnen und MitarbeiterInnen es noch nicht im selben Maß wie heute, Richtlinien in Frage zu stellen. Aber das hat sich geändert! Deshalb gilt:

Falls Sie betroffen sind, dann könnten Sie sich einmal fragen, ob Sie selbst bereit und fähig sind, kritisch über sich nachzudenken. Denn:

Hat man den SEPPUKU-Effekt einmal durchschaut, kann man eine Menge dagegen unternehmen. Und man stellt bald fest, daß dies mit positiven Reaktionen der anderen einhergeht. Wie man in den Wald hineinruft …

Und es ist nie zu spät! Im Gegenteil. Die beste Zeit, etwas zu unternehmen (oder zu ändern), war nicht gestern und ist nicht morgen – es ist heute, genauer: JETZT!

Denn die Tendenz (zumindest teilweise) auszusteigen wächst. Viele Menschen haben damit begonnen, das (typisch westliche) Wertesystem von gestern zu hinterfragen! Sie beginnen, sich mehr dem Sein und weniger dem Haben-Müssen zuzuwenden! Sie beginnen sich zu fragen, ob unser Lebensstandard es wert ist, unsere Umwelt zu vergiften! Sie beginnen, über einige „Selbstverständlichkeiten" des alten Weltbildes nachzudenken! Solange jedoch unsere Eltern, LehrerInnen und unsere Führungskräfte (politisch wie wirtschaftlich) nicht anfangen, diese Fragen zu reflektieren, haben wir alle keine Chance!

Teil III: Die Anti-SEPPUKU-Effekt-Strategie

(für Führungskräfte, LehrerInnen, Eltern, ManagerInnen)

Die folgende Strategie half bereits vielen Menschen in über drei Jahrzehnten, den SEPPUKU-Effekt zu bremsen und anzuhalten, wenn er bereits ausgebrochen war, beziehungsweise ihn gänzlich zu vermeiden, wenn er noch nicht eingetreten war. Da der erste Aspekt die Vergangenheit betrifft, nennen wir ihn Schritt NULL, weil er nur einmal nötig ist. Die anderen Schritte sollten mindestens alle sechs Monate überprüft und gegebenenfalls in die Tat umgesetzt werden (beziehungsweise die nachfolgende Strategie in Teil IV).

Der Anti-SEPPUKU-Plan

0. **Listen Sie mögliche Verletzungen im Sinne des SEPPUKU-Effektes** in Ihrer Firma (Organisation, Gruppe, Abteilung) auf. Im Klartext: Finden Sie vergangene Fehler (auch solche, die nicht von Ihnen stammen, z.B. weil Sie eine Gruppe übernommen haben).
1. **Erzählen Sie allen Betroffenen von der SEPPUKU-Tradition** – vielleicht besorgen Sie sich einen japanischen Film beziehungsweise die US-Serie SHOGUN auf DVD und zeigen (zur Einführung in den Samurai-Lebensstil) mindestens einige SEPPUKU-Szenen; in SHOGUN gibt es mehrere (Beinahe-)SEPPUKU-Szenen von männlichen Samurais und eine von einer weiblichen Samurai.
2. **Reden Sie mit Ihren Leuten über den SEPPUKU-Effekt** und darüber, daß der eine oder andere von ihnen betroffen sein könnte. Erklären Sie, daß einige der Ursachen dafür möglicherweise in der Vergangenheit liegen und daß Sie dies gerne überprüfen beziehungsweise ändern möchten.
3. **Laden Sie alle MitarbeiterInnen ein, Ihnen bis Freitag nachmittag einen Brief zu schreiben**, den Sie am Wochenende lesen

werden (er kann anonym sein). Darin darf man alles sagen, was man in der Vergangenheit „unfair" fand, oder Versprechen auflisten, die von der Firma noch nicht eingelöst worden sind u.ä.

4. **Machen Sie an diesem Wochenende keine (weiteren) Pläne!** Lesen Sie die Briefe und denken Sie darüber nach. Eine der Ängste meiner Kunden besteht darin, daß einige Leute eventuell einen Vorteil daraus ziehen könnten. Bitte bedenken Sie: Jemand, der einen Vorteil herausholen will, wurde in der Vergangenheit bereits verletzt (SEPPUKU-Effekt), demzufolge ist er derzeit sowieso nicht fähig, seine Arbeit besonders gut zu erledigen. Ob man ihn in der Schule schon zum Versager gestempelt hat, in einer früheren Firma (Abteilung) oder in dieser Firma, vielleicht sogar bereits unter Ihrer Obhut, ist vorläufig egal. Das einzig Wichtige ist, **daß Sie einen „halbtoten" Samurai in Ihrer Gruppe haben**. Entweder finden Sie Arbeiten, die sie/er tun kann, und bauen graduell ihr/sein Selbstvertrauen wieder auf, oder Sie helfen ihr/ihm, den Platz zu finden, wo sie/er in Zukunft glücklicher ist (vgl. Talent-Suche-Dialog)*. Notfalls erwägen Sie eine Trennung (wir kommen in Kürze darauf zurück).

   In einem Fall hatten wir eine Dame, die an ihrem Arbeitsplatz völlig überfordert war. Als sie gefragt wurde, was sie gerne tun würde, falls sie eine freie Wahl hätte, sagte sie, sie würde viel lieber die Snack-Bar (eine Eßecke mit einigen Tischen, die den ganzen Tag über offen war, damit MitarbeiterInnen auch außer der Zeit eine Kleinigkeit zu sich nehmen und mal zusammensitzen konnten) managen. Ganz offensichtlich liebte die Dame den Umgang mit Menschen, hatte aber nur sehr wenig Interesse an der Papierarbeit, die ihr von jemandem zugewiesen worden war, der nie begriffen hatte, daß sie eine ausgesprochene „people-person" war (vgl. BLAKE/MOUTON-Management-Grid; Seite 17ff.).

---

* Falls Sie befürchten, die meisten Ihrer Leute könnten die Situation ausnützen, sind Sie entweder in der falschen Firma oder möglicherweise nicht die gute Führungskraft, für die Sie sich halten …

Der Witz dabei war: Dem Mann, der die Snack-Ecke damals managen mußte, war ursprünglich versprochen worden, daß er diesen Job nur temporär übernehmen müsse, weil jemand die Firma Knall auf Fall verlassen hatte. Aufgrund seiner Angst vor einem Jobverlust sagte er nichts, wiewohl er (als Samurai) bereits „halbtot" war. Er machte Dienst nach Vorschrift (und nutzte jede freie Minute, um von einem anderen Arbeitsleben zu träumen). Also hatten wir zwei halbtote Samurais, die beide quasi über Nacht wieder „voll" lebendig wurden, nachdem der Austausch vorgenommen worden war. Er war ein alter „Schreibtischhengst", der sich in der Dienstboten-Position „da draußen" nie wohlgefühlt hatte, sie war froh, den verhaßten Schreibtisch endlich verlassen zu dürfen. Übrigens gab sie der Eßecke als erstes den Namen „(Firmenname)-Brunnen" und installierte einen kleinen Springbrunnen, der sich bald größter Beliebtheit erfreute.

Natürlich ist es nicht immer so einfach. Manchmal müssen wir mehrere Leute austauschen, um die Fehler der Vergangenheit auszubügeln – aber Sie sehen, wie es funktionieren könnte:

> Je produktions-orientierter Menschen sind, desto mehr hassen sie Aufgaben, die sie zwingen, häufig Small-Talk mit anderen zu machen (und umgekehrt). Schon dieser eine Faktor sorgt bei vielen Samurais für verschiedene Stadien des „Sterbens".

5. Manchmal deckt diese Prozedur jemanden auf, der nirgendwo hineinpaßt. Es ist wahrscheinlich besser, dieser Person einen goldenen Handschlag anzubieten, falls wir herausfinden, daß es wirklich absolut keinen Platz für ihre beziehungsweise seine besonderen Talente in unserer Gruppe (Firma, Organisation, Abteilung) gibt. Das motiviert manche, die ohnehin nicht mehr glücklich bei uns waren, den Weg nach draußen freiwillig zu finden, wiewohl sie von sich aus niemals gekündigt hätten. Das Geld hilft ihnen zu gehen – und manche Leute „passen" ganz einfach besser außerhalb unserer Firma als innerhalb. Manchmal sagen Kunden mir, daß sie es bereuen, durch die Schritte

(0 bis 4) eine solche Person gefunden zu haben. Aber bitte beachten Sie: Falls man die Person auf diese Weise nicht gefunden hätte, wäre die Tatsache, daß sie „halbtot" ist, ja nicht aufgehoben. Sie hätte unter Umständen in Zukunft eine Menge Schaden angerichtet und viele andere Samurais mitgerissen. Wenn wir langfristig denken, ist es besser, solche Fälle zu finden, ehe der Schaden zu groß wird. Firmen (Abteilungen, Organisationen), in denen zu viele Samurais zu sterben begonnen haben, zeichnen sich durch ein unangenehmes Betriebsklima aus: hoher Krankenstand und/oder Mobbing, Pseudo-Dienst (persönliche Bereicherungen, Korruption etc.).

Viele MitarbeiterInnen können durch einen Wechsel innerhalb der Firma oder einen (Ring-)Tausch eine Position aufgeben, die sie gehasst haben, wie im Fall der Snack-Bar (es folgen noch sechs weitere faszinierende Beispiele in Teil IV). Manchmal kann man auch unangenehme Arbeiten (die keiner machen will) ein wenig fairer auf alle verteilen, so daß sie nicht eine/r allein oder meistens allein machen muß. So galt es zum Beispiel in einer anderen Firma, einen Automaten mit frischen Sandwiches aufzufüllen, nachdem der Küchenblock ausgelagert worden war. Der neue Subunternehmer lieferte preiswert, hatte aber nicht die Zeit, die Anlage aufzufüllen. Das übernahm jetzt einer von sieben Mitarbeitern, der täglich per Lotterie ausgelost wurde – und das Problem war gelöst. Diese wenigen Minuten dreimal täglich zu investieren, wohl wissend, daß jeder einmal dran ist, wird als fair empfunden. Die Lotterie am Wochenanfang sorgt für Unterhaltung, und wenn es jemanden in einer Woche mehrmals trifft, hat er zum Schaden auch noch den freundschaftlichen Spott. Aber es ist der Spott derer, die MIT ihm lachen, nicht über ihn. Sie sehen: Es gibt fast immer Lösungs-Möglichkeiten, aber mindestens ebenso wichtig ist, daß Sie herausfinden, was los ist.

Teil IV: TALENT-SUCHE – ein besonderer Dialog

Es ist komisch, aber viele Menschen haben keine Ahnung, was sie gerne tun würden, wenn sie die Möglichkeit dazu hätten. Deshalb habe ich für diejenigen, die es selbst herausfinden möchten,

eine Strategie entwickelt (vgl. mein E-Book: „Das Talent-Portfolio", erhältlich auf meiner Website www.birkenbihl.de). Falls Sie eine vertrauenswürdige Person kennen, die Ihnen hilft, können Sie sich aber auch die nachfolgenden Fragen (s. Seite 246 f.) stellen. Es ist wichtig, daß Sie **spontan** antworten und daß die Antworten **aufgezeichnet** werden, so daß Sie sie zu einem späteren Zeitpunkt (wieder) hören können (beziehungsweise man jederzeit anhalten und nachdenken kann). Es ist ebenso wichtig, ähnlich lautende Fragen **genau so** zu verlesen, wie sie formuliert wurden, weil hinter den Fragen eine bestimmte Absicht steckt. (Da der Frage-Zyklus sich in vielen Seminar- und Coaching-Jahren ausgezeichnet bewährt hat, wäre es schade, seine Effizienz durch Änderungen zu schmälern, oder?)

Ich wurde oft gefragt, ob man die Fragen auch schriftlich beantworten kann. Die Antwort lautet „Jein". Genauer: zu 90 % NEIN. Erstens neigen wir dazu, anderen Gedanken zu folgen, wenn wir **sprechen**; es liegt näher am Denken (wir reden ja mit uns selbst). Wenn Sie nicht regulär SCHREIBEND DENKEN, erhalten Sie möglicherweise eine Antwort aus der „falschen" Ecke Ihres riesigen Unbewußten. Zweitens können Sie sehr viel schneller sprechen als schreiben. Falls jemand die Fragen für Sie aufzeichnen würde (mit einer 25-Sekunden-Pause nach jeder Frage), dann könnten Sie sie später alleine durchgehen. Das wäre ein guter Kompromiß, falls Sie die Aufgaben ohne Zeugen lösen wollen.

Ein Samurai wurde ein **guter Samurai**, wenn er berufen war. Dann wußte er, daß er tat, wozu er geboren wurde. Er hatte die Chance, einer der Besten zu werden, **indem er seine Stärken auslotete und seine Talente systematisch trainierte. Ein** Samurai war besser im Pfeilschießen, ein weiterer mit dem Schwert und ein dritter mit der Planung einer Reiseroute durch unbekanntes Terrain. Auch wir müssen herausfinden, auf welchem Gebiet wir am besten sind, um das Beste geben zu können.

10 Fragen und Antworten

1. Angenommen, Sie würden 5 Millionen Euro (steuerfrei) gewinnen, was würden sie **zuerst** mit dem Geld anfangen?
2. Gibt es **Hobbies und Interessen**, für die Sie in den letzten Jahren leider keine Zeit fanden, die Sie aber gerne wieder aufgreifen würden? (Wenn ja, welche?)
3. Ein halbes Jahr später (also **nach** der Weltreise, der Kreuzfahrt etc.): **Wo leben Sie jetzt?**
4. **Wie leben Sie?** (Beschreiben Sie etwas detaillierter, aber schnell!)
5. **Was tun Sie vormittags?**
6. **Was tun Sie nachmittags?**
7. **Was tun Sie abends?**
8. **Wieviel Zeit investieren Sie in Ihr Hobby oder Ihr besonderes Interessengebiet** (vgl. oben)?
9. Gibt es **neue Interessen**, denen Sie gerne nachgehen wollen, für die Sie in der Vergangenheit leider nie Zeit hatten oder zu denen Ihnen bisher das Geld gefehlt hatte?

10. [Dies ist einzige Frage, bei der man **nachdenken darf**]: Nehmen Sie an, es wäre eine Webcam installiert, die Sie ununterbrochen filmen würde, während Sie wach sind. Ich würde mit Hilfe eines Zufallsgenerators **10 Szenen pro Tag** auswählen (und wir würden dies an mindestens 10 Tagen wiederholen, die ebenfalls per Zufall ausgewählt wurden). Anschließend würden wir beide die Szenen gemeinsam ansehen: **Bei welchen Tätigkeiten würden wir Sie am häufigsten erwischen**?

Vielleicht möchten Sie die Fragen mit FreundInnen und NachbarInnen testen (wobei diese auch Sie befragen), bevor Sie sie in Ihrer Firma (Organisation) einsetzen. Tatsache ist:

Wenn die Leute sich vorstellen, wie sie ihre Zeit verbringen würden, wenn Geld keine Rolle spielt, fallen ihnen lauter Aktivitäten ein, die sie **lieben**.

Diese Aktivitäten sind ein viel besserer Indikator dafür, wo unsere wirklichen Talente liegen. Die letzte Frage (die keinesfalls isoliert gefragt werden darf) ist ein mächtiges Denk-Tool. Lassen sie mich Ihnen einige Fallbeispiele aus meiner Berater-Vergangenheit anbieten. MitarbeiterInnen sagten z.B.:

1. **Per Handy telefonieren**: Dieser Herr merkte durch den Dialog, daß er es liebt, mit Menschen zu reden, die **nicht** persönlich anwesend sind. Kann dieser Charakterzug positiv genutzt werden? In der Firma mußte er mit den Kunden **persönlich** reden. Er hatte sich immer für eine Person gehalten, die gerne mit anderen Menschen zusammen ist, aber die Antworten im Dialog hatten ihm gezeigt, daß er eigentlich eher dazu neigte, sich zurückzuziehen. So würde er (ohne die Notwendigkeit, Geld zu verdienen) z.B. endlose Tage im Wald damit zubringen, Tiere zu beobachten, und zwar ganz allein. Bei Frage 10 wurde ihm klar, daß er auch Kontakte liebte, aber eben keine per-

sönlichen. Darüber dachten er und sein Vorgesetzter einige Tage nach, und dann hatten sie eine großartige Idee: Heute sitzt er in Parkanlagen mit Handy und Laptop. Von dort aus beantwortet er die Hotline (was in diesem Fall zumeist bedeutet, daß Leute sich bei ihm beschweren). Er hat alle Informationen griffbereit, weil er mit dem Intranet der Firma verbunden ist. Er ist zwar allein, aber nicht einsam. Er tut, was er besonders liebt – und zwischen den Anrufen riecht er an den Blumen ... Sie verstehen, was ich meine.

2. **Fachzeitschriften lesen**: Dieser Herr hatte während seines Studiums und seiner Doktorandenzeit immer gerne dafür gesorgt, daß er up to date blieb. Dann wechselte er ins Arbeitsleben und fand nie mehr die nötige Zeit, dieselben Fachjournale wie früher zu lesen. Es wurde ihm niemals bewußt, aber es nagte an ihm. Das Ergebnis war, daß er ständig versuchte, in **jeder** freien Minute (abends, an Wochenenden) den wissenschaftlichen Anschluß zu finden, womit er zum „Langweiler" innerhalb der Familie wurde. Niemals fühlte er sich frei, mit seinen Söhnen zum Angeln zu gehen (und wenn doch, dann können Sie raten, was er mitnahm, um zu lesen). Man mußte in seiner Nähe meist leise reden, weil Papa wieder mal las. Der Dialog zeigte ihm, daß er sich in den Szenen vor der letzten Frage auf einem großen Kreuzfahrtschiff gesehen hatte, das wochenlang die gleiche Route nahm, während er sich glücklich auf einem großen Deckstuhl sonnte und stapelweise seine Lieblingszeitschriften las. Aber die zehnte Frage brachte es ans Licht: Einerseits war er sehr überrascht und andererseits fühlte er sich befreit, als er endlich verstand, daß er regelrecht süchtig danach war, auf dem laufenden zu sein. Nun war ihm wirklich klargeworden, daß es für ihn eine absolute Notwendigkeit war, up to date zu bleiben. Aber heute begriff er erstmals auch, daß er es ganz einfach **liebte**, diese Art von Informationen aufzunehmen und über diese Art von Fakten und Ideen zu reflektieren.

Das war eine der Sitzungen, in der ich als Coach die Fragen stellte. Später spielten wir die Aufnahme seiner Chefin vor. Als wir zur Frage 10 kamen, fing sie an, breit zu grinsen. „Das ist großartig", sagte sie,

„ich suche seit Wochen eine Person und jetzt hocken Sie hier, direkt vor meiner Nase. Das ist ja lustig.“ Es ergab sich, daß sie und einige Manager sich in der Entscheidungsphase befanden; sie planten, eine eigene (neue) Fachzeitschrift zu lancieren, um eine Plattform zu besitzen, damit sie u.a. auch eigene Innovationen veröffentlichen konnten. Aber sie wollten ein echtes unabhängiges Magazin schaffen, das in einigen Jahren allgemein als wichtig anerkannt werden sollte. Deshalb brauchten sie einen Redakteur, der das Fachgebiet gut kannte. Aber so ein Mann (damals gab es noch keine „herausragende“ Frau in dieser Branche) wäre als Vollzeit-Redakteur eingangs nicht ausgelastet und daher zu teuer, bis die neue Zeitschrift sich im Markt behauptet hätte. Ab diesem Zeitpunkt würden sich viele Autoren bewerben, dann wäre es ein Fulltime-Job, aber jetzt ... Nun hatte sie ihren Mann, der als Teilzeit-Redakteur sofort starten konnte und einen großartigen Job machen würde. Ab jetzt gehörte das Lesen der anderen Blätter zur Arbeitsplatzbeschreibung, mußte also nicht mehr heimlich und in den Zeiten geschehen, in denen die Familie es ihm übelnahm. Natürlich war er gewillt, mit der Aufgabe zu wachsen und sich zu einem professionellen Redakteur zu entwickeln.

So konnte ein weiterer gefährdeter Samurai zum Nutzen der Firma und seiner selbst „gerettet“ werden. Seine Familie war wirklich glücklich über diese Entwicklung. Studien zeigen immer wieder: Gute Samurais haben ein glückliches Familienleben.

3. **Im Meeting sitzen**: Dieser Mensch liebte Meetings. Er war ein „mittlerer“ Manager, und die Briefe seiner Mitarbeiter (siehe Anti-SEPPUKU-Plan, Seite 241 ff.) zeigten, daß er ständig Meetings einberief. Nun wurde ihm klar, WARUM. Er LIEBTE Meetings. So einfach war das.

   Nachdem sein Chef das auch verstand, sprachen sie gemeinsam über seine Fähigkeit, sehr schnell zu begreifen, was die Leute sagen, und dies anderen unmittelbar zu berichten. Gibt es eine Nische in den meisten Organisationen für solche Menschen? Da können Sie Gift drauf nehmen!

Dieser Mann wurde der wichtigste Repräsentant der Firma (in der Funktion einem Botschafter vergleichbar): Er durfte ab jetzt **alle** Kongresse besuchen, bei denen potentielle Kunden teilnehmen würden (Teilnehmer können wunderbar Kontakte knüpfen!). Des weiteren würde er das Firmenteam ab sofort zu Ausstellungen begleiten, und er würde selbst Konferenzen „einberufen", von Presse-Konferenzen bis zu Kunden-Parlamenten oder Meetings mit Subunternehmern. So konnte man von seiner großartigen kommunikativen Fähigkeit profitieren. Es war angenehm, mit ihm in einem Meeting zu sein, aber nicht zehnmal in derselben Woche. Die Gruppe, die er ursprünglich gemanagt hatte, beschloß, sich ab jetzt nur noch einmal pro Woche zu treffen, um Infos weiterzugeben und zu diskutieren. So waren **alle** Betroffenen viel glücklicher als vorher.

4. **Am Computer arbeiten**: Diese Dame war eigentlich eingestellt worden, um bestimmte Arbeiten am Computer auszuführen, was sie auch gerne tun wollte. Aber die tägliche Routine erforderte, daß sie regelmäßig das Telefon der Kollegin abnehmen mußte, die es anscheinend für nötig fand, ständig irgendwo im Haus herumzurennen, um mit irgendwelchen Leuten zu reden. Was die Dame ebenfalls nervte, war, daß **andere** Leute den Kopf häufig zur Türe hereinsteckten, um die abwesende Kollegin zu suchen und zu fragen, wo jene sich wohl gerade aufhalten könnte. Nach einer Weile hatte die Frau am PC ein Magengeschwür entwickelt.

   Der Dialog zeigte ihr zum ersten Mal, was eigentlich los war, und sie konnte ihrem Chef jetzt klar sagen: „Entweder ich bekomme meine eigene Ecke – egal wie klein –, in der ich ohne permanente Unterbrechungen und ohne Telefon arbeiten kann, oder ich muß eine andere Stelle suchen, wo man mich endlich arbeiten läßt." (Menschen, die genau wissen, was sie tun, werden überall gesucht, im Gegensatz zu un[aus]gebildeten Arbeitsuchenden.) In diesem Fall war jene gesprächige Kollegin deshalb permanent herumgerannt, weil ihre Kollegin am PC nicht bereit war, öfter mit ihr zu reden. Nachdem sie eine neue Kollegin bekommen hatte, mit der sie sich **zwischendurch** immer mal wieder einige Minuten lang austauschen konnte, arbeiteten diese beiden Damen bald ziemlich kompetent zusammen. Es gibt Leute, wie jene gesprächige Kollegin, die eine große „menschliche Insel" in ihrer Arbeit benötigen.

Was mich wirklich freute, war, was ich erfuhr, als ich ein Jahr später wieder dort war: Sogar unsere PC-Frau war inzwischen zu einer guten Freundin der gesprächigen Dame geworden. Sie konnte sie nur zuvor nicht ausstehen, weil diese sie damals von ihrer Arbeit abgehalten hatte. Aber nach Feierabend und an Wochenenden machte es ihr durchaus Freude, Zeit mit ihr zu verbringen (solange sie während der Arbeitszeit ungehindert ihren Job tun konnte).

5. **Fitness über alles?** Dieser Mann hatte einen Job angenommen, um genügend Geld zu verdienen, um wöchentlich mehrere Fitneß-Sessions finanzieren zu können. Fitneß war ihm das Wichtigste. Als er sich vorstellte, als Millionär zu leben, wurden ihm zwei Dinge klar: ERSTENS wäre er fähig, sämtliche Fitneß-Studio-Gebühren zu finanzieren, ZWEITENS war seine „große Reise" (die sich die meisten Menschen wünschen) ein Trip durch das eigene Land, um Fitneß-Studios zu begutachten. Aber bald „sah" er, wie er ein Fitneß-Center um die Ecke seiner Wohnung kaufte, damit er dort alles genauso einrichten könnte, wie er es wollte. Bald sah er sich in seiner Vorstellung das Center managen, weil er begriff, daß er zwar gerne 15 bis 20 Stunden pro Woche trainieren würde, nicht aber 50 bis 90.

   Dies war einer der Coaching-Dialoge, die wir in einer Coaching-Sitzung machten (in kleinen Firmen oder Abteilungen großer Firmen ziehen die Leute einen neutralen Partner vor). Als wir den Dialog seinem Chef vorspielten, reagierte dieser „normal", als er sofort meinte: „Nun, ich sehe keine Nische in unserer Firma ..." Aber das geschah anno 1995, als mehr und mehr Firmen begriffen hatten, daß zu viele Leute sich überwiegend von Fast-Food ernähren und sich nicht genug bewegen. Einige Firmen hatten bereits damit begonnen, firmeneigene Fitneß-Center zu installieren. Dabei stellten sie fest: Die Krankheitsrate sank, und die Stimmung stieg und blieb oben. Darauf wies ich hin und schlug, in Hinblick auf die Langzeit-Vorteile, einen Kompromiß vor: Die Firma mietet bestimmte Stunden in einem nahe gelegenen Fitneß-Studio, wo die MitarbeiterInnen trainieren und frei über Firmeninterna reden konnten, da sie unter sich waren. Unser Mann würde in diesen Zeiten als Vermittler zwischen Fitneß-Center und Firma anwesend sein (und ebenfalls trainieren können).

Zwei Jahre später eröffnete die Firma übrigens ihr eigenes internes Fitneß-Studio – und vor wenigen Wochen hörte ich, daß man einen DVD-Beamer mit einem großen Monitor bei der Ergometer- und Laufband-Station installiert hat, so daß man dort jetzt u.a. auch Live-Vorträge von mir (beziehungsweise Episoden meiner TV-Serie) sehen kann. Hmmm, ich glaube, das gefällt mir …

6. **Lehren**: Dieser Herr hatte einst in der Ausbildungs-Abteilung der Firma begonnen. Von dort hatte ihn einer der Seminarteilnehmer in seine Abteilung abgeworben, und er hatte zugestimmt, da dieser ein Mann nach seinem Geschmack gewesen war. Leider wechselte sein neuer Chef später zu einer anderen Firma, und unserem Samurai wurde ein neuer „Daimyo" vor die Nase gesetzt, den er **nicht** mochte. Inzwischen hatte sich herausgestellt, daß der Job öde war, und er sehnte sich in die Trainings-Abteilung zurück. Ihm war aber nie wirklich klargewesen, daß er damals nur wegen dieser Person gewechselt hatte. Er hatte sich eingeredet, es sei die Aufgabe dort gewesen. Das ist ein gutes Beispiel für die Art von Dingen, die herauskommen können, wenn man den Dialog mit einer Person durchführt, der man vertrauen kann. Nachdem ihm seine Situation klargeworden war, entschied er sich, mit seiner **ehemaligen** Vorgesetzten in der Trainings-Abteilung zu sprechen. Diese Dame war froh, ihn wieder zurückzubekommen, und forderte ihn durch offizielle Kanäle an. Bald war er wieder dort, wo er sich wesentlich wohler fühlte und man seine Leistung zu schätzen wußte.

Ich könnte ihnen noch viele weitere Beispiele schildern, aber ich denke, Sie verstehen, worum es geht.

Es gibt relativ viele MitarbeiterInnen, die nicht sehr glücklich mit ihrer Arbeit sind und deren Vorgesetzte davon nichts ahnen. Deshalb neigen die Leute dazu, Schuld zuzuweisen und herumzunörgeln. Betroffene Chefs halten wenig von ihren Angestellten, diese halten wenig von ihrer Firma oder ihren Kunden (die einen dauernd bei dem unterbrechen, was man landläufig als „Arbeit" bezeichnet.)

Es gibt viele Firmen und andere Organisationen, die von der Anti-SEPPUKU-Effekt-Strategie profitieren könnten, falls jemand sie implementieren würde. Aber wer? Sie vielleicht? Wann möchten Sie denn beginnen?

Merkblätter

Erinnerung:

Merkblätter enthalten Zusatz-Infos, die Sie – je nach Bedarf – lesen oder auslassen. Meist „springt" man (per Sprung-Hinweis) auf diese Seiten und danach wieder an die Stelle im Buch, wo man weiterliest.

Merkblatt Nr. 1: PARADIGMEN-WECHSEL & MEMe (nach Richard DAWKINS)

Beide Begriffe sind in gewissen Kreisen bekannt, in anderen hingegen nicht. Sie zu kennen heißt nicht nur, verstehen (und mitreden) zu können, denn wir gewinnen einen weiteren Vorteil, weil beide Termini uns helfen können, **vorhandene Denk-Schemata zu erkennen** bzw. alte Denk-Bahnen zu hinterfragen. Und die Zielstellung, PARADIGMEN* oder MEMe **in Frage stellen zu können**, ist in einer sich so rasant verändernden Welt dringend notwendig!

1. PARADIGMEN

Der Begriff, abgeleitet von griechisch paradeigm = erklären, zeigen, beweisen, zeigt in seiner Grundbedeutung auf ein MUSTER, das es zu durchschauen (begreifen) gilt. Gelingt dies, dann WISSEN wir (mehr). Ein PARADIGMA kann auch als konkrete Anwendung einer Idee angeboten werden, z.B. in der Mathematik. Durch Handeln, z.B. Dreiecke konstruieren, be-GREIFEN wir, damit wir die REGEL/n abstrahieren bzw. REGELMÄSSIGKEITEN entdecken können. Seit dem 17. Jahrhundert bedeutet der Begriff PARADIGMA in der Philosophie sowohl MUSTER als auch wissenschaftliche Idee, Theorie (das heißt Denk-Muster):

- **Muster**. Dies kann ein Kachel- oder Tapetenmuster, ein musikalisches Motiv, das bestimmten Spielregeln folgt (Fuge oder ein Kanon), aber genausogut auch ein grammatikalisches Muster der Satzbildung sein.

  Beispiel: Im Deutschen folgt das Prädikat (z.B. „er geht") in der Regel dem Subjekt („der Mann"), also „der Mann geht", mit Ausnahme der Frageform („Geht der Mann?"). Dieses Muster mag uns banal erscheinen, wiewohl es keinesfalls die einzig mögliche oder häufigste Form

*Zwar bestehen einige (vor allem Altphilologen und Philosophen) auf anderen Pluralbildungen, aber im Alltag hat sich „Paradigmen" inzwischen durchgesetzt.

darstellt, eine Frage zu bilden. Zum Vergleich: Im Englischen bilden wir mit dem Hilfsverb „tun" eine neue Form („Tut der Mann gehen?"), während einer Aussage im Arabischen einfach ein „hal" **vorangestellt** wird, um eine klassische Ja-/Nein-Frage daraus zu machen. Auch im Spanischen „warnt" man den Leser, daß eine Frage folgt, indem man ein umgekehrtes Fragezeichen (¿) vorausschickt, während man im Japanischen einer Aussage ein „ka" **nachstellt**, um die Frageform zu bilden. Das sind Beispiele für grammatikalische Paradigmen.

- **Idee, Theorie** (= **Denk-Muster**). Es soll uns helfen, die Welt oder einen Aspekt der Welt (besser) zu verstehen. Begreifen wir das Schema hinter den Dingen (Prozessen), dann reduziert das unsere Unsicherheit, wir fühlen uns wohler. Darüber hinaus helfen Paradigmen uns, die Welt besser zu manipulieren. Die Theorie hinter einem Paradigma gilt als „erwiesen", wenn sie dem **derzeitigen** Stand der Wissenschaft entspricht (der sich natürlich immer wieder ändert, wenn die Forschung fortschreitet). So ist z.B. **jede Idee darüber, was sich im Atom abspielt**, ein PARADIGMA – ob wir nun Quarks oder Strings im Inneren vermuten, es sind Denk-Muster, mit deren Hilfe wir die Welt erklären. Auch die Idee hinter der „alten" (klassischen) NEWTONschen Physik ist ein PARADIGMA, das durch die Relativitätstheorie EINSTEINs in Frage gestellt wurde. Heute sagen wir, beide gelten (in ihren jeweiligen Bereichen), denn das NEWTONsche PARADIGMA bringt eine Rakete zum Mond, während die RELATIVITÄTs-THEORIE sagt, daß wir mit stärkeren Teleskopen nicht nur mehr, sondern auch mehr Vergangenheit sehen, während das PARADIGMA der „modernen" Quantenmechanik uns Laser, Maser und andere technologische Errungenschaften ermöglicht hat.

Wer den zweiten Begriff (MEMe) kennt, könnte sich langsam fragen, ob wir nicht bereits davon reden, wenn wir PARADIGMEN sagen, wie eben. Diese Frage ist nicht ganz unberechtigt, denn es gibt gewisse Überscheidungen im semantischen Hof beider Begriffe, wie wir gleich sehen werden.

PARADIGMEN-WECHSEL?

Damit meinen wir den Übergang zwischen einem (alten) Paradigma zu einem anderen (neueren). Sogar im **Management** redete man in den 1980er Jahren vom anstehenden PARADIGMEN-Wechsel. Einige der damaligen Ansätze waren **wichtig und notwendig**, wurden aber leider bald verwässert, weil immer mehr Leute auf den fahrenden Zug aufspringen und absahnen wollten.

So entstand eine (von **Außenseitern**) verächtlich als New Age bezeichnete Bewegung, in der man von einem Extrem (manipulativ, Industrie-Zeitalter) ins andere (Empowerment der MitarbeiterInnen) Post-Industrie-Zeitalter) springen wollte.

Einige rannten (Teebeutel schwingend) von einer Esoterik-Messe zur anderen, die Verlage brachten diverse Esoterik-für-Manager-Bücher heraus, auf deren Untertiteln und Rückseiten der Begriff des PARADIGMEN-WECHSELS eine prominente Rolle spielte, und bald waren die Führungskräfte völlig überfordert, zwischen Unsinn und Sinn (dem WESEN-tlichen nämlich) zu unterscheiden. Da die Anzahl derer, die selber lesend, denkend eine Meinung BILD-en, ziemlich gering, ist, wurde der ganze PARADIGMENWECHSEL* still und heimlich begraben. Aber das ändert nichts an der Tatsache, daß wir den PARADIGMENWECHSEL vollzogen haben (bzw. noch im Begriff sind, ihn zu vollziehen). Heute reden wir z.B. von den Human-Ressourcen, weil wir in zunehmendem Maße begreifen, daß im post-industriellen Zeitalter **das Wissen in den Köpfen der MitarbeiterInnen mehr wert sein wird als die Immobilien und Maschinen früherer Organisationen**. Ebenso setzen sich langsam einige der Einsichten, um die es in diesem Buch geht, durch – auch sie sind Teil jenes PARADIGMENWECHSELS, nur schreibt man das heute nicht mehr auf die Außenseite eines Management-Buches (haha).

---

*Übrigens sagte Alvin TOFFLER, einer der wichtigsten Zukunftsforscher, bereits Ende der 1960er Jahre diesen PARADIGMEN-WECHSEL voraus, er bekräftigte seine Prognose zwei Jahrzehnte später mit weit mehr Details in seinem faszinierenden Buch *The Third Wave* (deutsch: *Die Zukunftchance*, bei uns schon lange vergriffen).

2. MEMe

Dieser Begriff wurde von einem bekannten Genetiker und Wissenschaftspublizisten (Richard DAWKINS) „erfunden". Er stellte nämlich fest, daß Gene sich vermehren „wollen", und postuliert, daß wir Menschen bis zu einem gewissen Grad „Gen-Maschinen" sind, die das Überleben und die Fortpflanzung der Gene ermöglichen. Wiewohl diese Haltung bei Laien in der Regel auf schroffe Ablehnung stößt, weil wir das nicht GLAUBEN WOLLEN, spricht doch einiges dafür, insbesondere die Art, wie rezessive Gene einander „suchen" und finden. Darüber berichtete bereits vor fast einem Jahrhundert der ungarische Forscher SZONDI. In dem großen Klassiker, der *Schicksalsanalyse,* zeigt SZONDI, wie sich der Träger eines rezessiven Gens (z.B. für eine Erbkrankheit), das in ihm NICHT zum Tragen kam und normalerweise auch nicht mehr an seine Kinder weitergegeben worden wäre, UNBEWUSST in eine Person verliebt, die ebenfalls Träger des passenden rezessiven Gens ist – und voilà, hat die Erbkrankheit überlebt.*

Nun stellte dieser Richard DAWKINS fest, wie stur und rechthaberisch wir sein können, und zog eine interessante Parallele: Was, wenn sich Meinungen, Annahmen, Glaubenssätze etc. ähnlich verhalten würden wie Gene? Was, wenn sie „weiterleben", „überleben" und vor allem sich fortpflanzen wollten? Die Idee wurde immer spannender, als er nämlich begriff:

Während Gene sich nur SENKRECHT (von einer Generation zur nächsten) fortpflanzen können, gilt dies für Ideen nicht. Sie können sich auch WAAGERECHT vermehren (von einer Person zur nächsten). Je mehr er die

---

*Zwei rezessive Gene ergänzen einander und werden wieder aktiviert, und so lebt die Eigenschaft (oder Krankheit), die das Gen (über-) trägt, fröhlich weiter. Es gibt sogar Gründe für die Annahme, daß ein relativ großer Anteil an außerehelichen Kindern (früher, als dies eine Ausnahme war!) zwei rezessive Gene „abbekamen", fast so, als hätten sich die beiden Gen-Träger trotz Ehe mit einem anderen (die oft von der Familie arrangiert worden war) nicht beherrschen können und „mußten" dieses Kind zeugen, in dem ihre verborgenen rezessiven Gene weiterleben konnten ... Tja, die Genetik ist weit faszinierender, als Schul-Unterricht uns in der Regel hätte träumen lassen ...

Sache durchdachte, desto größer waren die Überraschungen, denn nun stellte er fest, daß sie sich verbreiteten wie EPIDEMIEN. Wer den Effekt kennt, daß uns Gott und die Welt denselben Witz aus dem Internet in eine e-mail knallt und als Rund-mail an alle möglichen Empfänger sendet, der weiß, was wir meinen. Aber es gibt auch Verhaltensweisen, die sich ähnlich „fortpflanzen" und wie ein Lauffeuer verbreiten. DAWKINS nennt das „verkehrtes" Tragen einer besonderen Art von Kappen (Kopfbedeckung mit Schirm vor Augen). Ursprünglich setzte man sie auf, um die Augen vor der Sonne zu schützen, wenn man BASEBALL spielte. Bald verbreitete sich die Angewohnheit **wie ein Lauffeuer**, bis viele Leute (vor allem außerhalb der USA) gar nicht wußten, daß es sich ursprünglich um eine Baseball-Kappe gehandelt hatte. Die 1990er Jahre zeigten uns eine **erneute Manifestation einer „Epidemie"**. Auch diese Angewohnheit hatte urspünglich einen praktischen Zweck gehabt, nämlich die TENNIS-Spieler zu schützen, wenn die Sonne von hinten auf sie herunterbrannte. Hier nützte der Augenschirm auf der „falschen" Seite nichts, wenn einem der Nacken verbrannte, also setzte IRGENDWER die Kappe einfach einmal andersherum auf. Bald griffen andere TENNIS-Spieler zu diesem Trick, dann etablierten junge Schwarze in den USA diese Mode INNERHALB VON RÄUMEN zur neuesten Masche, und bald wurde dieser Tic weltweit übernommen. Die dritte epidemische Welle überrollte die Welt, als junge Leute von Harlem die Idee in die ganze Welt verbreiteten. Heute sehen wir diese Angewohnheit in der Disko in Chinas Küstenstädten genauso wie in ganz Afrika (von Kapstadt bis Kairo) und in Australien, als „Krethi und Plethi" (wie es in der Bibel heißt) begannen, die Kappe verkehrtherum aufzusetzen.

Und nun suchte DAWKINS einen Namen für dieses Phänomen, das sich wie ein Gen benimmt (weil es sich fortpflanzen „will") und sich dermaßen schnell verbreiten kann. Er schlug den Begriff des MEM vor – analog dem Gen (s. Hinweis).

Englisch: MEME und GENE, sprich: [Miim] und [Dschiin]

Zwar boten auch andere Autoren Namen an, u.a. VIREN DES GEISTES, weil MEMe eine große Menge an Menschen so rasend schnell „anstekken" können, aber letztlich setzte sich doch der Begriff MEM durch. Heute heißt die Wissenschaft MEMETIK. Man forscht z.B. darüber, inwieweit MEMe uns helfen oder schaden*, wie sie sich innerhalb von und zwischen Gruppen fortpflanzen etc.

MEM: Denk-Tool oder Virus? – Checkliste

Es gibt MEMe, die uns helfen, die großartige Denkleistungen ermöglichen, die uns weiterbringen. Wenn uns ein Denk-Modell hilft, die Welt, uns, andere Menschen besser zu verstehen, ist es ein Denk-Tool. Aber manche MEMe ver-GIFT-en unser Denken, sie machen uns „eng" (verhindern also das er-WEIT-ern unseres Horizontes), so werden wir rechthaberisch, stur, fanatisch etc. Wenn Sie überprüfen wollen, ob eine Annahme ein VIRUS sein könnte, dann stellen Sie sich folgende Fragen:

1. **Ist es WAHR** (bzw. halte ich es für wahr, richtig, korrekt etc.)?
2. **Ist es TUGENDHAFT** (die Tugend wird in-HAFT-iert, GEFANGEN gehalten)? Im Klartext: Halte ich mich für moralisch besser, weil ich diese Position vertrete?
3. **Ist es TABU?** Verbietet die Gesellschaft uns, darüber zu reden, oder besteht ein inneres Tabu, weil ich persönlich nicht bereit (fähig) bin, darüber mit anderen zu reden? Fühle ich mich extrem unwohl, wenn das Thema zur Sprache kommt?
4. **Fällt es mir schwer**, anderen gegenüber, die diesen Standpunkt NICHT vertreten, **tolerant zu sein**? Tolerare heißt ja „ertragen", „erleiden". Wenn es uns also leichtfällt, anderen ihre Meinung zuzugestehen, dann handelt es sich um Liberalität. Toleranz tut (per definitionem) „weh", sie fällt schwer, sie muß „erkämpft" werden.

---

*Wie wir unterscheiden, ob ein MEM uns eher schadet (als VIRUS) oder nützt (als geistiges TOOL), entnehmen Sie bei Interesse bitte dem Mitschnitt einer Vorlesung an der TU München: *Viren des Geistes – gehirn-gerechte Einführung in die neue Wissenschaft der Memetik* (als VHS und DVD erhältlich).

Müssen Sie zwei oder mehr bejahen, ist die Gefahr, daß es sich um einen Virus handelt, sehr groß! Vgl. das Ende des Abschnittes über *Dissonanz-Fähigkeit*, Seite 27 ff.

Übrigens: Je größer unsere „Insel" wird, desto liberaler werden wir und desto weniger müssen wir LEIDEN, weil weniger Toleranz nötig ist. Theoretisch bedeutet dies: Wenn jemand die Insel bis unendlich ausdehnen könnte, würde er die in der Bibel verheißene Position erringen: ALLES VERSTEHEN HEISST ALLES VERZEIHEN. Diese Positon macht vielen regelrecht angst. Aber die Gefahr, daß man dorthin kommt, ist extrem gering, nicht in einer Lebensspanne von unter 550 Jahren ...

Den folgenden Absatz können Sie gerne auslassen, er ist für jene von Interesse, die von folgender Frage „gequält!" werden:

PS: PARADIGMA oder MEM?

Nehmen wir die Idee, **daß Frieden genauso bewußt GESCHAFFEN werden kann (oder muß) wie Krieg**. Dieses PARADIGMA bzw. MEM ist noch relativ neu (es kam erst Ende des 19. Jahrhunderts auf).

Frage: Ist es nun ein PARADIGMA oder ein MEM? Antwort: Beides. Deshalb stelle ich beide Begriffe nebeneinander: Manche Autoren ziehen PARADIGMA vor, andere MEM, aber beide meinen oft dasselbe. Der **gemeinsame Nenner hinter beiden Konzepten** ist die Tatsache, daß jede Ideen (Theorien) enthält. Der Unterschied ist der, daß wir bei einem PARADIGMA ein (verbindendes) MUSTER suchen, welches ein MEM nicht enthalten muß. So können die ersten markanten Noten der 5. Sinfonie BEETHOVENS (Schicksals-Sinfonie: Pa-Ra-Pa-Paaam. Das Schicksal klopft an meine Tür) als MEM gesehen werden, aber es gibt nur eine Sinfonie, die mit diesem Klangbild beginnt, dies ist kein Muster, das wir woanders suchen wollen. Im Zweifelsfall liegen wir mit MEM für Idee (inklusive musikalische) durchaus richtig, denn:

> Jedes PARADIGMA ist immer auch ein MEM, aber nicht jedes MEM muß unbedingt ein PARADIGMA sein.

Deshalb spricht der amerikanische Zukunftsforscher Joel BARKER von PARADIGMEN-Veränderern und von PARADIGMEN-Pionieren (im Gegensatz zu den Siedlern, die warten, bis andere neue Ideen im Markt schaffen und einrichten, um dann mit Me-too-Produktion hinterherzuhecheln. Nur, sagt BARKER, wird das in der Zukunft einer post-industriellen Gesellschaft nicht mehr funktionieren. Manche Märkte werden sich so schnell verändern, daß für die Siedler nichts mehr übrigbleibt.

Achtung: Je länger der Name oder Begriff ist, desto spannender kann auch das Wort-Bild (KaWa, s. Seite 272) werden.

Merkblatt Nr. 2: ABC-Technik

Dieses Merkblatt enthält zwei Texte:

1. **Es führt in die ABC-Denk-Technik ein** (für neue LeserInnen, aber auch für LeserInnen und meine Trainer-KollegInnen, die eine schnelle Hinführung für eigene Meetings bzw. im Seminar suchen.
2. **Es bietet Ihnen** eine Liste zum **Vergleich** NACH der ersten Aufgabe (Seite 266) sowie als weiteres **Fallbeispiel** eine konsolidierte Liste zum Thema „Tätigkeiten" (Seite 268 f.).

1. Intro ABC

Ziel kann hier nicht sein, die Technik umfassend zu schildern, ihre Vorteile aufzuzählen etc. Ziel ist, Sie durch praktisches AUSPROBIEREN in die Technik einzuführen. Merke: Wer es probiert, merkt sehr schnell, was es bringt!

Es gilt also, zu einem Thema (einem Problem, einer Frage, über die wir reflektieren wollen) eine schnelle ABC-Liste anzulegen. Optimal sind Vordrucke, bei denen am linken Rand das ABC senkrecht zum Notieren einlädt, aber man kann die Buchstaben A bis Z auch schnell selbst schreiben, wenn man gerade kein Formular zur Hand hat.

Normalerweise beginnen die Leute bei A und versuchen sich (manchmal „krampfhaft") bis Z „durchzukämpfen". Ich möchte Sie jedoch bitten, ganz anders vorzugehen: Wandern Sie mit den Augen das Alphabet „rauf und runter", langsam, gemütlich. Wo immer Ihnen eine Assoziation in den Kopf schießt, tragen Sie diese ein. Am Ende können bei manchen Buchstaben mehrere Nennungen stehen, bei anderen gar nichts, das ist vollkommen ok.

Das hängt erstens damit zusammen, daß die Worte einer Sprache sich höchst ungleich auf das ABC verteilen (vgl. Anzahl der Scrabble-Plättchen pro Buchstabe). Zum anderen hängt es damit zusammen, daß wir eine ABC-Liste ja nie zu 100 Prozent ausfüllen müssen; oft arbeiten wir sogar mit Zeitlimit, da bleiben zwangsläufig einige Buchstaben „leer". Das Zeitlimit ist eine gute Sache, wenn wir testen wollen, was wir wissen (das schnelle ABC als INVENTUR). Schnellschreiber testen mit 60 Sekunden, es können aber auch gerne 3 Minuten gewählt werden, wenn Sie es lieber gemächlich angehen. Beides wäre eine Schnell-Inventur; also nur ein erstes Erfassen, was in uns „passiert", wenn wir uns das Thema „stellen". Dies kann sehr schön mit folgendem ABC-Spiel demonstriert werden:

ABC-Spiel: Erste Inventur

Probieren Sie dies gleich einmal. Denken Sie jede der 3 Listen (s. unten) kurz an, aber raten Sie vorher, wie viele Begriffe Sie in der Zeit, die Sie sich geben wollen, schaffen werden. Jede Liste bekommt dasselbe Zeit-Limit.

TEIL I: Anzahl der Begriffe, die wir schaffen werden, raten:

a. Berufe (Berufsbezeichnungen) ____________________

b. Gegenstände in Büros und Konferenzzimmern ____________

c. Gründe, die gegen ein MEETING sprechen ______________

Sie sehen: **Liste 1 spricht Ihre Gedächtnis-Leistung an**: Dieses ABC entspricht am ehesten dem Stadt-Land-Fluß-Spiel unserer Jugend; daher spreche ich vom Stadt-Land-Fluß-Effekt© (zu jedem Thema, das wir oft genug gespielt haben, fällt uns nun viel ein). Wir können dies auch den **Experten-Bonus** nennen. Lassen Sie sich also vom ersten Ergebnis gleich anschließend nicht irreführen, dies ist ja nur das ERSTE ABC zu diesem Thema ...

Bei Liste 2 geht es um Ihre persönlichen Erfahrungen. Hier darf der Blick auch schweifen, wenn Sie gerade im Büro (Konferenzzimmer) sitzen, bzw. geistig „schweifen", wenn Sie Räume in Erinnerung „rufen", in denen Sie sich heute, gestern (neulich) aufgehalten haben.

Liste 3 erfaßt „abstrakte" Dinge, wie Gründe gegen Meetings. Warum sollte man weniger (keine?) Meetings abhalten? Was spricht gegen (viele) Konferenzen?

Haben Sie Ihre Voraussagen (oben) eingetragen? Ist Ihre Uhr mit Sekundenzeiger (besser ist ein Timer, so daß Sie nicht ständig auf die Uhr schielen müssen) griffbereit? Dann geht es jetzt los ...

1. BERUFE	2. BÜRO/KONFERENZZ.	3. GRÜNDE gegen Meetings
A ______	A ______	A ______
B ______	B ______	B ______
C ______	C ______	C ______
D ______	D ______	D ______
E ______	E ______	E ______
F ______	F ______	F ______
G ______	G ______	G ______
H ______	H ______	H ______
I ______	I ______	I ______
J ______	J ______	J ______
K ______	K ______	K ______
L ______	L ______	L ______
M ______	M ______	M ______
N ______	N ______	N ______
O ______	O ______	O ______
P ______	P ______	P ______
Q ______	Q ______	Q ______
R ______	R ______	R ______
S ______	S ______	S ______
T ______	T ______	T ______
U ______	U ______	U ______
V ______	V ______	V ______
W ______	W ______	W ______
X ______	X ______	X ______
Y ______	Y ______	Y ______
Z ______	Z ______	Z ______

2. Fallbeispiele zum VERGLEICH

1. BERUFE	2. BÜRO/KONFERENZZ.	3. GRÜNDE gegen viele Meetings
Astronaut	Aktenordner	Arbeitsabhaltung
Bäcker, Bauer	Büroklammer,	B
Chirurg, Chemiker	Beamer	C
Dirigent	Computer	D
Elektriker	Drucker	E
Frauenarzt	E	F
Graphologe	Fax-Gerät,	Geschwätzigkeit
H	Flipcharts,	H
Imker	Farbbänder	I
Jurist, Journalist	G	J
Kanalreiniger	Hefter	Kaffeekränzchen,
Lehrer,	I	komplizierte
LKW-Fahrer	J	Koordinierung
Musiker, Metzger	Klebeband,	langweilig
Näherin	Karteikarten,	monoton
Opernsänger	Kopierer	N
Psychologe,	Locher, Lineal	ortsgebunden
Politiker	Mappen	P
Q	N	Q
Redakteur	O	R
Schriftsteller	Papier,	Statuskämpfe
Tierpfleger	Prospekthüllen	Theater spielen
Universitätspro-	Q	uneffektiv
fessor	Radiergummi	V
Virusforscher	Stifte, Scanner	Wichigtuerei
Walfänger	Telefon	X
X	U	Y
Y	V	zeitaufwendig
Zugehfrau	W	
	X	
	Y	
	Zeitplaner	

Tätigkeiten-ABC (Führungskräfte/Selbständige)

Dieses Merkblatt bietet Ihnen zum **Vergleich** auch eine KONSOLIDIERTE LISTE unserer Insider (bei **www.birkenbihl.de**) an, die im ABC-Forum (hinter dem Paßwort, s. Seite 290) regelmäßig an ABC-Listen zu Themen arbeiten, die andere Insider sich gewünscht haben. Ich bat diese Gruppe, bei der **Aufgabe auf Seite 206** mitzumachen. Es haben innerhalb 1 Stunde 4 Personen mitgemacht und uns ihre ERSTEN REAKTIONEN eingereicht.

Konsolidiert heißt: Wenn Sie mehrere Listen in eine „große" zusammentragen, sprechen wir von KONSOLIDIERTEN LISTEN. Dabei kann es sich um mehrere eigene Listen handeln (ja, man kann mehrmals über dasselbe Thema reflektieren!) oder um Listen verschiedener Personen (auch in einem Meeting!). Wir übertragen alle Nennungen in die „große" Liste und halten Mehrfachnennungen anhand von Strichlisten bei den Begriffen fest. Am Computer listen wir diese „Strichelchen" als Schrägstriche auf, wobei wir nach 4 (////) entweder durchstreichen (~~////~~) oder gleich eine „5" eintragen, weitere Schrägstriche danebensetzen (bis zur 10) usw.

Auf den nächsten Seiten folgt das Ergebnis. Aber bitte die Liste erst konsultieren, **nachdem** Sie einen **ersten eigenen Versuch** hinter sich haben. Also erst umblättern, wenn Sie bereits aktiv nachgedacht haben.

Ich danke Frau Graßler, der Leiterin unseres ABC-Forums (**www.birkenbihl.de**) für die Übersendung einer ersten schnellen Liste, an der einige Insider „gestrickt" haben. Bitte bedenken Sie: ABC-Listen sind immer eine Inventur der Person, die sie durchführt. Wenn man Listen vergleicht, wird man oft etwas auf einer fremden Liste finden, das einem komisch (vielleicht sogar falsch) vorkommt. Aber es ist die Liste dieses Menschen, und wenn er zu diesem Thema genau das assoziert hat, dann nur, weil dieser Wissensfaden in seinem Wissens-Netz vorhanden war. Uns kommt es eigenartig (oder schlimmer) vor, weil wir eine andere Vergangenheit und demzufolge andere Assoziationen zu diesem Thema haben.

Bei konsolidierten Listen wie der nachfolgenden gilt das eben Gesagte für die Gruppe, deren Listen zusammengeführt werden.

A Analysieren der Konkurrenz durch Zahlenvergleich, Angebote prüfen, ausbilden, aufstehen, anziehen, (gute) Anzeigentexte erstellen, Angebote schreiben und einholen, Auto fahren, austauschen mit anderen, selbst. Aufträge akquirieren, aufräumen, Anhören von Mitarbeitern, anleiten, Audits abhalten, Aufträge vergeben, Anweisungen geben, anordnen, anweisen, analysieren, akquirieren und anbieten, Artikel schreiben

B Beurteilen von MitarbeiterInnen, Betreuen von Kunden, Berichte erstellen, Bewerbungen lesen, Bewerbungsgespräche führen, Bilanz analysieren, Besprechungen halten, Briefe schreiben (diktieren), Budgetplan aufstellen, beschwichtigen, Buchhaltung machen, bilanzieren, beurteilen von Marktsituationen, beobachten, bewerten, Beratungen in Anspruch nehmen

C Computer bedienen

D diktieren, delegieren, Diagramme erstellen, denken, danken (den Mitarbeitern, den Kunden usw.), durchhalten, diskutieren

E Entscheidungen treffen, E-Mails lesen, E-Mails schreiben, Einstellen von Mitarbeitern, Essen mit Kunden, einsetzen (Leute), Ehrenamt übernehmen, einschätzen, essen, einkaufen (Material, Computer usw.)

F Fachzeitschriften lesen, feiern, finanzieren, führen, Fremdsprachen lernen, Finanzierungen durchrechnen, Formulare ausfüllen, Freizeit einplanen, fahren, Fragen stellen

G Gewinn- und Verlustrechnung analysieren, Geschäftsessen abhalten, Geschäftsreisen machen, Gastgeber sein, Gutes tun, Geduld haben, Geld eintreiben

H Haushaltshilfe organisieren, Humor einsetzen, helfen (Vorbildfunktion), horten (Geld zusammenhalten)

I investieren, informieren, Informationen auswerten, Informationen weitergeben (z. B. durch Memos), Interviews führen, Ideen sammeln, innovieren

J Jahresplanung durchführen, jammern (nur selten u. ganz leise), jubeln

K konferieren, Kongresse besuchen, kommunizieren, kündigen, Kreditverhandlungen führen, Kennzahlen analysieren, kalkulieren, kontrollieren, Kosten einsparen, kooperieren, KVP-Programme einführen, Kontakte knüpfen, Konflikte austragen

L lernen, loben, lachen, Lohnsystem einführen, leiten, loslassen, lehren

M Mitarbeitergespräche führen, Mitarbeiter einstellen, Mailbox abhören, mehrere Möglichkeiten überdenken, managen, monieren, Mitarbeiter motivieren, Markt beobachten

N Nachrichten hören, neue Märkte erschließen, nachdenken, navigieren

O Organisieren des Tagesablaufs, ordnen, orientieren, Ordnung halten, Outlook nutzen

P Prüfen von Verträgen, Post sichten, Produktionspläne festlegen, Planen der Absatzzahlen, präsentieren, Präsentationen erstellen, planen, Prämien vergeben, Preise planen, produzieren, präsent sein, Partner suchen

Q Quittungen ausstellen, qualifizieren (sich u. andere), querdenken

R reden, reisen, Rechnungen zahlen, Rechnungen schreiben, regeln, Reklamationen annehmen

S sanieren, Strategien entwickeln, schreiben, Steuererklärung machen, spenden, Steuerberater konsultieren, sponsern, spielen, Selbstmotivation, Stellung nehmen, streiten, schlichten, steuern, Seminare besuchen, Strategie entwickeln, Serviceleistungen entwickeln, stille Stunde nehmen

T Termine festsetzen, Tagungen besuchen, Tabellen erstellen für Übersichten, Telefonkonferenz abhalten, telefonieren, teilnehmen an gesellschaftlichen Anlässen (z. B. Bankett), Talente suchen u. fördern

U unterschreiben, Urlaub machen, Urlaubsplanung machen, überzeugen, Unternehmensvision entwickeln

V Videokonferenz abhalten, Verträge unterschreiben/prüfen, verhandeln, Vorträge vorbereiten, vortragen, Versicherungen abschließen, vorsorgen (Alter/Krankheit), verwalten, verhandeln mit Lieferanten, Vision entwickeln, Vergabe von Aufträgen

W weiterbilden, waschen (kam von einer Frau, vielleicht hat sie schlechte Erfahrungen mit Führungskräften geruchstechnisch gemacht – hihihi), Werbemaßnahmen beschließen, Weihnachtsgeschenke f. Kunden festlegen, werben, sich wundern, weiterbilden

X

Y Yield sicherstellen (keine Ahnung, was das ist ...)

Z Zeugnisse erstellen, Ziele vereinbaren, Zeitplanung machen, Zahlenmaterial aufbereiten, Ziele setzen, zurückziehen

Wer einmal gelernt hat, schnelle ABC-Listen anzulegen, kann zur nächstschwierigen Übung übergehen und ABC-Listen anlegen, während man Info aufnimmt, also zuhört (oder liest). Am leichtesten läßt sich dies beim Fernsehen üben (Nachrichten, Dokus, Talkshows)*. Wenn Sie darin eine gewisse Übung haben, können Sie eine sehr praktische ABC-Maßnahme in Ihren Alltag integrieren:

PROTOKOLLE mit Hilfe von ABC-Listen?

Wenn man sich an die Übung gewöhnt hat (und merkt, daß man manchmal fast gar nichts aufschreibt, weil nichts WESEN-tliches gesagt wird), kann man jede Art von Gespräch (und Meeting) anhand von ABC-Listen **protokollieren**. Inzwischen wissen Sie, daß Sie mit den Augen locker „wandern" und eintragen, wo sich etwas „anbietet". Beispiele:

1. Vorbereitungen
Für Reisen, Messen, wichtige Verhandlungen etc. können mit ABC-Listen wunderbar geplant/durchgeführt werden.

2. Schnelles Denken (Inventur)
Als Einstieg zum Nachdenken ideal (wie Sie im Buch bereits gemerkt haben oder noch merken werden).

3. Gespräche
Wenn Sie bei Gesprächen ABC-Listen anfertigen, zeigen Sie, daß Sie aufmerksam zuhören, während Sie gleichzeitig Ihre Gesprächspartner nicht mit langen Sätzen nerven. Oder aber Sie beginnen so schnell zu schmieren, daß Sie es hinterher nicht mehr lesen können. Hier rächt sich, daß die meisten Führungskräfte nie Steno gelernt haben. Auf der anderen Seite erzieht die ABC-Liste zu größerer geistiger Disziplin, weil Sie ja nur Schlüsselwörter aufschreiben dürfen. Falls die Person so wenig Wichtiges von sich gibt, daß es nichts zu schreiben gäbe, notiere ich zwar, setze aber irgendwo in die Zeile ein kleines Symbol, das für mich bedeutet „später herausschneiden". Nach dem Gespräch gehen Sie die Liste kurz durch,

---

*Vgl. mein Büchlein *Intelligente Wissens-Spiele.*

vervollständigen den einen oder anderen Gedanken oder streichen andere. Müssen (sollen, dürfen) Sie später (auch Jahre später) mit dieser Person wieder einmal reden, reicht die Liste, und Sie sind wieder im Bilde.

Übrigens interessiert es viele, was da steht, so daß wir oft schnell eine Fax-Kopie machen, und der Gast darf seine Liste mitnehmen. Das gilt in noch höherem Maß für die KaWa.s die während des Meetings entstehen (s. Merkblatt KaWa, Seite 272 ff.).

4. MEETINGS

Hier können Sie selbst das Meeting als ABC-Liste protokollieren (s. 1), aber viel interessanter ist folgende Variante: Alle Anwesenden legen ein ABC an (gern anonym, das macht es manchen anfangs leichter). Am Ende werden alle eingesammelt und entweder konsolidiert (auf einen großen Bogen übertragen) oder am PC gescannt und im Ordner (für das heutige Meeting) aufbewahrt. Solche Protokolle leisten später oft wertvolle Hilfe, weil sie in so ver-DICHT-eter Form (vgl. Ge-DICHT) festhalten, worum es ging, daß man sich schnell zurechfinden kann.

PS

Falls Sie weitere Ideen für ABC-Listen in der täglichen Praxis (beruflich wie privat) entwickeln, teilen Sie sie uns bitte mit, damit auch andere davon profitieren können: WANDZEITUNG auf meiner Hompage **(www.birkenbihl.de)**.

Merkblatt Nr. 3: KaWa-Technik

Dieses Merkblatt enthält zwei Teile:

1. **Es führt in die KaWa-Denk-Technik ein** (für neue LeserInnen, aber auch für LeserInnen und meine Trainer-KollegInnen, die eine schnelle Hinführung für eigene Meetings bzw. im Seminar suchen).

2. **Es bietet Ihnen** einige **Fallbeispiele.**

1. Intro KaWa

Ziel kann hier nicht sein, die Technik umfassend zu schildern, ihre Vorteile aufzuzählen etc., Ziel ist, Sie durch praktisches AUSPROBIEREN in die Technik einzuführen. Merke: Wer es probiert, merkt sehr schnell, was es bringt!

Es gilt, zu einem Thema (einem Problem, einer Frage, über die wir reflektieren wollen) ein (erstes oder wiederholtes) KaWa anzulegen. Der Begriff ist ein Kunstwort und leitet sich ab von ANALOGRAFFITI©. Ich entwickelte diese **analografischen** Denk-Tools in vielen Jahren, um meinen Klienten zu helfen, eher **ANALOG** (als logisch, linear, rational) zu denken. Da wir mit einem Stift in der Hand denken, also schreiben oder zeichnen, bot sich **GRAFFITI** an, hergeleitet von (gr.) grafein = (in Tontäfelchen) ritzen, also schreiben ODER zeichnen. Somit steht das erste „a" in KaWa (und der GRAFISCHEN Variante KaGa) für ANALOGRAFFITI, das zweite „A" in beiden Fällen für ASSOZIATIONEN.

Das „K" steht in beiden Fällen für KREATIV, das W in KaWa für „Wort-", das „G" in KaGa für „grafische", nämlich (2. „A"): Assoziationen.

Kleine Aufgabe:
Manchmal kann es extrem hilfreich sein, zu einem Begriff das Gegenteil zu suchen. Versuchen Sie dies doch bitte einmal mit ASSOZIATION. Was könnte sein Gegenstück sein?

ASSOZIATION vs.

Was ebenfalls sehr hilfreich sein kann, sind kurze Gespräche mit anderen, ehe wir weiterhören, -lesen etc. Falls Sie jemanden befragen können, ehe Sie weiterlesen (Handy griffbereit?), so können Sie die Reaktion dieser Person/en mit Ihrer eigenen vergleichen, ehe Sie fortfahren.*

Auflösung:
Es gibt zur Assoziation eigentlich **zwei Gegenstücke**: Erstens das logische, rationale nächst-FOLGENDE, das sich aufgrund des Vorherigen ergibt (oder zwingend ergeben muß) im Gegensatz zur **freien Assoziation,** die **analoge Verbindungen** offenlegt. Dieses Folgende kann ein logischer Schluß sein, der sich ergeben **muß**, oder aber logische Verbindungen aufzeigen (z.B. wenn wir Gegenstände in logische Kategorien einordnen sollen; vgl. angewandte Mengenlehre).

---

*Bitte registrieren Sie, daß ich Ihnen hier beiläufig Denk-Techniken vorstelle, die Sie möglicherweise auch ab heute in Meetings einsetzen wollen. Aber immer zuerst selber ausprobieren. Das merken die TeilnehmerInnen nämlich, man überzeugt, wenn man selbst überzeugt ist ...

Aber es gibt ein zweites „Gegenstück" zu „Assoziationen", nämlich die sogenannte **BISOZIATION** (nach Arthur KOESTLER): Damit beschreibt er eine nagelneue Verbindung, die vorher **nicht** existierte. Sie gehört zum **Inbegriff kreativen Denkens***. KOESTLER weist darauf hin: Das „Aaaaah" des Forschers über das „Aha!" der plötzlichen Einsicht bis hin zum „Haha" nach einer guten Pointe (eines Witzes) stellen alle Teil desselben Spektrums dar, sowie, daß in jedem Fall eine BISOZIATION Ursache für die (verblüffte) geistige Bewegung ist!

Zurück zur Assoziation:

Wenn sie eine ALTE VERBINDUNG darstellt, heißt das (neurophysiologisch):

> Es gibt bereits Nervenbahnen, welche die Begriffe miteinander verbinden; deshalb kann uns das eine beim Denken an das andere ein- oder zufallen.

Bei BLUME denken die meisten zuerst in Richtung ROSE, vielleicht dann weiter TULPE, NELKE (wenn sie den dazugehörigen Spruch kennen). Vielleicht besteht auch eine Verbindung zum FLIEDER (z.B. bei Leuten, die gerne DEUTSCHE Schlager hören, denn FLIEDER reimt sich auf WIEDER und taucht daher weit häufiger auf, als man annehmen möchte). Aber vielleicht denkt jemand auch an die BLUMEN auf dem Balkon, im Garten etc. Oder wir lassen den Geist in der Zeit zurückreisen und denken an Gärten der Jugend und Kindheit, wodurch uns vielleicht die Oma einfällt und die Freitags-Happenings, wenn Oma mit uns zum Wochenmarkt ging, und schon führt eine Assoziation zur nächsten ...

---

*Vgl. neben KOESTLER selbst (s. Literaturverzeichnis) das Modul *LULL'sche Leitern* (in *Das innere Archiv*). Hier zeige ich eine großartige Technik des BISOZIATIVEN DENKENS auf, nach Raimundus LULLUS (12. Jahrhundert). In *ABC-Kreativ – kreative Problemlösungen* biete ich 17 Fallbeispiele aus der Praxis (wie man mit ABC-Listen Probleme ziemlich anders angehen kann).

Zwar sind all diese Gedanken miteinander verbunden, aber die meisten nicht logisch, sondern analogisch. Diese Art zu denken wäre für Entscheidungsträger, ForscherInnen und Führungskräfte enorm wichtig, wurde aber durch Schule und Ausbildung oft so gründlich zerstört, daß manche meiner Klienten es erst wieder lernen müssen.

Allerdings wird diese Lernkurve sehr schnell steil, denn:

Es ist weit leichter, gehirn-gerechte Verfahren (wieder) zu lernen, als Verhaltensformen, die der Arbeitsweise des Gehirns zuwiderlaufen (wie z.B. das sture PAUKEN).

Falls Ihnen die erste Übung also (noch) ein wenig schwerfallen würde, so wären auch Sie ein Opfer des Systems, also gilt UMLERNEN bitte!

Wenn wir die Vorgehensweise beim KaWa mit einer anderen in diesem Buch vorgestellten Technik vergleichen, dann stellen wir fest: Der Unterschied zwischen einer ABC-Liste und einem KaWa ist weit geringer, als ihre äußerlichen Erscheinungsformen suggerieren. Denn in beiden Fällen suchen wir gezielt Assoziationen mit bestimmten Anfangsbuchstaben. In der ABC-Liste wird am Ende eine alphabetisch sortierte Liste daraus (vgl. *Merkblatt Nr. 2: ABC-Technik*, Seite 263 ff.), im Falle des KaWa.s handelt es sich um Assoziationen zu den VORHANDENEN Buchstaben, aus denen unser Schlüsselwort besteht. Je länger dieser Begriff (z.B. Freihandelsabkommen), desto näher kommt das Ergebnis einem (unvollständigen) ABC. Bei kurzen Begriffen hingegen könnte extrem wenig „übrigbleiben", wenn gleiche Buchstaben wegfallen. So bietet der Begriff SEELENLEBEN nur **B, E, L, N** und **S,** während das weit kürzere GEFÜHL uns sechs Buchstaben bietet, nämlich: **E, F, G, H, L** und **U** (oder Ü).

2. Erste ÜBUNG

Suchen Sie sich im Text oben drei Schüsselwörter heraus, und assoziieren Sie zu jedem Buchstaben im Wort frei, was Ihnen ein- oder zufällt, wie im folgenden Beispiel zum Begriff der ASSOZIATION.

3. Beispiel-KaWa.s

Die nachfolgenden KaWa.s wurden meinen Büchern *Das innere Archiv*, *Das große Analograffiti-Buch* und *Intelligente Wissens-Spiele* entnommen. Wenn Sie das Buch durchblättern, stoßen Sie auf weitere KaWa.s.

KRIEG?
FOLGE v. Vorausgegangenem: ERNTE und SAAT
Luftabwehr
Lösung
KONFLIKT
Forschung
NACH-SORGE
fehlt meist
FRIEDEN
tägl. Einschätzg: Krieg od. Frieden i. Washington Post
OPTION: KRIEG od. FRIEDEN – beide müssen geplant werden
Israel
Irak
IRAN
IRLAND

ROUTINE
oder?
ermüdend
Tadel...
ARBEIT
ANSTRENGEND
bittere Pille (man muß...)
inakzeptabel

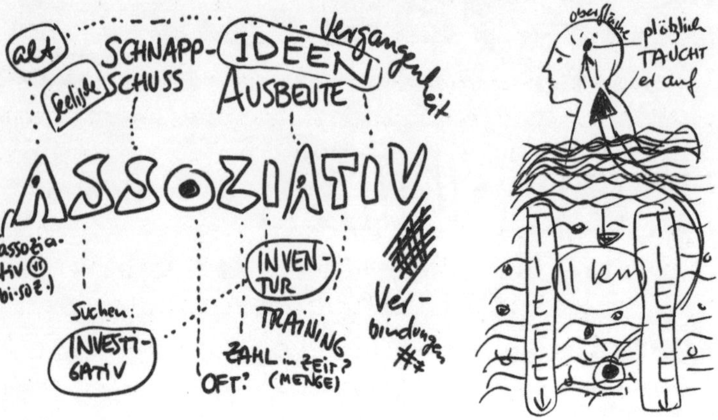

Je öfter man zu einem Begriff ein ABC oder KaWa anlegt, desto tiefer dringt man in das Thema ein.

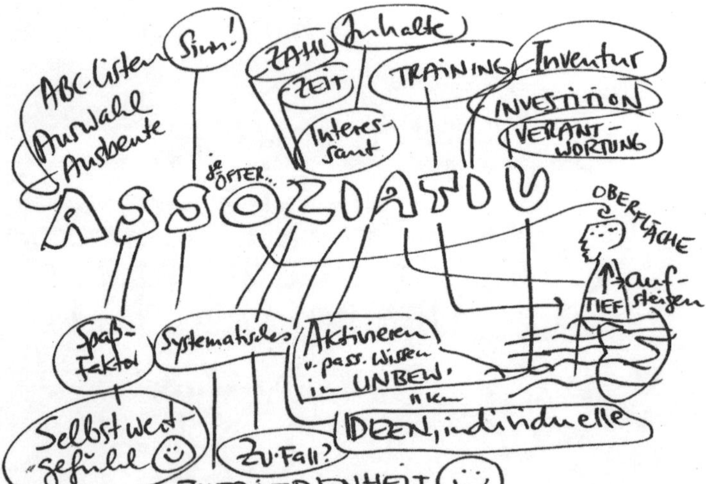

KaWa-Techniken im Alltag

Zunächst gilt das bei ABC gesagte (Seite 270 f.) auch hier:

1. KaWa.s bei Gesprächen: Ich lege bei vielen Gesprächen KaWa.s an, oft im Gespräch mit dem Partner, seine Ideen sammelnd oder meine anbietend, je nachdem, ob er gerade Rat sucht oder wir gemeinsam nachdenken etc.

Auch hier geschieht es, daß viele „ihre KaWa.s" mitnehmen wollen. Wenn ich einige für die Akten aufheben möchte, mache ich schnell eine Fax-Kopie (während die KaWa.s in der Regel FARBIG gestaltet werden).

2. KaWa.s vor Gesprächen: eine schnellere und tiefere Vorbereitung auf Thema und Person gibt es kaum!

PS: Falls Sie weitere Ideen für KaWas im Alltag (beruflich wie privat) entwickeln, teilen Sie sie uns bitte mit, damit auch andere davon profitieren können: WANDZEITUNG auf **www.birkenbihl.de**.

Merkblatt Nr. 4: INTERNES COACHING INNERHALB VON ORGANISATIONEN

Bitte kreuzen Sie **Ihre Organisation*** an, oder schreiben Sie sie daneben, wenn sie fehlt.

- ☐ ARBEITSKREISE (z.B. der Wirtschaft)
- ☐ BEAMTE
- ☐ BETRIEBE aller Art
- ☐ BÜROGEMEINSCHAFTEN
- ☐ DIENSTLEISTER
- ☐ FAMILIEN-MITGLIEDER
- ☐ FIRMEN (klein, mittel, groß)
- ☐ FREUNDESKREISE
- ☐ GESCHÄFTS-Personal
- ☐ GROSS-UNTERNEHMEN
- ☐ KLASSENKAMERAD/INNEN
- ☐ KOLLEGENKREISE
- ☐ KRANKENHAUS-Personal
- ☐ KURSTEILNEHMER/INNEN (inkl. externer Kurse, z.B. VHS u.ä.)
- ☐ LADEN-Personal
- ☐ MITTELSTÄNDISCHE UNTERNEHMEN
- ☐ MITSTUDIERENDE
- ☐ ORGANISATIONEN (aller Art, inkl. Regierung)
- ☐ NGO.s (= NON GOVERNMENT ORGANISATIONS = Nicht-Regierungs-Org.)
- ☐ TEILNEHMER an Workshops, SEMINAREN, Kursen im Betrieb

---

*Die Organisation kann sehr unterschiedlich sein, wie die obige Liste zeigt.

4-Schritt-Verfahren: pragmatische Umsetzung von Seminaren in die tägliche Praxis

1. Im Seminar/Workshop/Pilot-Projekt etc. wird gezeigt, **warum die alten Wege verlassen werden müssen.**
2. Weiter wird demonstriert, **wie die neuen Wege aussehen.**
3. Des weiteren werden **konkrete praktische Techniken** vorgestellt, die erworben werden müssen (**Übungen, Trainings-Aufgaben**). Betreff intellektueller Fähigkeiten könnte dies von einfachen ABC-Listen über das Metaphern-Spiel (zum Ergründen einer Fragestellung, ehe wir entscheiden) bis zu Führungs-Techniken (z.B. **gruppendynamische, lerntechnische, kreativitäts-technische, rhetorische**) reichen.
4. POST-SEMINAR-PLAN©: Am Schluß wird festgelegt, welche Art von Training im konkreten Einzelfall (bei dieser Gruppe oder diesem Coaching-Klienten) durchlaufen werden sollte, um vorher definierte Ziele konkret zu erreichen.

Die Punkte 1 bis 3 laufen während des Seminars ab, der vierte danach. Zu diesem letzten Punkt ein kleines Beispiel, bevor ich Ihnen den konkreten Plan vorstelle. Ich stelle meinen Seminar-TeilnehmerInnen und Coaching-Klienten seit Jahren ein Denk-Modell vor: Angenommen, man wäre drei Monate auf einer **einsamen Insel.** Man weiß, in genau drei Monaten wird man gerettet, es gibt eine schöne Wohnmöglichkeit, reichlich Essen und Trinken etc., das Überleben ist also kein Thema, nur möglicherweise die Langeweile: Es gibt natürlich keine Batterien für den Walkman und das Handy, aber es gibt jede Menge Papier und bunte Stifte. Nun behaupte ich:

Wer täglich an die 3 Stunden (in kleinen Einheiten von jeweils einigen Minuten bis maximal eine Stunde und nur bei besonderer persönlicher Faszination auch mal stundenlang) nichts als jene einfachen ABC-Listen anlegt, wird zwangsläufig um einiges **intelligenter** und **kreativer** von der Insel kommen.

Der Experte zeichnet sich nicht nur dadurch aus, daß er MEHR WEISS, sondern, viel wichtiger, daß er auf sein Wissen JEDERZEIT ZUGREIFEN kann, während normalen Leuten oft im Moment, wo es „brennt", gar nichts einfällt ...

Warum? Weil wir mit dieser kinderleichten Technik lernen, **systematisch unser inneres Archiv (unser passives und unbewußtes Wissen) anzuzapfen**. Des weiteren lernen wir dabei (was noch wichtiger ist), auf dieses Wissen aktiv zuzugreifen.

Das nenne ich den Stadt-Land-Fluß-Effekt© (vom Stadt-Land-Fluß-Spiel bekannt; wer viel spielt, weiß mehr!). Wir können auch vom Experten-Bonus sprechen.

Wer nun keine Lust hat, sich drei Monate lang auf eine einsame Insel zu begeben, kann einen sehr ähnlichen Trainings-Effekt bewirken, wenn er täglich mindestens zehn Minuten lang übt und ab und zu auch mal eine halbe Stunde an einem Thema „dranbleibt" (vielleicht auch ein KaWa anlegt, s. Seite 272 ff.). Oft kurz über ein Thema nachdenken bringt neurologisch (im Hirn) einiges in Bewegung! Es werden also die notwendigen neuen Nervenbahnen angelegt, die der Experte auch hat. Dabei gilt: Übungen zu Kern-Themen entsprechen einem metaphorischen MUSKEL-TRAINING, während Ad-hoc-Listen/KaWa.s zu allen möglichen Themen, die gerade davor aktiviert worden waren (z.B. durch einen TV-Film oder eine Debatte), eher einem AUSDAUER-TRAINING gleichen. Sie stärken nämlich die Ausdauer im ASSOZIATIVEN DENKEN, welches von Schule und Ausbildung in sträflicher Weise mißachtet, sogar regelrecht unterdrückt worden war, während man genau diese **Fertigkeit** von „fertigen" Führungskräften (und Forschern) plötzlich erwartet! Denn „intelligente" Gedanken und „kreative" (innovative) Ideen leben ja nicht im Vakuum, sie sind Teil unseres Wissens-Netzes und müssen demzufolge von dort aktivierbar sein. Gerade das ist ja der Inbegriff assoziativen Denkens, der in Schule und Ausbildung so gut wie nicht „vorkommt" ...

Von der „Lippe" in die Praxis?

Um den Weg von den **guten Vorsätzen** (oft auch nur Lippenbekenntnisse!) am Seminar-Ende in die tägliche Praxis zu ebnen, muß jetzt ein sehr konkreter POST-SEMINAR-PLAN© (im Einzelfall auch als Post-Workshop-Plan© oder Post-Coaching-Session-Plan©) entwickelt werden. Er ist abhängig von ...

1. ... der **Ausgangs-Position der Beteiligten** (jeder einzelnen betroffenen Person !). Manchmal entwickeln wir (gern auch zusammen mit firmeninternen TrainerInnen oder AusbilderInnen) **konkrete SELBST-TEST-MASSNAHMEN**. Merke: Ein Selbst-Test gibt Auskunft und wird von den Beteiligten gerne (privat und geheim) durchgeführt. Ein offizieller Test, den **andere** auswerten, erinnert viele in fataler Form an Schule und Ausbildung und kann daher kontra-produktiv sein. Es ist NICHT richtig, daß Leute unter Streß am besten lernen. Die gesamte Hirnforschung der letzten Jahre hat dies eindeutig gezeigt, weshalb heute immer mehr Hirnforscher auf Neuro-Pädagogik setzen. Das ist auch nichts anderes als das von mir seit 1969 geforderte gehirn-gerechte Vorgehen*, nur damals wollte man nicht wahrhaben, daß das alte Vorgehen gegen die Arbeitsweise des Gehirns gerichtet sein könnte. Schon die Idee, daß streßfreies Lernen SPIEL-erisch, auch mit GELÄCHTER einhergehen könne, galt damals als verpönt. Zwanzig Jahre später erfand man Infotainment, und heute redet man von Neuro-Didaktik ...
2. ... den **konkreten Zielen der Gruppen-Mitglieder,** wobei wir jetzt an dieser Stelle davon ausgehen, daß **einzelne** Mitglieder der Gruppe diese **akzeptiert** haben. Allerdings hat dies viel mit Vorleben zu tun: Wenn die „Oberen" (Führungskräfte der oberen Ränge)

---

*Seit 1969 als BRAIN-FRIENDLY in den USA, dann brauchte ich Jahre, um in Deutschland den Begriff GEHIRN-GERECHT zu entwickeln. (Damals galt noch: innere Organe, Gehirn, igittigitt. Wie konnte man eine Firma „Institut für gehirn-gerechtes Arbeiten" nennen??!!) Später kam noch für Holland und Teile Belgiens HERSENEN-VRIENDELIJK hinzu, noch später für französischsprechende Klienten CERVAU-PHIL ...

Lernprozesse ihrer MitarbeiterInnen einfordern, ohne selbst ständig hinzuzulernen, ist die Bereitschaft in den mittleren und unteren Rängen nicht sehr hoch. In den meisten Firmen werden immer noch Seminare mit Alibi-Funktion durchgeführt, die dann in Krisenzeiten ersatzlos gestrichen werden, ohne daß es „groß auffällt", während echte Trainings-Maßnahmen gerade in Krisen-Zeiten völlig unverzichtbar sind. Deshalb führen meine Kunden zwischen den (z.B. jährlichen) Seminaren monatlich etwas durch, das wir BIRKENBIHL FAST LIVE nennen (einer meiner vielen Mitschnitte wird mit Beamer an die Wand „geworfen"). Oft werden dazu auch LebenspartnerInnen eingeladen. Solche kurzen und preiswerten Zwischen-Happenings halten die Idee, daß man sich regelmäßig neuen (auch manchmal ketzerischen) Gedanken aussetzen sollte, wach. Bei solchen Firmen können wir ein Jahr später nach ca. 15 Minuten konkret zu arbeiten beginnen (bei anderen Gruppen brauchen wir mindestens bis mittags, bis sie in etwa **den Punkt wieder erreichen, an dem sie letztes Jahr abgereist waren**). Welch eine Vergeudung!

3. ... den **konkreten Zielen der Organisation** (Firma, Freundesgruppe etc.). Hier fließt zusammen, was in der Vergangenheit unter MISSION STATEMENT, VISION u.ä. Maßnahmen lief. Es gilt, konkrete ZIELE aufzustellen, die mit den Verbesserungen erreicht werden sollen. Tip: Wenn Sie kein einziges Ziel nennen können, das durch einen Workshop oder eine Trainings- bzw. Coaching-Maßnahme erreicht werden soll, dann ist diese Maßnahme (vorerst) sinnlos (das heißt, sie hat derzeit keinerlei Sinn). Das sage ich potentiellen Kunden (Klienten) auch regelmäßig. Manche kommen dann später wieder, wenn sie klare Ziele haben, manche „kaufen" woanders ein Seminar ein, damit sie zum vorgesehenen Zeitpunkt wieder mal „in Ausbildung gemacht" haben. Ich unterscheide zwischen zwei Arten von Veranstaltungen:
   - **UNTERHALTUNGS-WERT hoch** (z.B. wenn meine KundInnen ihre KundInnen mit dem Seminar MÄNNER/FRAUEN er-FREU-en wollen). Dies ist ein EREIGNIS, ein HAPPENING, das einige BeraterIn-

nen ihren KundInnen inzwischen nahelegen, da gemeinsame Er-LEBnisse verbinden. Hauptziel ist, daß die KundInnen (genauer: die KundInnen meiner KundInnen) sich wohl fühlen, daß es gute Kontaktgespräche zwischen meinem Kunden und dessen KundInnen (in den Pausen) geben kann, daß man vielleicht mit einer Art Ausstellung auf einige neue Produkte verweisen kann (Messehallen-Atmosphäre in der Halle) etc. Wenn sogar auf einer solchen Veranstaltung manche TeilnehmerInnen echte Einsichten erleben, wird dies eher als Sahne auf dem Veranstaltungs-Kuchen betrachtet. Ich habe keinerlei Einwände gegen diese Art des Infotainment, mein Vater und ich haben unseren Kunden diesen Seminartyp in den 1970er Jahren bereits „verkauft" und erfolgreich durchgeführt. Auch große Weltfirmen wissen inzwischen solche Veranstaltungen zu schätzen, nur leider gibt es immer noch viel zu wenige Trainer-Persönlichkeiten, die echte Fachkenntnisse so leicht und locker „rüberbringen" können, daß der Unterhaltungswert hoch genug ist.

- **TRAININGs-WERT:** Hier geht es vorwiegend um das Lernen von „Lernstoff" (z.B. wenn angehende Pharma-Referenten möglichst schnell medizinisches Basiswissen plus pharmakologische Grundkenntnisse erwerben müssen) oder um Verhaltensweisen, die durch systematisches TRAINING gelernt (trainiert) werden sollen. Ob wir das Verhalten von Mitarbeitern kundenfreundlicher machen wollen oder ob Seminar-TeilnehmerInnen lernen wollen, intelligenter und kreativer zu denken – vom Ablauf her ist das Vorgehen gleich (s. oben, 4-SCHRITT-Plan, Seite 281).

Im Abwägen von 1, 2 und 3 werden dann die konkreten Maßnahmen für diese Gruppe (bzw. diesen Coaching-Klienten) entwickelt, die im POST-SEMINAR-TEIL praktisch erarbeitet werden sollen. Hierbei sind gemeinsam erarbeitete Checklisten nützlich, auf denen die Betroffenen ankreuzen (eintragen), was sie wann (wie lange) gemacht haben und ob sich dabei Fragen ergeben haben.

Für die Fragen, die sich bei meinen LeserInnen entwickeln, gibt es auf der Homepage (unter **www.birkenbihl.de**) eine sogenannte WANDZEITUNG. Dort kann man einige Stichworte zur Frage als Suchbegriffe eingeben, oft findet man ja schon eine Frage-Antwort-Kombination, die der eigenen Frage entspricht. Wenn nicht, kann man die Frage stellen, und ich antworte persönlich. So ähnlich läuft es bei gruppen- oder firmeninternen Veranstaltungen auch, nur erscheinen diese Fragen dann im Intranet der Organisation und nicht auf unserer öffentlichen Web-Site.

Für die LeserInnen meines monatlichen Coaching- und Beratungsbriefes gibt es monatlich (mindestens 10 Mal pro Jahr) eine kostenlose telefonische Hotline, wo man sogar mit mir sprechen kann.

Wenn Sie alleine arbeiten, stellen Sie einen klaren Trainings-Plan auf, und halten Sie sich daran. Lieber weniger FORDERN, z.B. nur 2 ABC-Listen pro Tag (jede von mindestens 2 Minuten Erstellzeit), und sich mit mehr überraschen als großen Plänen (pro Tag 10 Listen), die Sie in kürzester Zeit nicht mehr einhalten können. Dann fällt man schnell vom ganzen PLAN ab, weil man merkt, daß die Ziele zu hoch waren. Schauen Sie auf meiner Web-Site in die **TEXT-Schublade**. Dort finden Sie: **VORWORTE***. (Das sind Vorworte, die ich zu Büchern anderer Autoren geschrieben habe. Diese bleiben übrigens auch dann erhalten, wenn ein Buch nicht mehr im Handel ist.) Lesen Sie bitte mein Vorwort zu **Mary LoVERDE**; sie hat die Idee der **MIKRO-Aktionen** hervorragend auf den Punkt gebracht ...

Es folgen Formulare zum Fotokopieren, damit Ihre Freunde, KollegInnen, MitarbeiterInnen oder SeminarteilnehmerInnen die Übungen ebenfalls machen können.

Merkblatt Nr. 5: Formulare zum Fotokopieren

Aufgabe 1: ENTWICKLUNGs-ZEITEN*

Raten Sie mit. Schreiben Sie neben jede Technologie eine Zahl: Schätzen Sie die Entwicklungszeit, indem Sie sich fragen:

Wie lange dauerte es vom funktionierenden Prototypen bis zur Produktion?

1. Schreibmaschine	____
2. Mähdrescher	____
3. Leuchtstoffröhre	____
4. Kugelschreiber	____
5. Radar	____
6. Reißverschluß	____
7. Servolenkung	____
8. Fernsehen	____
9. Zellophan	____
10. Transistor	____

Zählen Sie jetzt alle Jahre zusammen:

Summe	____

*Vgl. Seite 33.

Aufgabe 2: Exponentielles Wachstum*

Stellen Sie sich kleine Kärtchen (wie Visitenkarten) **vor**. Diese sind genau **1 Millimeter** dick. Nun wollen wir diese Kärtchen **stapeln**. Und zwar wollen wir die Stückzahl jeweils **verdoppeln**. Im ersten Häufchen beginnen wir mit einer Karte. Im zweiten Häufchen verdoppeln wir auf 2 Karten, beim nächsten Mal verdoppeln wir auf 4 Karten etc.

Beim 21. Mal? Der Stapel hat jetzt eine Höhe von ca. ______________

Beim 31. Mal? Der Stapel hat jetzt eine Höhe von ca. ______________

Beim 35. Mal? Der Stapel hat jetzt eine Höhe von ca. ______________

Beim 55. Mal? Der Stapel hat jetzt eine Höhe von ca. ______________

Beim 65. Mal? Der Stapel hat jetzt eine Höhe von ca. ______________

Beim 75. Mal? Der Stapel hat jetzt eine Höhe von ca. ______________

Beim 85. Mal? Der Stapel hat jetzt eine Höhe von ca. ______________

Beim 95. Mal? Der Stapel hat jetzt eine Höhe von ca. ______________

☐ Ich habe wirklich nur geraten (Datum, Unterschrift)______________

☐ Ich habe leider nicht mitgemacht ...

---

*vgl. Seite 33 f.

Aufgabe 3: Das Gegenteil der „HALBWERTs-ZEIT" von Wissen?*

Wie könnte sich das Wissen der Menschheit **Ihrer Schätzung gemäß** entwickelt haben? Hat es sich schon ein- oder mehrmals verdoppelt, seit Jesus auf der Erde lebte bzw. seit unserer Zeitrechnung? Ich warne Sie, es handelt sich wieder um eine exponentielle Kurve! Also, was **schätzen** Sie? Das Wissen der Menschheit hat sich bisher

☐ noch nie verdoppelt (wann, schätzen Sie, wird die erste Verdoppelung eintreten?) ________

☐ einmal verdoppelt

☐ mehr als einmal verdoppelt (wieviel Mal?) ________ Mal

Zusatzfrage:
Wann erreich(t)en wir 1000 „Jesuse"? ________

*Vgl. Seite 34 f.

Hinweis auf www.birkenbihl.de

Es handelt sich um eine spezielle Insider-Site für meine LeserInnen, HörerInnen, Seminar-TeilnehmerInnen und für Menschen, die mich im Radio und/oder Fernsehen „erlebt" haben. Es gibt einige **„offene"** Beiträge, aber es gibt auch Arbeits- und Kontakt-FOREN hinter einem Paßwort. Wenn Sie den **offenen** Teil, darunter auch das **offene** Forum (die sogenannte Wandzeitung*), kennengelernt haben und ein Gefühl für die Site entwickelt haben und wenn Sie von dem einen oder anderen Forum erfahren, dann (bitte erst dann) fragen Sie nach dem Paßwort. Geben Sie den Titel des Buches und diese Seitenzahl an, um die Sache zu beschleunigen.

Im Zusammenhang mit den **Kopf-Spielen**, die uns intelligent und kreativ machen, könnten Sie folgende Foren (hinter dem Paßwort) besonders interessieren:

- ❑ **ABC-Listen** (arbeiten Sie an Themen anderer Insider mit oder wünschen Sie sich ein Thema, zu dem Sie **Input** erhoffen)
- ❑ **WQS** (für die Wissens-Quiz-Spiele)
- ❑ **Zitate-Forum** (für das Zitaten-Spiel)

*Dort können Sie Fragen loswerden, nachdem Sie zu Ihrem Stichwort gesucht haben, ob eine ähnliche Frage schon beantwortet wurde.

Literaturverzeichnis

Zukunfts-Tauglichkeit – Literatur-Tips von Seite 186

NON-FICTION	**FICTION**
BARKER (2.)	ASIMOV (1.)
BURRUS (5.)	BRADBURY (4.)
HAMEL/PRAHALAD (15.)	HEINLEIN (18.)
PETERS (35. – 37.)	HERBERT (19.)
TOFFLER (51., 52.)	
YANKELOVICH (59.)	

Dies kann natürlich nur eine erste „Start-Hilfe" sein ...

1. ASIMOV, Isaac: *Die Foundation-Trilogie*. Heyne, München 2000
2. BARKER, Joel: *Paradigms: The Business of Discovering the Future*. HarperBusiness, New York 1993. (Als Video erhältlich: *Paradigmen-Pioniere*. Zu beziehen über Training Media GmbH, Oberursel; www. training-media.de)
3. BLAKE, Robert R./ MOUTON, Jane Stygley: *The Managerial Grid*. Gulf Publishing, Houston 1994
4. BRADBURY, Ray: *Der illustrierte Mann*. Diogenes, Zürich 2002
5. BURRUS, Daniel/GITTINES, Roger: *Technotrends. 24 Technologien, die unser Leben revolutionieren werden*. Ueberreuter Wirtschaft, Wien 1994
6. CAPRA, Fritjof: *Wendezeit*. Droemer Knaur, München 2004
7. CARLZON, Jan: *Alles für den Kunden* (Org.: *Moments of Truth*). Campus, Frankfurt/Main 1990
8. CARROLL, Lewis: *Alice hinter den Spiegeln*. Insel, Frankfurt/Main 1974

9. d'AVIS, Winfried: *Der informierte Mensch.* Edition im Quintessenz Verlag, Berlin 1999
10. DAWKINS, Richard: *Das egoistische Gen.* Rowohlt, Reinbek 1998
11. FESTINGER, Leonard: *Conflict, Decision and Dissonance.* Stanford University. USA 1964
12. GELB, Michael: *Das Leonardo-Prinzip. Die sieben Schritte zum Erfolg.* Ullstein, München 2001
13. GERKEN, Gerd: *Management by Love.* Econ, München 1990
14. HALL, Jay: *The Competence Process.* Teleometrics International, Woodlands 1980
15. HAMEL, Gary/PRAHALAD, C. K.: *Wettlauf um die Zukunft.* Ueberreuter Wirtschaft, Frankfurt/Main 1997
16. HANDY, Charles: *The Age of Unreason.* Harvard Business School Press, Boston 1998.
17. HARRIS, Judith Rich: *Ist Erziehung sinnlos?* (Org.: The Nurture Assumption). Rowohlt, Reinbek 2000
18. HEINLEIN, Robert A.: *Fremder in einer fremden Welt.* Lübbe, Bergisch Gladbach 1996
19. HERBERT, Frank: *Dune, der Wüstenplanet.* Heyne, München 2002
20. HERZBERG, Frederic: *Work and the Nature of Man.* Ty Crowell, 1966
21. HORX, Mathias: *Future Fitness.* Eichborn, Frankfurt/Main 2003
22. JOY, W. Brough: *Joy's Way - a Map for the Transformational Journey.* J.P. Tarcher Inc., Los Angeles 1979
23. KELLY, Kevin: *Der zweite Akt der Schöpfung.* Fischer, Frankfurt/Main 2001
24. KOESTLER, Arthur: *Der Mensch - Irrläufer der Evolution* (Org.: *Janus. A Summing Up*). Goldmann, München 1981
25. KOESTLER, Arthur: *Die Armut der Psychologie - Zwischen Couch und Skinner Box und andere Schriften.* Fischer, Frankfurt/Main 1989

26. KOHN, Alfie: *Punished by Rewards.* Mariner Books, Boston 1999

27. KOHN, Alfie: *The Schools Our Children Deserve.* Houghton Mifflin, Boston 2001

28. LoVERDE, Mary: *Wege aus der Stressfalle.* mvg, Landsberg 2001

29. LUNDIN, Stephen C./PAUL, Harry/CHRISTENSEN, John: *FISH! Ein ungewöhnliches Motivationsbuch.* Ueberreuter Wirtschaft, Frankfurt/Main 2001 (Als Video erhältlich. *FISH! - Tales* und *FISH! Energie einfangen. Potenzial freisetzen.* Zu beziehen über Training Media GmbH, Oberursel; www.training-media.de)

30. MASLOW, Abraham H.: *Motivation und Persönlichkeit.* Rowohlt, Reinbek 2002

31. McGREGOR, Douglas: *Human Side of Enterprise.* McGraw Hill, New York 1960

32. MOLZBERGER, Peter: zit. in Henning van der OSTEN

33. NØRRETRANDERS, Tor: *Spüre die Welt. Die Wissenschaft des Bewußtseins.* Rowohlt, Reinbek 1997

34. OSTEN, Henning van der: *Über die Welt und über Gott.* Kamphausen, Bielefeld

35. PETERS, Tom: *Das Tom Peters Seminar. Management in chaotischen Zeiten.* Campus, Frankfurt/Main 1995

36. PETERS, Tom: *Jenseits der Hierarchien.* Econ, München 1992

37. PETERS, Tom/AUSTIN, Nancy: *Leistung aus Leidenschaft. Über Management und Führung.* Hoffmann und Campe, Hamburg 1993

38. PINKER, Steven: *Wie das Denken im Kopf entsteht.* Kindler, Berlin 1998

39. POSTMAN, Neil: *Die zweite Aufklärung.* Berlin Verlag, Berlin 1999

40. POSTMAN, Neil: *Keine Götter mehr - Das Ende der Erziehung.* dtv, München 1997

41. POSTMAN, Neil: *Wir amüsieren uns zu Tode - Urteilsbildung im Zeitalter der Unterhaltungsindustrie.* Fischer, Frankfurt/Main 1988
42. ROKEACH, Milton: *Open and Closed Minds.* Basic Books, New York 1960.
43. RUSSELL, Peter: *The Global Brain.* J. P. Tarcher Inc., Los Angeles 1983
44. SCHOLTES, Peter R.: *The Leader's Handbook.* McGraw Hill, New York 1997
45. SCHOLTES, Peter R.: *The Team Handbook.* Joiner/Oriel 2003
46. SCHWANITZ, Dietrich: *Männer, eine Spezies wird besichtigt.* Goldmann, München 2003
47. SELIGMAN, Martin: *Pessimisten küsst man nicht.* Droemer Knaur, München 1991
48. SZONDI, Leopold: *Schicksalsanalyse.* Schwabe, Basel 2004
49. TAYLOR, Frederick Winslow: *The Principles of Scientific Management.* Dover Publications, Mineola 1998
50. TODD, Emmanuel: *Weltmacht USA – ein Nachruf.* Piper, München 2004
51. TOFFLER, Alvin: *Der Zukunftsschock. Strategien für die Welt von morgen.* Goldmann, München 1988
52. TOFFLER, Alvin: *Die Zukunftschance. Von der Industriegesellschaft zu einer humaneren Zivilisation.* Bertelsmann, München 1980
53. TOWNSEND, Robert: *Organisation ist fast alles.* Droemer Knaur, München 1985
54. TOYNBEE, Arnold: *A Study of History.* Oxford University Press, London 1987
55. WATERMAN Rober H. jr./Peters, Tom: *Auf der Suche nach Spitzenleistungen.* moderne industrie, München 2003
56. WATERMAN, Robert H. jr.: *Keeping Close to the Customer* (Audio-Kassette). Listen and Learn, USA 1986
57. WATTS, Alan W.: *The Way of ZEN.* Vintage, New York 1999

58. YANKELOVICH, David/UDDHAMMAR, Emil: *How Societies Learn.* Transaction Publishers, Somerset 2000

59. YANKELOVICH PARTNERS (SMITH, Walker/CLURMAN, Ann S.): *Rocking the Ages: The Yankelovich Report on Generational Marketing.* HarperBusiness, New York 1998

Internet-Adresse: www.birkenbihl.de

In diesem Buch zitierte Werke von Vera F. Birkenbihl:

1. *ABC-Kreativ.* Ariston, Kreuzlingen/München 2002 / Goldmann, München 2004
2. *Das erfolgreiche Meeting* (DVD). Erhältlich im Insider-Shop (www.birkenbihl.de)
3. *Das große Analograffiti-Buch.* Junfermann, Paderborn 2002
4. *Das innere Archiv.* Gabal, Offenbach 2002
5. *Intelligente Wissens-Spiele.* Gabal, Offenbach 2003
6. *Mehr intelligente Kopf-Spiele.* Gabal, Offenbach 2004
7. *Management 2004.* Halbtagesseminar (DVD). Erhältlich im Insider-Shop (www.birkenbihl.de)
8. *Management, Motivation und Menschenführung* (Audio-Kurs, erhältlich auf deutsch, englisch und französisch; Bezugsquelle: Insider-Shop auf www.birkenbihl.de)
9. *Sprachenlernen leicht gemacht.* mvg, Landsberg/München 28. Auflage 2003
10. *Trotzdem LEHREN.* Gabal, Offenbach 2004
11. *Trotzdem LERNEN.* Gabal, Offenbach 2004
12. *Viren des Geistes.* Video-Seminar, Gabal, Offenbach

Ausführliche Informationen sowie einen aktuellen Gesamtüberblick über all meine Bücher, Video-Vorträge, Ton-Kassetten etc. finden Sie auf meiner Web-Site **www.birkenbihl.de**.

Stichwortverzeichnis

Besuchen Sie uns im Internet:
www.ullstein-taschenbuch.de

Umwelthinweis:
Dieses Buch wurde auf chlor- und säurefreiem Papier gedruckt.

Erweiterte Ausgabe im Ullstein Taschenbuch
(auf Basis der 2. Auflage der gebundenen Ausgabe)
1. Auflage Mai 2006
2. Auflage 2007
© Ullstein Buchverlage GmbH, Berlin 2005/Econ Verlag
Umschlaggestaltung: HildenDesign, München
(nach einer Vorlage von Büro Hamburg)
Titelabbildung: dig it!Media
Satz: Die Top Partner – Jörg Kalies, Unterumbach
Gesetzt aus der Futura Condensed
Druck und Bindearbeiten: Ebner & Spiegel, Ulm
Printed in Germany
ISBN 978-3-548-36872-6

Waren Sie schon bei www.birkenbihl.de?

Da Fragen oft erst nach Vorträgen/Seminaren (bzw. beim Lesen) auftauchen, habe ich auf meiner site eine WANDZEITUNG eingerichtet. Es haben sich inzwischen über 3000 Seiten an Fragen und Antworten gesammelt, daher bitte ich Sie, erst zu suchen, ob Ihre Frage (plus Antwort) bereits vorhanden ist, statt dieselbe Frage zum 117. Mal zu stellen. Ich freue mich über NEUE Fragen und beantworte sie alle persönlich ...

Am besten beginnen Sie, indem Sie den Beitrag mit der roten Überschrift lesen ... Viel Spaß.

»Der eigentliche Sinn alles zweckhaften Tuns ist die Harmonie.«

Max Lüscher, einer der namhaftesten Psychologen weltweit, erläutert in diesem Buch spannend und unterhaltsam das Autoregulationssystem der Psyche und zeigt, wie wir das psychische Gleichgewicht verlieren, aber auch rasch wieder finden können. Mit vielen anschaulichen Beispielen und einer ausführlichen Checkliste, mit deren Hilfe die vier inneren Selbstgefühle überprüft und ins Gleichgewicht gebracht werden können.

Das Harmoniegesetz in uns
Der Klassiker
der neuen Richtungen
ISBN 978-3-548-36656-2

ULLSTEIN

US193